ランニングの
処方箋
医者の僕が走る理由

Otsuki Bungo
大槻文悟 ［著］

ミネルヴァ書房

.

ランニングの処方箋——医者の僕が走る理由

目次

本文デザイン　木野厚志（AND'K）
企画・編集　エディシオン・アルシーヴ

医師としての君へ、
ランナーとしての君へ――

山中伸弥

本書の著者、大槻文悟さんは私の尊敬する医師・研究者かつ市民ラ
ンナーである。研究の合間にマラソンでの記録向上を目指している私
にとって、本書はまさに待望の書である。その理由を理解して頂くた
めに、まずは私とランニングの関わりについてお話したい。

　私のランニング歴はかなり悲惨な経験で始まった。中学一年の体育
大会、1500m走（1000mだったかも）に出場した。周りは陸上部やサッ
カー部の脚自慢ばかり。柔道部の私がなぜ走る羽目になったのか思い
出せない。レースの前はウオームアップで全員がグランドを2週走っ
た。その日は父親が見に来てくれていたので私は張り切って先頭を
走った。そして、いざ本番。ウオームアップで力を使い果たした私は、
最後はよれよれ、ほぼ最下位でゴールした。
　高二の時、必須クラブでランニング部を選択した。これは任意で所
属するクラブ（私は高校も柔道部）とは別に、全校生徒が週に1回、6
時間目に参加する活動であった。なぜランニング部を選んだかやはり
思い出せない。顧問の社会科の先生に魅かれたような気もする。4、
50分あちこち走り、ランニング後は先生が全員にジュースをおごって
くれた。人生で初めて、ランニングが楽しいと思った。1月に行われ
た10kmの校内マラソン大会では、陸上部やサッカー部に交じって10
位くらいでゴールした。39分ちょっとのタイムであったと思う。
　初めてフルマラソンに挑戦したのは医学部6回生の3月。学生最後
の思い出に走ろうと思った。10km走では40分を切っていたので、フ
ルマラソンは3時間ちょっとでゴール出来るだろうと思っていた。練
習では、長くても10kmくらいしか走らなかった。大会当日、ハーフ
はまずまずのタイムで通過、しかし30km過ぎから地獄が待っていた。
両脚が動かなくなり、立ち止まると痺れるように痛み、走るのはもち

ろん、歩くのも、止まるのも辛い状況になった。半泣きになりながら
４時間30分くらいでゴールした。研修医になってからも２回、挑戦し
たが、やはり４時間半くらいでなんとか完歩した。もうマラソンは一
生走らないと思った。

　しかし喉元過ぎれば何とかで、2011年の秋、地元の大阪で大規模な
マラソン大会が開催されることが発表されると、四十歳代最後の思い
出に一度だけ走ることにした。今度はもう少ししっかり準備し、
35km走も１回行った。当日はGPSウオッチでオーバーペースに気を
付けた。その結果、途中トイレで10分以上ロスしたが、ほぼイーブン
ペースの４時間30分ほどで最後まで走ることが出来た。一度だけだっ
たはずが、翌３月に開催された第１回京都マラソンも走り、あともう
少しでサブフォーだった。五十歳の私が、二十代の自分の記録を更新
した。これは非常に愉快であった。

　それからの十年間、ランニングは人生の一部となった。出張で地球
を何十周もしたが、ランニングシューズは必需品である。数千時間と
いう時間をランニングで費やしたが、後悔したことは一度もない。ラ
ンニングで得られるものはたくさんあるが、二つだけ挙げるとすれば、
健康及び人との繋がりである。フルマラソンを再開してランニングの
距離が延びたことにより、体重は自然と減少した。検診で要注意と
なっていた血液検査の数値も正常化した。

　私にとってより有難いのは心の健康への効果である。研究は思い通
りにいかないことが多く、どうしてもストレスがかかる。しかし無心
で走って汗をかくことでストレスが軽減される。また毎日コツコツ練
習し、フルマラソンのタイムが向上した時の達成感も魅力である。研
究は毎日努力してもなかなか結果の出ないことが多いが、マラソンで

達成感を経験すると、研究を続ける力が湧いてくる。研究者にランナーが多い理由の一つはここにあるのではと私は考えている。

　ランニングのもう一つの魅力は、人の輪が広がることである。マラソンに自分なりに一生懸命に取り組むようになって、研究だけでは知り合えない多くの方々と交流が出来た。一緒に走った後に飲むビールの美味しさ、楽しさは何事にも代えることが出来ない。京大医学部の多くの先生方ともランニングがきっかけで知り合うことが出来た。なかでも呼吸器外科の伊達洋至教授、皮膚科の椛島健治教授、そしてiPS細胞研究所の戸口田淳也教授とは定期的に走るようになった。三名ともそれぞれの分野で世界的権威であるが、フルマラソンでも伊達先生と椛島先生は全国年齢別ランキングで100位前後の実力者であり、戸口田先生も還暦を迎えてからサブフォーを達成された。その三名が「京大医学部にはすごいランナーがいる」といつも口を揃えて力説されるのが、本書の著者、大槻文悟先生である。

　大槻先生はフルマラソンの年代別ランキングは全国60位前後、さらには各地のウルトラマラソンやトレイルレースで上位の常連である。トレイルレースの最高峰、UTMBも完走されている。私が大槻先生を尊敬するのは、京大医学部講師という激務をこなしながらこれだけの成績を残されていることである。しかも学生時代に陸上経験はなく、高校では帰宅部であったという。三十代になってから本格的に走り始め、診療、研究、教育で超多忙な中、どうすればこんなに速く、強くなれるのか？

　本書にはその秘密が満載である。私も気が付くと還暦。しかし本書を愛読書とすることにより、もう一度、自己ベストの更新を目指したい。

序章

僕が走る理由

初めてのフルマラソンで使用したadidas アディゼロ CS6。

● 走り始めた訳

　僕が本格的に走り始めたといえるのは三十六歳になる頃だ。神戸の病院に転勤になった時に出会ったＩ先輩が走るきっかけを作ってくれた。その先輩がいなかったら、僕のランニング人生は始まっていなかったかもしれないし、あるいはもっと遅くに開始されていたかもしれない。

　小さい頃から身体を動かすことは好きだった。山の上の小さな住宅地に住んでいたこともあり、小学校の頃は学年に関係なく、野球が流行っている時は野球を、サッカーが流行っている時はサッカーを、自転車が流行れば自転車をと、色々ではあったけれどいつも身体を動かして遊んでいた。時には友だちの家の犬を連れて山の中に探検に行くこともあったし、雪が降れば、スキー板を履いて山に入ったりもしていた。

　陸上部なんてものはなかったけれど、小学校の運動会で６年生だけが出場出来る「800m走」っていうのを早く走ってみたいと楽しみにしていたのを覚えている。６年生で出場した時は学年で一番だったこともあり、市の体育大会の800m走に学校代表として出場することになった。田舎の学校だから、練習も一度もせず遊びに行くような感覚だった。必死で走って10番くらいでゴールしたら、疲労困憊で立ち上がれなかったのを今でも鮮明に覚えている。残念ながら、その後の人生で一度も自分をここまで追い込めたことはない。タイムは２分40秒くらいだったと記憶している。全く練習してない割には、結構速く走れたものだと思う。

● 短距離走の才能

　中学時代はサッカー部に入ったけれども高校の時は帰宅部だった。

成長期の大切な時期にもっと運動をしておけば、今頃もっと足が速くなったのではと少し後悔している。

　京都大学医学部に入学して、部活をどうしようか悩んでいた時に部員が少なく廃部の危機にあったサッカー部の先輩から「今入部したら即レギュラーだから」という勧誘文句に釣られてサッカー部に入部した。すぐにレギュラーになったが、取り立てて上手い訳でもなかった。夏の大会前に行う恒例の「鴨川ランニング」というトレーニングが、大嫌いだったことを覚えている。炎天下の中、鴨川の河川敷を5、6㎞競争する。その二十人程度の部員で5、6番くらいの位置にいたと思うから取り立てて長距離が速い訳ではなかった。その代わりと言ったらなんだけど短距離走は速く、クラブの中では1、2位を争うくらいのスプリンターだった。短距離が速いというのは長距離走の才能がないということでもある。そうこうしているうちに卒業して国家試験に合格して無事に整形外科医として働き始めることになった。

● マラソンを始める

　忙しい日々が続き、たまにサッカーの社会人リーグの試合に人数合わせで出場するくらいしか運動はしなくなってしまった。三十歳になる頃に京都大学大学院に進学し、毎日研究漬けの生活を送っていたところ、研究室の先輩から突然、「京都シティハーフマラソン」に一緒に出ようと誘われた。誘われると断らない性格なので、二つ返事で了承したのだけれど、練習しなくてはと思いながらも一度も走らずにその日を迎えた。小さい頃からそれなりに運動神経が良かったことから、余裕で走れるだろうという根拠のない自信もあった。前日に購入したナイキのランニングシューズは後で知ったのだけれど、エリートランナー用の超軽量シューズだった。前の日に家の周りを一周そのシュー

ズで走って、ランニングシューズを履いたらこんなに速く走れるんだと感動した覚えがある。

　レースもすごい速く走れると信じて疑わなかったから、当日はそれなりのペースで飛び出したのだと思う。走り始めて7、8kmも過ぎたあたりから両足の付け根から大腿の前側から脚の至る所が痛くなってどんどんスピードが落ちていった。足の長い外国人の親子が会話しながら悠々と自分を抜いていく景色が頭に焼き付いている。なんとかゴールしたものの、その瞬間から痛みのために一歩も歩けなくなってしまった。わずか数センチの段差を降りるのにも激痛が伴う。結局この激痛が治まるのに2週間もかかった。タイムは1時間50分くらいだったから、練習なしの初めてのハーフマラソンにしてはなかなかのタイムだったけれど、順位は同年代で真ん中くらいだった。運動神経が良いと思っていた自分よりも速い人がこんなにたくさんいるのかと衝撃を受けたのは、今になっては恥ずかしい思い出である。

　翌年にリベンジをと、同じ京都シティハーフマラソンに出場した。さすがに今回は事前に練習をして当日を迎えた。そのころは凄い量の練習をしたと思っていたけれど、1か月で7、8回走った程度で、それも1回5km程度だった。しかし全く練習をしていない時と比べるとその効果は大きく、1時間38分でゴールすることが出来、恥ずかしくも有頂天になってしまった。「もうマラソンは卒業だ！」。その後、一回も走ることはなく二年後に運命のI先輩と神戸で出会うことになる。

● リディアードのランニング

　I先輩がマラソンを走ることを知っていた僕は、初めての挨拶で、「僕も結構マラソン速いですよ」と、軽口を叩いてしまう。恥ずかしいことに自分が速いと自信満々だった。働き始めてすぐに、I先輩か

ら近くで行われる市民マラソンに誘われた。「速いですよ」と言った
手前出ない訳にもいかず、僕は10㎞のレースを選択、そして先輩はハー
フの部に出場することになった。凄いタイムを出して先輩をギャフン
と言わせてやろうと飛び出した10㎞は地獄の苦しみでしかなかった。
満開の桜並木の中を44分でゴールした時に、「もう一生走らない」と
心の中で誓った。先輩は10㎞を42分程度で走り抜け、そのままのペー
スを保ってハーフマラソンをゴールした。自分の２倍以上の距離を
走っているのに、10㎞のタイムで２分も負けていたことにただ驚き、
自分がどれほど速くなかったかを思い知らされたけれど、やっぱりも
う走ることはないと心に決めた。

　半年ほど経って、また先輩に10㎞のレースに誘われた。今度は勝負
だなと持ちかけられた。苦しかった思い出もどこかにいき、負けず嫌
いの性格が災いして、二つ返事で承諾した。負けるのは嫌だったから、
この頃から少しずつ走り始めた。先輩には「ゆっくりで良いから10㎞
くらい走っていたらすぐに速くなるよ」と言われて、家の周りで10㎞
のコースを考えて週２、３回走ることを始めた。Ｉ先輩も含めた職場
の仲間で仕事終わりに走ることも始まった。ランニングの本も買った
が、それがアーサー・リディアードの『ランニングバイブル』だった。
今読み直すと、運動生理学の部分はおかしなところも多かったけれど、
速いランナーになるための練習が詳しく述べられていて、最初は有酸
素ランニングが中心のメニュー、その後に筋力強化やインターバルな
どが加えられてゆく。週160㎞走るのが最も効率的に速くなると書い
てあったけれど月に160㎞の間違いだと思っていたくらいだった。

　２か月ほど練習した効果は大きく、２回目の10㎞は41分でゴールす
ることが出来た。結構速くなったけれど、先輩は40分でゴール。やは
り勝負は負けると悔しい。たった１分差なら、「もう少し練習したら

勝てるかも」という気持ちが芽生えてきて、10kmを40分切ることを目標にした。この頃、月間150kmくらいは走るようになっていたけれど、特に走ることが楽しいこともなかったし、ただI先輩に勝ちたいという欲望だけで練習していた。神戸に赴任して一年近くが経つ頃に、3回目の10kmのレースに出場した。このレースで初めて40分を切って39分50秒だったにもかかわらず、I先輩は38分台であった。また負けてしまった。後から聞くと、僕が練習するに連れて先輩も練習量を増やしていたそうだ。

● フルマラソンに挑戦

　なんとなく走り始めて一年が経つ頃に、人生初めてのフルマラソンにも出場することになった。同じ職場からはI先輩と僕、そして僕と同じ頃から走り始めた後輩二人の四人で出場した。兵庫県篠山市で行われている「ABC篠山マラソン」というレースだけれど、当日は冷たい小雨が降っていて、初めてのマラソンにしては少しハードなコンディションだった。I先輩は既に10回以上のフルマラソンの完走歴があり、3時間15分くらいで走るということだったので、自分もそれくらいで走れるかも、という淡い思いもあったが、現実的には3時間半を目標とした。快調だったのは出だしだけで、ハーフを通過した頃から鼠径部の痛みや大腿前面の痛みが増してきて、30kmくらいからは本当に止めたいくらい辛くなった。1kmがとてつもなく長く苦しくて、ゴール出来ると確信したのは40kmを過ぎた時だったように思う。ゴールの手前では安堵のあまり涙が出たことに驚いた。ゴールタイムは最低限の目標はクリアして3時間28分だったし、初めてのマラソンにしては良いタイムだと思うけれど、I先輩は3時間15分でゴールしていて、僕は一緒に出場した仲間の中では最も遅いタイムだった。一人落

ちこぼれたような気分でとても悲しかった記憶しかない。マラソン後半の壮絶な苦しさもあり、もう走るのは止めようと思っていたし、練習もしなかったけれど、２か月ほど経った頃に、またＩ先輩に「福知山マラソン」に誘われた。前回の地獄の苦しさと不甲斐なさを思い出し、少し迷ったけれど、一度本当に頑張って練習して、それでも先輩に勝てなかったらすっぱりマラソンは止めようと思って出場することにした。リディアードの本を読み直し、一度に30kmくらい走らないといけないことを知り、週に一度、週末には必ず30km走るコソ練（注１）を開始した。リディアードは有酸素レベルでも、ゆっくりではダメで有酸素と無酸素のぎりぎりのレベルで走るのが一番効率的だと書いていたから、30kmも結構頑張って走っていたような記憶がある。30km走だけではなく、自宅近くの坂道で坂道トレーニングも始めた。バウンディング（注２）とか、色々な練習法が載っていたけれど、格好悪いのと面白くないのであまりやらなかった。しかし坂道をダッシュで登ってダッシュで降りるような練習は週に一、二度するようにした。こんな練習を２か月くらい続けていると、みんなで走る練習がすごく楽に感じ、Ｉ先輩がきつそうな顔をしている時もあまりきつくないことに気が付いた。もしかしたら結構速くなっているかもとドキドキしたけれど、30km走をしていることは内緒のままにしておいた。マラソンの当日の展開はあまり覚えていない。しかし気が付いたら先輩を置いて一人旅だし、最後は辛かったけれど、ペースを落とすことなく走り切れた。タイムも３時間８分くらいで、先輩を５分以上引き離して初めて勝つことが出来た会心のレースだった。まじめに練習をしたら練習しただけ報われるということを身にしみて感じたし、Ｉ先輩からフルマラソンを３時間未満で走るサブ３（注３）が市民ランナーの勲章であることを聞いて俄然やる気が増したのを覚えている。練習を続け

て、その４か月後には、「篠山ABCマラソン」で２時間58分のサブ３を達成したけれど、Ⅰ先輩に２分負けるというおまけ付き。その後Ⅰ先輩が半月板損傷を起こすまで、長いライバル関係が続くことになる。

● ウルトラの世界

　このあと、トレイルにはまり、山にはまって行く。ウルトラマラソンとかウルトラトレイルとかいう長い距離も走るようになった。長くなるので後の章で経緯を紹介する。ここまで苦しい思いをしながら走り続けられた理由を改めて考えてみると、Ⅰ先輩や多くのランナーとの出会いや人間関係がすべてだと思う。もちろん、努力しただけ速くなることも楽しいし、自分の順位が上がっていくのもすごく大きなモチベーションになるけれど、走ることで人との繋がりを感じられるのが一番大きいのだと思う。

　この本を読んで頂いて、ランニングを好きになってくれる方が一人でも増えてくれることを願っている。

注１　コソ練　ランニング仲間にバレないようにこっそり練習量を増やすこと。ランニング用のSNSに練習を載せない、月間走行距離を少なく言うなどの駆け引きを含む。

注２　バウンディング　大きく腕を振り、ストライド（歩幅）を可能な限り大きく取り、弾みながら走る練習。ランニングエコノミー（第４章参照）を改善させる作用がある。

注３　サブ３　フルマラソンを３時間以内に完走すること。市民ランナーの上位３％程度と言われる。

第1章

人は走れるように進化した

足の動きを妨げないことをコンセプトにして生み出されたNIKE ナイキフリー。

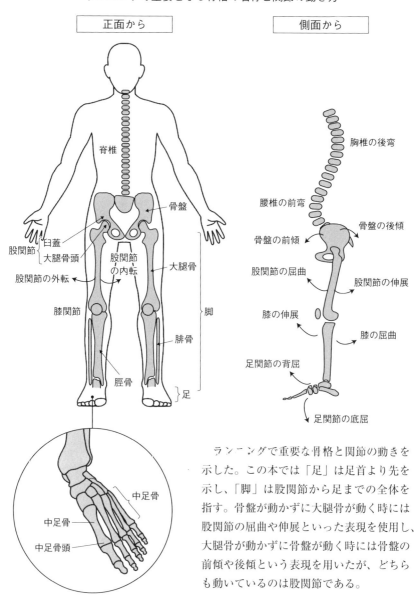

ランニングで重要となる骨格の名称と関節の動き方

正面から

側面から

脊椎

骨盤

臼蓋

股関節

大腿骨頭

股関節の外転

股関節の内転

大腿骨

脚

膝関節

腓骨

脛骨

足

胸椎の後弯

腰椎の前弯

骨盤の後傾

骨盤の前傾

股関節の屈曲

股関節の伸展

膝の伸展

膝の屈曲

足関節の背屈

足関節の底屈

中足骨

中足骨

中足骨頭

ランニングで重要な骨格と関節の動きを示した。この本では「足」は足首より先を示し、「脚」は股関節から足までの全体を指す。骨盤が動かずに大腿骨が動く時には股関節の屈曲や伸展といった表現を使用し、大腿骨が動かずに骨盤が動く時には骨盤の前傾や後傾という表現を用いたが、どちらも動いているのは股関節である。

ランニングで重要となる筋肉の名称と解説

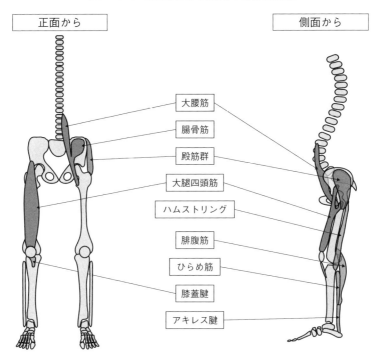

正面から	側面から

大腰筋
腸骨筋
殿筋群
大腿四頭筋
ハムストリング
腓腹筋
ひらめ筋
膝蓋腱
アキレス腱

○大腰筋は腰椎を安定化し、腸骨筋とともに股関節を屈曲させる働きがある。大腰筋はいわゆるフィレ肉であり脂肪が少ない。

○殿筋は大腿骨に対して骨盤を支える働きがあり、ランニングでは着地の時に骨盤が動かないように働く。

○大腿四頭筋は膝蓋骨及び膝蓋腱を介して、着地時に膝関節を曲げながら衝撃を吸収する働きとともに、ジャンプや坂道を登る時にも働く。

○ハムストリングはランニングの時に前方に出された脚を引き戻し、身体を前方上方に動かす主動筋であり、ランニングスピードを決定する重要な働きをする。

○腓腹筋は膝を屈曲する時や膝関節の安定化に寄与するが、ランニングではあまり使用されず、この筋肉が肥大した場合にはフォームに問題がある場合が多い。

○ひらめ筋は着地時の衝撃を吸収するとともに、アキレス腱と協調してジャンプを行う作用があり、エリートランナーで発達している。

● 走る動物

　人はほとんどの動物よりも走るのが遅い。かなり遅いイメージの豚でさえ、時速40kmで走ることが出来る。人より遅い動物なんて、「象ガメ」とか「ナマケモノ」くらいだ。短距離走の大会に出れば、人は動物のなかでは最後尾を争そうほど遅いけれど、超長距離になると、陸上動物界でトップクラスの速さを誇る。

　ウエスタンステイツ100マイルエンデュランスラン（注1）という山道を160kmも走るトレイルレース（注2）がアメリカ合衆国で毎年開催される。山道を160kmも走る物好きがどれだけいるのかと思われるかもしれないが、非常に人気の高いレースで、出場するためには当選確率1％の抽選を突破しないといけない。このレースがそもそも馬のレースであったことは有名で、出場予定の馬が死んでしまい、やむなくその背中に乗るはずだった選手が無理やり出場して完走したことから、人が参加するようになった。しばらくは人と馬の混成レースとして行われたが、驚くべきことに人が馬を抑えて優勝した記録が残されている。

　長距離を移動しないチンパンジーから進化したとされる人がどうやってこのような特性を身に付けたかはわからないが、2004年にユタ大学進化生物学教授、D・ブランブル博士とハーバード大学人類進化学教授、D・リーバーマン博士は、雑誌Natureに「人がいかに走ることに適しているか」という論文を発表している[1]。チンパンジーと比べ人は隆々とした上半身の筋肉を失ったけれど、長距離を走るのに適した身体を手に入れた。例えば、人はお尻の筋肉（殿筋群）が発達しているが、チンパンジーのお尻に大きな殿筋は見当たらない。発達した殿筋は走った時に身体のバランスをとる働きがあり、尻尾を失った人間が走るために不可欠なものだ。アキレス腱は、バネのように作

用し、省エネで走ることが可能となるが、チンパンジーには見られない。「汗をかく」ということも、暑い日に長く走るために重要なことだ。

　脳が発達して頭が重くなったことで、重心位置が上がり、走りやすくなったという説もある。重心が高い方が不安定ではないかと思われる方も多いと思うが実はそうではない。野球のバットの細い方を手の平に乗せてバランスを取るのは簡単だが、反対に太い方を手の平にのせてバランスを取るのは難しい。頭が重い方が容易に転倒せず、走ることに適していることを理解してもらえるだろう。

　二本足で走れるメリットはすごく大きく、走りながら槍を投げることも出来るし、荷物を運ぶことも出来る。食事や水分を摂りながら移動することも出来る。長距離を移動出来る能力と頭脳を獲得した人は世界中に活動範囲を広げて来たが、長い進化の歴史で人の長距離を走る能力は現在も保たれたままである。

● 走らなくなった大人たちへ

　小さな子どもは何も教えていなくても走り出すけれど、多くの人は大人になるとともに走るのを止めてしまい、信号が赤になる時と、バスや電車に飛び乗る時くらいしか走らなくなる。

　六十の齢を越えてくると、整形外科に来る患者さんたちは口をそろえて「最近走った覚えがない」と言う。歩いて移動出来るのになぜ走るのかというと、理由はなんであれ、速く移動出来るからに他ならない。アフリカで誕生した人類（ホモサピエンス）は獲物を追いかけ、結果的にアフリカからシベリア、そしてアメリカ大陸から南米まで移動した時、凍てついたツンドラ、草原や険しい山々を歩いたり走ったりしていたのだなあと想像するだけでワクワクする。

　現代社会で人が走らない理由はかなり明確で、走るのは歩くより少

し非効率（エネルギーがたくさん必要）でしんどくて、疲れるからだ。人類がこの世に誕生して十万年以上も経つ訳だけれど、おそらくその期間の99％は飢餓との戦いだった。進化というものは面白くて、その時々で最も生存に有利な形質が受け継がれていく。飢餓との戦いを考えれば、余計なエネルギーを使えば、死に直結する。つまり余計なエネルギーを消費しない人ほど生き残る確率が高くなり、必要な時以外は走らないよう制御する脳を持った人が生き残ってきたことは想像に難くない。

　それ故、シマウマを追いかけることも、ライオンやカバから走って逃げる必要がない現代社会ではエネルギーの浪費である「走ること」を多くの人が止めてしまった。走らなくなった人は、「走ることは身体に悪い」、「走ると心臓が止まる確率が上がる」、「走ると膝の軟骨がすり減る」、「そもそも人は走るように作られていない」などと理由を付けて走らなくなる。走れなくなった野生の動物はその生命を終える。高度な医療に守られている人間も、走れなくなれば人生の終焉に近付きつつあるということは間違いない。走ることで生じるリスクや不具合は零ではないけれど、走ることで享受出来る幸せや健康は非常に大きいことが最近どんどん明らかになってきている。

● 「歩く」と「走る」の違い

　そもそも何が違うのか、真面目に考えたことがある人は少ないと思う。二つの動きは全く異なるが、「歩く」も「走る」も芸術的とも言えるほど完成された動作で、科学技術がこれほど発達しても、ロボットを滑らかに歩かせたり走らせることは非常に難しい。「歩く」「走る」の最大の違いは、身体が宙に浮くか浮かないかだ。歩く時には必ずどちらかの足が地面についている。競歩という競技でも、両足とも地面

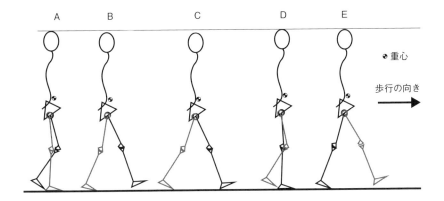

図1-1　歩行の概要

　Aでは重心が軸足の真上にあり、重心位置も最も高くなる。上半身が前に進む
に連れ、軸足の股関節が伸展しながら、脚は前に倒れ、さらに軸足の膝が少し屈
曲することから重心は下がり始める。

　重心が下がることで得られた位置エネルギーが速度に変換され、Bでは速度が
上がる。現在、空中にある脚は股関節から前に振り出され、Cの時点で踵から着
地する。エネルギーロスを減らすためには、着地時に膝は完全に伸展しているこ
とが望ましい。

　Cの位置で速度は最高になるが、重心位置は最も低くなる。CからDにかけて
は重心が上昇する動きとなり、同時に速度が減少する。

　後足が地面をわずかに押す動作と、両方の脚（股関節）を閉じる動作でエネル
ギーが補充され、最も重心が高くなるDの位置まで到達すれば歩き続けられるが、
到達出来なければ止まってしまう。

　Eにかけて反対側の脚が前に振り出され、重心を下げながら、速度が上がり歩
行が続く。

から離れればイエローカードが提示され、何回か違反すると失格になる。一方、走る時には必ず身体が空中に浮いている時間が存在する。「走るのは歩くことの延長だ」と書いてある書物もあるが、この二つの動作は全く別物だ。重心の上下動を考えても、二つの動作は全く異なる。どちらの動作も重心は波のように上下動するが、歩行では接地した足の真上に重心が来た時に重心位置が最も高くなるのに対し、走る時は接地足の真上に重心が来た時には重心位置が最も低くなる。

● 歩くメカニズム

　地面に接地した足の上を重心が乗り越えて身体が前に進むに連れて、接地している脚の股関節は伸展していく。重心は少しずつ自然と下がり、位置エネルギーを失った分、速度は増えていく。そして前方に反対の足が着地して身体を支える訳だが、この時の前足と後足の位置の差がストライド（歩幅）になる。重心は前に移動し続けているから、そのうち後の足が離れて身体は前方の脚をつっかえ棒のように使って前に進む。この時は重心が上がっていくから速度は低下していく。身体の重心が足を乗り越えるまでに速度が0にならなければこの一連の動作は繰り返され、歩き続けることが出来る（図1-1）。

　位置エネルギーと歩行速度を変換しながら進む「歩く」は、かなりシンプルで、一度転がり始めたボールがなかなか止まらないように、エネルギー的にはかなり保存されている動作で、エネルギー効率も走ることに比べると良い。

● 走るメカニズム

　一方、走るのは小さい片足ジャンプの連続と考えるとわかりやすい。そして空中にいる間に左右の脚の入れ替えが行われる（図1-2）。歩

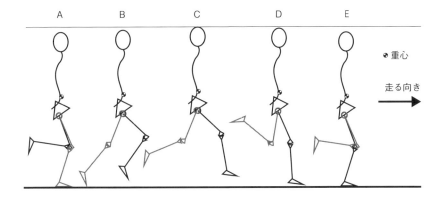

図1-2　ランニングの概要

　Aでは重心が軸足の真上にあるが、歩行の時と違い、次のジャンプの準備のため、重心位置は最も低くなる。AからBにかけて、足で地面を押す力により身体は徐々に上昇し、Bを過ぎると身体は空中に飛び出す。

　Aで後方にある脚は股関節を中心に前方へと振り出されるが、そのエネルギーは次第に膝から下の下腿の振り出し動作に変換され、股関節の屈曲速度は減少する。振り出された下腿はハムストリングの伸展による伸長反射で自然に止まり（C）、CからDにかけて両脚を閉じる動作（前方の脚は引き戻す動作）が行われることで着地に向かう。

　この引き戻す動作が速いほど速度が上がる。身体の重心が下がり、Dの位置で重心より前で接地する。着地の衝撃を吸収して次のジャンプに備えるため、身体の重心は下がらなくてはならず、重心が足の真上に来た時点で、その動作は完了し、次のジャンプが始まる。

　走る時に意識してもいい動作は、地面を真下に押す動作と、両脚を閉じる（後の脚を前に振り出し、前の脚は引き戻す）動作のみであり、あとの動作は反射などを用いながら無意識に行われる。厳密には両脚を閉じる動作は骨盤を回旋させるが、腕を振ることで上半身が逆に捻れ、見掛け上骨盤の回旋はあまり目立たない。

21

く時には重心より遠くに次の足を着地するが、走る時は比較的重心の近くに着地する。重心の真下に着地しろと書いてあるランニング本が多いが、着地後に膝や股関節が曲がって着地の衝撃を吸収し、次のジャンプのための準備が行われるから、重心の真下に着地したら、関節を曲げている間に身体は着地した足を支点に前に回転して転倒してしまう（等速で走る時）。足は必ず重心より前で着地し、着地した足の真上に重心が来た時に、脚の関節が最も曲がり重心が最も低くなる。続いて、重心位置が足を乗り越えると脚の関節が伸び始め、最終的に身体は宙に浮く。身体が浮いている間は、何もしなくても前に進めるからある意味省エネだ。浮いている間に、左右の脚が入れ替わって次の脚が着地に備える。

　走る場合も歩く場合と同じく、ピッチ（脚の入れ替えの頻度）とストライドはある程度自分で変えられる。同じ速度でストライドを増やそうと思えば、ジャンプの高さを高くする必要があり、ピッチは減少する。逆にジャンプを小さくすれば、着地までに重心が進む距離は短くなるからピッチは多くなる。走るためのエネルギーの大部分はジャンプと脚の入れ替えに費やされるが、最も省エネになるストライドとピッチがあって、それぞれの人に応じたピッチとストライドが自然に選択される。マラソン選手や習慣的にランニングをしている人だと、ランニングのピッチは1分間に180程度（1秒に3回地面に足が着く）となる。

● 「歩く」と「走る」のエネルギー効率
　歩いたり走ったり、移動するのにどれくらいのエネルギーが必要になるのだろう。歩く場合は歩行速度によって、エネルギー効率は大きく変わり、遅過ぎても速過ぎても無駄なエネルギーを消費するため、

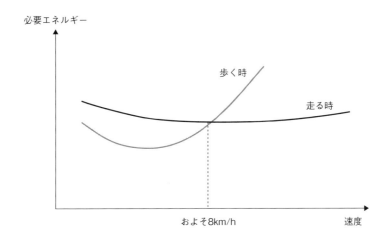

図1-3　同じ距離を移動するのに必要なエネルギー

同じ距離を歩くのに必要なエネルギーは、遅く歩いても速く歩いても増大する。時速でおよそ8 kmを超えてくると走った方が省エネとなり、自然と走ることを選択する。
　走る時のエネルギー消費は、歩行に比べて速度による影響が少ない特徴がある。

自然と効率が良い歩行速度が選択される。速く歩こうとすれば、ストライドを大きくするかピッチを速くするかだが、ストライドをどんどん大きくすると、重心が大きく下がり、地面との衝突で失うエネルギーと重心を持ち上げるエネルギーが大きくなる。逆にピッチをどんどん上げると脚の入れ替えに必要なエネルギーが大きくなる。残念ながら速度を上げれば上げるほど、同じ距離を進むのに必要なエネルギーはどんどん増加していく（図1-3）。

　一方走る場合にも最も効率の良い速度が存在するが、歩く時ほど大きなエネルギーの差は見られない。気持ちの良い走行速度はエネルギー効率にも影響されるが、それよりも走力や走る習慣などの個人の特性に影響される。ある距離を移動するのに必要なエネルギーは時間さえ気にしなければ「走る」よりも「歩く」方が効率は良い。おおよ

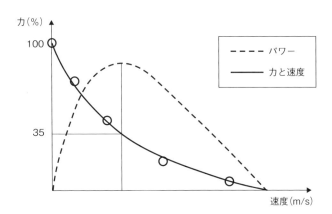

図1-4　筋力とパワーの関係図

　筋肉の出力は動かないものを押す時のように筋肉の長さに変化がない場合（速度0）に最も強くなる。逆に、ボールを投げる時のように筋肉の伸び縮みの速度が速いほど筋力は低下する。

　パワーは筋力と速度の掛け算で示される指標で、時間当たりの仕事量を示し、パワーが大きい方がスポーツなどの競技成績の向上に繋がる。実際のトレーニングでは、競技に応じた速度と負荷を用いたトレーニングが重要となる。

そではあるけれど、1kmを快適な速度で歩くのに必要なエネルギーは体重の0.7掛けで計算出来る。体重60kgなら1km歩くと42kcal消費することになる。一方走る場合は1km走れば体重と同じだけのkcal消費する、つまり体重が60kgの人が1km走れば60kcal消費することになる[2]。速く走っても、遅く走ってもこの消費カロリーはあまり変わらない。

　運動をしようと考えた時、時速10kmで走れば1時間に600kcal消費出来るが、時速5kmで歩いた場合、1時間で消費出来るカロリーは210kcalにしかならない。おにぎり1個のカロリーが210kcal程度だから、人間はおにぎり1個で1時間も歩けることになる。とても省エネだと思うけれど、逆に痩せるのは大変難しいということでもある。

● 歳を取ると走れなくなる理由とその重要性

　走ることは歩くことと全く違うとはいえ、走る方が何倍もエネルギー消費が多いという訳でもない。それでも歳を取って走れなくなる理由はジャンプが出来なくなるからだ。身体を宙に浮かせるためには、短時間に大きな力を発揮しないといけない。パワーという言葉で表現されるが、いわゆる瞬発力であり、筋力×速度で定義される。5秒かけて身体を10cm持ち上げられても、ジャンプをするためには0.2秒くらいで同じことをしなくてはならない。

　筋肉は動かすスピードがあがれば上がるほど筋力は低下する性質があり（図1‐4）[3]、パワーが最も出るのは最大筋力（注3）の35％程度の力が入った時になる。もし歳を取って、自分の身体がぎりぎり持ち上がる程度の筋力しかなければ、ジャンプしようとしてもパワーは限りなく0となり、全くジャンプが出来ないことになる。逆にジャンプが出来るということは、最大筋力が十分に保たれている証にもなる。

　最大筋力が低下すると、ジャンプどころか一度床に座ってしまったら自力で立ち上がれなくなるなんてこともよくある話だ。ジャンプが出来るというのは、日常の基本的動作を安全に行うのに最低限必要な能力と考えてもよく、日頃から練習することで寝たきりになることを防げる。ジャンプが出来ない人の多くは寝返りもすぐに出来ない。手で身体を持ち上げることが出来ないからだ。最大筋力の維持は高齢者にとっては命綱でもある。

注1　ウエスタンステイツ100マイルエンデュランスラン　アメリカのカリフォルニアで行われているレースで、1977年から開催されており、世界で最も歴史のあるトレイルレースの大会と言われている。シエラネバダ山脈のスコーバレーをスタートし、オーバーンがゴールだ。序盤は2000mを超える山を進み、制限時間は30時間だが、優勝タイムは15時間程度となるスピードレースである。途中にはアメリ

カンリバーを渡る有名な渡渉ポイントがある。24時間以内にゴールすることが一般ランナーのステイタスになっている。通称ウエスタンステイツ100。

注2　トレイルレース　トレイルランニングレースとも言われ、明確な定義はないが、舗装されていない自然のコースが大部分を占めるレースの形態である。山だけでなく、海沿いの砂浜などもコースに含まれることもある。距離も5km程度の短いものから、100マイルを超えるものまで様々であり、長いレースでは防寒具やライト、食料や水などを携帯しながらレースが行われる。食料や水が提供されるエイドポイントと言われる場所が設営されることが多いが、スタートからゴールまで全くエイドポイントが無いレースもある。日本でも人気が出てきており、多くのレースが開催されるようになってきている。

注3　最大筋力　動かないものに対して最大努力で力を加えた時に測定される筋力。

第2章

健康と長寿

長く愛用していたASICS ターサジールシリーズ。

●走っている時に身体で起こる変化

　走ると身体はどのように反応するのだろうか。ゆっくりと走り始めると、主に骨盤周囲や体幹の筋肉が働き始める。お尻や大腿部、背中、腹筋、色々なところに手を当ててみながら走ると、どの筋肉がいつ動いているか良くわかって面白い。筋肉を動かすのにはエネルギーが必要で、エネルギー源の大部分は糖と脂肪である。速度が遅い場合は脂肪を使う割合が高くなり、速くなると主に糖が使われる。

　通常、糖や脂肪をエネルギーに変えるのには多くの酸素が必要となる。肺で取り込まれた酸素は血液中の赤血球の中のヘモグロビンで筋肉へと運ばれる。ヘモグロビンを作るには鉄が必要で、鉄が不足すると酸素を運ぶ能力が低下する。すごくゆっくり走り始めたにも関わらず、心臓が「どきどき」して息が「はあはあ」するのならば、心臓が弱い、筋肉量が少ない、筋肉の質が悪い、貧血などが原因として考えられる。それがあまりに顕著なら病院で検査してもらおう。少なくとも採血と心臓の検査は受けた方が良い。まだ喋る余裕がある時は、心臓も筋肉にも余裕がある。走る速度を少しずつあげていくと、必要なエネルギー量は増加し、酸素もたくさん必要となる。酸素を運ぶために心臓の収縮力は強くなり、心拍数も増加する。筋肉で生み出されたエネルギーのうち、実際に筋肉を動かすことに使用されるのは25％程度とされており、残りのエネルギーは熱になって体温が上がっていく。

　速く走るほど熱が出るから、エリートランナーは真冬でも短パン・ランニングシャツだったりする。暑い日など、深部体温が上がり過ぎると人も含めて動物は死んでしまうため、人の場合は全身の汗腺から汗が分泌される。汗の材料は血液で、汗を出すために皮膚表面の血流が多くなる。皮膚表面の血流が多くなれば、相対的に筋肉に流れる血液量が低下し、速度が落ちる。

　さらに走る速度を上げてみよう。血液の流れはどんどん筋肉に集まり、内臓に流れる血液は減少し、胃や腸はあまり動かなくなる。筋肉を動かすためのエネルギーは速度に正比例して増大する。つまり速度を２倍にするためには、同じ時間で必要とされるエネルギーも２倍になる。エネルギー源としての脂肪の代謝量は、少しずつ減っていき糖の代謝量は速度に応じて増加する。速度が上がると呼吸も大きく速くなり、心拍数が増え、より多くの酸素を筋肉に送り込む。速度が上がると血圧も上昇し始め、最大に頑張れば収縮期血圧（注１）が200mmHgを超える。糖の代謝が多くなると、結果として乳酸が溜まり出す。乳酸は酸だから、呼吸で二酸化炭素を排出することで体内を中性に保とうとする。ここまで速く走ると会話は難しくなり、息が切れて長く走ることは出来ないので、少しスピードを落としてみよう。

　一定の気持ちの良い速度で長時間走り続けると、いずれ筋肉に蓄えられた糖は枯渇してしまい、肝臓で蓄えられている糖が血液中に放出される。筋肉を動かすためには筋肉内に糖を取り込まないといけない。安静時の糖の取り込みにはインスリンが必要だが、インスリンがなくても運動時にはGLUT4（注２）という糖の取り込み装置が筋肉表面に出現し、効率的に糖が取り込まれる。しばらくは、取り込まれた分だけ肝臓から糖が放出されるが、肝臓の糖が枯渇してくると、血液中の血糖値は低下傾向になる。同じ強度の運動をしていても、時間とともに脂肪の代謝速度が速くなり、糖の使用は少しずつ低下していく。血糖値を保つことは非常に重要であり、一定以下に低下すると脳の機能が保たれなくなり意識が消失する。

　脳の主なエネルギーは糖であるから血糖値を保つことは身体にとって最も重要だ。実際、血糖値を下げるホルモンはインスリンしかないが、血糖値を上げるホルモン（注３）はグルカゴンやアドレナリンな

ど複数存在する。手を尽くしても血糖値が上がらなければ、非常事態である。脳から「運動を止めろ」と強力な信号が出る。このシグナルは自覚的には疲れや、脱力、痛み、空腹感などのシグナルとして感じられる。

　脳の命令に従ってランニングを止めると、脳は幸せを感じ、血液は筋肉から皮膚や内臓へ一気にシフトするため、一時的に汗の量も増大する。心臓の鼓動は次第に低下していくが、運動後しばらくは代謝が高い状態が続く。脳は食事を欲しているから何を食べても美味しく感じるし、腸から吸収された糖はすみやかに筋肉に取り込まれるため血糖値は通常よりも上がりにくくなる。適度な運動であれば、快適な疲れとともに、その日の睡眠の質も良くなることがわかっている。

● ランニングを習慣にした時に内臓に起こる変化

　僕は四十九歳になるが、若い時よりもはるかに走っているはずなのに、皮下脂肪は格段に分厚くなっている。運動習慣のない多くの人が、中年になると下腹が出てくる。歳を取ると太り始める理由ははっきりと解明されていないが、高齢になるほど身体が脂肪を蓄えて、生命の危機に備えているのかもしれない。

　歳を取ってから、やせにくい原因の一部には体内の熱産生の低下が関与している。熱産生は筋肉組織と一部の脂肪細胞で行われるが、歳を取るとこれらの組織量が減少し、冷え性になっていく。良い言葉で言えば「省エネ」であるが、悪い言葉で言えば「代謝が落ちている」となる。

　走り込んでいた夏に、京都大学の糖尿病内科が行っている治験（臨床試験）に参加して基礎代謝を正確に測定してもらったことがある。１日の基礎代謝量が衝撃的な低さで、わずか1100kcalだった。デスク

ワークだと通勤を入れてもプラス300kcal消費する程度で、1日
1400kcal以上食べると太ってしまう計算だ。外食してビールでも飲ん
だら、1400kcalなんて1食で超えてしまう。ほとんど食べなくても生き
ていけるというありがたい話だが、確かに僕は寒さにはめっぽう弱い。

　膝や腰が悪い患者さんにもう少し痩せた方が良いとアドバイスして
も「ほとんど食べていないのに痩せない」と返されることが多い。こ
のような人は自分が思っているよりも代謝が落ちている可能性がある。
運動もせず、太ってくると、中性脂肪や、悪玉コレステロール（LDL
／注4）の値が上昇してくる。食事をすれば、血糖値は急上昇し、イ
ンスリンが「どばっと」出て血糖値は急降下する。インスリンが効果
があるうちは良いけれど、同じ生活を続けて行くと、インスリン抵抗
性（インスリンが効かなくなる）が悪化し、最後は糖尿病となり、血管
はぼろぼろになる。インスリンが効かなくなると、次第に身体は痩せ
ていき、そのうち腎臓が働かなくなり、人工透析が必要となる。

　内臓だけではなく、骨も弱くなり、何もしていないのに背骨が折れ
る「いつの間にか骨折」が起こる。脳への血流も悪くなるから認知症
にもなる可能性が高くなる。ここまで悪くなる人も、そうでない人も
いるし、遺伝子の差や環境の差でそれは決まるけれど、自分の将来が
どこに着地するかは今のところは、はっきり予測することは難しい。

　健康診断でこれらを指摘されて放置すれば、年とともにこのような
経過を辿る可能性がある。太ってきたら痩せたいと思う人は多い。見
掛けは気になるし、ダイエットして痩せると健康になった気がする。
もちろん、しっかりと野菜や食物繊維を摂取するようなダイエットで
痩せれば少し健康になるが、体重や体型はそれだけで健康状態を表わ
す訳ではない。少なくとも、人類全体でみれば、痩せている人より少
し太っている方が、寿命が長いことがわかっている。

ランニングを始めたからといって必ずしも痩せる訳ではないけれど、その健康効果はかなり早くから現われると言われている。見掛けは変わらないのに、中身はどんどん健康になっていくと思って良い。具体的には、筋組織への血流が改善し、インスリン抵抗性が大きく改善する。筋肉内には食事から摂取されたグルコース（糖）が取り込まれやすくなり、血糖値は下がり始める。中性脂肪や悪玉コレステロール（LDL）が減少し、善玉コレステロール（HDL／注4）が上昇することで、血管の動脈硬化は改善されてくる。

　ランニングの習慣が続くと、内臓脂肪、肝臓の脂肪、心臓の脂肪などが減少し、それらの臓器の機能が改善する。心臓が一回に送り出す血液量は増加し、安静時の脈拍は低下する。筋肉量が増加し、基礎代謝が少しずつ上昇する。食欲がわいて、たくさん食べるようになる。体重は最初より増えるかもしれないが、半年も走っていると、体重は同じでも、膨らんだ下腹は凹んでいき、身体のシェイプは大きく変化してくる。特別な理由がない限り、体重が重くてもランニングを続けていれば健康になる。ただ運動習慣がある人の中では、肥満より適正体重である方が、さらに健康であることがわかっている。

● 骨で起こる変化

　骨はリン酸カルシウムという無機物とコラーゲンから出来ている。爪や髪の毛みたいに生きた細胞がいない訳ではなく、骨細胞という骨の主みたいな細胞が骨の中でお互い手を繋ぎ合っている。骨は、少しずつ古くなった部分を壊しながら作り直されるが、必要なだけしか作られない。寝たきりの人に頑丈な骨を作ることはエネルギーと栄養素の無駄遣いだと身体は考えているみたいだ。

　骨は筋肉によって引っ張られ刺激を受ける。運動しないと筋肉が小

さくなり、骨への刺激が減ると、骨は少しずつ脆くなっていく。この刺激を感じ取っているのが骨細胞で、刺激がいっぱい入ると、骨細胞は骨を作れという命令を出してくれる。

　ランニングをすると、当然筋肉が動き、着地の衝撃なども刺激となり、骨細胞が骨を強くしろと命令を出す。残念ながら、骨を最も強くする運動は負荷をかけた筋力トレーニングで、ランニングだけでものすごく強くなる訳ではないが、しないよりは遥かに強くなる。ウエイトリフティングの選手の骨は本当に強い。あとの章で述べるが、四十歳を超えてきたら、是非ランニングだけでなく、筋トレもしてほしい。これは筋トレによって骨が強くなることがその理由のひとつである。

● 筋肉で起こる変化

　走り始めると筋肉の血流が増え、筋細胞にグルコースが取り込まれやすくなる。少し走っただけでいきなり脚が逞しくなったりはしないが、筋肉の出力（出す力）は比較的短期間で大きくなる。筋肉は筋細胞が束になって構成されているが、動く部分は、生物というより、部品が整然と並んでいる器械のような構造をしていて、アクチンとミオシンという二つのタンパク質（注5）がお互いの位置を変化させることで収縮する。この収縮には当然エネルギーが必要でこのエネルギーはグルコースや脂肪酸を原料にして、細胞内のエネルギー産生工場でもあるミトコンドリア（注6）で作られる。筋肉が勝手に動くと困るので、動けと命令するのは運動神経だ。

　運動神経と筋肉の関係は人間と犬ゾリの関係に似ている。ソリに乗っている人間が、手綱を利用して二十匹くらいの犬（筋肉）に命令を出している感じだ。うまく犬を操れないと、数匹の犬しか頑張らなくてソリはあんまり動かないが、うまく犬に命令を出せると、二十匹

の犬が協調してソリを引っ張ってくれる。走ることを習慣にすると、運動神経はかなり早い時期から筋肉をうまく動かせるようになり、脚は効率良く動くようになる。

　筋トレを始めた時にも同じ現象が起こり、みるみるうちに重いバーベルを持ち上げられるようになるが、この時点では筋肉量はほとんど変わらず、見掛けも変わらない。同じ時期から、筋肉の細胞内には、ミトコンドリアの数が増え出し、エネルギーを作る量や速度が向上する。そうなってくると自然と走るスピードが上がるし、長時間走れるようになる。

　筋肉にはゆっくりの運動を主に行う「遅筋」と瞬発力が得意な「速筋」があり、通常は半々の割合で筋肉内に満遍なく散らばっている。ランニングを続けると主に遅筋のミトコンドリアが増えてくる。スピードを上げた練習をすると、速筋の中にもミトコンドリアが増え、瞬発力だけではなく持続力にも秀でた速筋が出来る。走るのに必要な体幹の筋肉は次第に量も増えていき、逆に、走ることにあまり必要ではないふくらはぎの腓腹筋などは細くなっていき、膝から下は「しゅっとした」格好の良い脚に生まれ変わっていく。脚の速い動物を想像してもらうといい。ほとんど膝から下は骨だけみたいに細くなっているのがわかると思う（馬、インパラ、チーターなど）。マラソン選手は取り分け膝から下が細い。両手の親指と人差し指をくっつけて輪を作り、ト腿の一番太い部分を測ってみよう。脚の太さがこの輪より細かったら筋肉量が低い「ロコモティブシンドローム」の可能性があるという診断方法があるが、それに当てはめるとマラソン選手は全員ロコモティブシンドロームだ。

　定期的な運動をしている人ではこの方法はあまり当てにならない。長距離だけではなく、サッカー選手や他の運動選手でも、一流選手ほ

ど下腿は太くないことがわかる。もし運動をしていて下腿が太かった
ら（腓腹筋が肥大していたら）それは運動が理想的なフォームで行われ
ていない可能性が高い。

　走るのに必要な筋肉が増え、ミトコンドリアが増加すると、筋肉に
栄養を運ぶ血管も増加する。筋肉には多くの糖分（グリコーゲン）が
蓄えられ、それを使用した場合には、血液を介してすみやかに糖が取
り込まれる。川の流れに例えたら、筋肉は大きなダムみたいなもので、
大きくなるほど、水の調整がうまくいき洪水を防げるように、血糖値
の乱高下も生じにくくなる。

● 脳と神経で起こる変化

　ランニングをすると脳の中でも劇的な変化が生じる。脳の血流が良
くなり、筋肉と同じく、脳細胞のミトコンドリアが増え、機能が向上
する。ミトコンドリアはエネルギーを作るだけでなく、有害な活性酸
素を取り除く機能があり、加齢による脳の神経変性を予防する。働き
の悪い神経やミトコンドリアは取り除かれ、脳の機能が保たれる。

　このような変化はどうして生じるのだろうか。脳の神経を再生し、
うまく働くようにするタンパク質である脳由来神経栄養因子・BDNF
（注7）が注目されている。BDNF自体も脳の神経細胞が作っており、
たくさん運動をするとBDNFもたくさん作られる。細かい仕組みは
図2-1を見て欲しい。BDNF以外にも、運動によって脳には新しい
血管がたくさん作られ、脳の機能はさらに改善する。

　通常歳を取ると、脳細胞は減少し、さらに機能も悪化する。それに
よって認知症やパーキンソン病などさまざまな病気が起こりやすくな
るが、ランニングによってこれらの病気の発生や進行は効果的に予防
出来る。

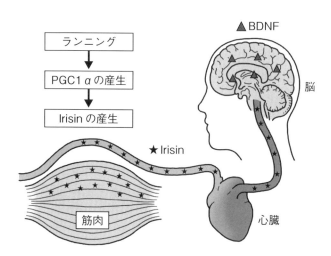

図2-1　筋肉が脳を鍛えるメカニズム

　筋肉に大きな負荷がかかると、筋肉の細胞の中では、PGC1αと呼ばれるタンパク質が作られる。PGC1αは転写因子と呼ばれ、筋細胞に対して、特定のタンパク質を作るように命令する。この特定のタンパク質の1つがIrisin（アイリシン）といわれるタンパク質で、このタンパク質が血液で運ばれて、脳の中に入る。
　脳には異物が入らないように血液脳関門（Blood-brain barrier, BBB）と呼ばれる強力なバリアが存在するが、アイリシンはそのバリアを通過出来る。脳に入ったアイリシンの作用で、脳の中で、脳由来神経栄養因子（BDNF）が作られ、神経の再生や維持、アミロイドと言われる神経に溜まったゴミの除去などが行われ、記憶学習能力も向上する。

● 細胞で起こる変化

　身体の様々な組織や臓器はランニングを開始するとダイナミックな変化を起こすれけれど、これらの変化は、もっと細かな細胞単位の変化によって生じている。細胞には細胞膜という膜があって、その膜には様々な部品（膜タンパク）がくっ付き、外の世界や細胞同士と連絡を取り合っている。

　膜タンパクは細胞の中に用意されている場合もあるし、核の中のDNAから速やかに合成される場合もあるが、ランニングをすることで、「タンパクの合成を開始しろ」というスイッチがDNAの多くの場所

で入る。何百というスイッチがONになって、様々な部品が作られ、それが合わさって膜タンパクなどになる。まるで車の工場みたいで、世の中が好景気になれば一気に工場が動き出すみたいなイメージだ。細胞の働きは活発になり、細胞を動かすためのエネルギーをミトコンドリアが作ってくれる。運動をすると、ミトコンドリアを含め、古くなった部品はどんどん廃棄され、新しくなる。オートファジー（注8）というこの現象は、ノーベル賞を受賞した大隈良典先生や大阪大学の吉森 保 先生によって精力的に研究されている。

　この「廃棄される」ということは非常に大切で、この機構がうまく働かなくなると、アルツハイマー病や若年性パーキンソン病を含め、多くの病気の原因となる。ランニングによってオートファジーは活性化され、加齢によって生じる多くの疾患を予防出来る。

　「テロメア」という名前を聞いたことがあるだろうか。細胞は一生の間に、あまり複製されないものもあれば、髪の毛の細胞のようにどんどん複製されるものもある。しかし歳を取るとそのうち複製もされなくなり、死に近付く。生き物に寿命があるのは生命が誕生してからずっと変わりなく起こっていることであり、生物として環境に適応して、絶滅しない為には個体の死が重要なのかもしれない。

　テロメアは染色体（DNAの塊）の端っこにある「繰り返し配列」を持つDNAで、歳を取るに連れて回数券みたいに少しずつ短くなる。このテロメアの長さを見ると大まかに細胞やその人の寿命が類推出来る。なんとランニングをすることで、このテロメアを長くする酵素が活性化して、実際にテロメアの長さが長くなることがわかっている。永遠の寿命は無理だし、地球が年寄りでいっぱいになってしまうのも良くないと思うけれど、ランニングをすることで、健康に少しだけ長生きすることが出来る。

● ランニングで起こる健康への変化

　ランニングで得られる健康をいくつか上げてみよう。少しこれまで
に述べたことと重なるが以下のような効果が得られる[1]〜[15]。

・血圧の低下

・肥満の解消、内臓脂肪の減少

・血糖値の改善（インスリン抵抗性の改善）

・脂質代謝の改善（LDL/HDL比の改善）、動脈硬化の改善

・認知機能の改善

・アルツハイマー病の進行の抑制

・抑うつの低下、睡眠の質の向上

・喘息の改善、COPD（慢性閉塞性肺疾患）の改善

・心筋梗塞や心不全を発症するリスクの低下

・腸内細菌叢の多様性の増加

・不整脈（心房細動）の予防

・脳梗塞発生のリスクの低下

・脳梗塞経験者での脳梗塞再発リスクの低下

・脳梗塞による脳損傷の低下と回復の改善（動物実験）

・癌罹患率低下、癌による死亡の低下

・膝関節、股関節の軟骨変性の予防と手術リスクの低下

・脊椎の椎間板変性を抑制する可能性

・運動能力の改善、転倒の予防

・骨密度の増加

・白内障の予防

　これらを見ると、ほぼ全ての病気が良くなるイメージだし、健康診

断を受けることや、病気になって病院に行くことよりもずっと重要で大切なことだと思う。病気になっても病院に行くよりも走った方が健康になるかもしれない（医者の仕事が少なくなるから複雑な心境だけれど）。

● ランニングで長寿になる

　当然健康になれば長寿になりそうだけれど、実際どうだろうか。ランニングを続けると、これまで述べたように、さまざまな変化が身体に生じる。長寿を予測する点数みたいなものがあれば簡単だけれど、血液検査でそれがわかるなんてことはない。ランニングをすると自覚的には階段の上りが楽になるとか、競技志向が強ければ、5km を短い時間で走れるようになったなんていうこともあるだろう。

　競技者でなくても一定の距離をどれくらいで走れるかというのはかなり正確に身体の状態を把握することに繋がる。どれくらい速く走れるかというのは、その人の筋肉と心臓の機能、そして体重が大きく関与する。もう少し科学的に調べたいという場合、病院やスポーツ施設などで、心肺運動負荷試験（CPX）という検査を受けることが出来る。簡単に説明すると、特殊なマスクを装着して、自転車を漕いだり、トレッドミル（注9）を走るなどの運動を行う。マスクは特殊な器械と繋がっていて、吸った酸素の量や吐いた二酸化炭素の量を測定することが出来る。負荷を少しずつ上げていくことで、全身で消費出来る酸素の最大量（VO_2max／注10）などを測定出来る。VO_2maxはトップマラソンランナーだと80ml/kg/min という値を超えてくることもあるけれど八十歳だと20なんて値になってしまう。この値が大きくなると死亡率が低下することがわかっている [7]。ランニングを継続すると、VO_2maxは維持されるので、長寿を得られる可能性が高い。動物では定期的な運動をさせると寿命が長くなることはわかっているが人間に

運動をさせて寿命が長くなるか研究することはとても難しい。そこで、どれくらい運動しているかのアンケート調査を行い、その後決まった期間内にどんな病気に罹ったか、死亡したかなどの調査を行うことで、健康や寿命と運動の相関関係をみる大規模研究が行われている。相関関係というのは難しくて、二つの現象に関連があったからといって、片方がもう片方の原因であるとは限らない。例えば山菜を食べると胃がんになるという相関が見付かったとする。実はピロリ菌が胃にいると胃がんになりやすいのだけれど、山菜を食べる地域の人にピロリ菌を持っている人が多いだけだったというような現象だ。

　もしランニングをしていると長生きするということがわかっていても、ランニングをしているような人は、健康に気を遣っているから長生きしているだけかもしれない。このことを証明するひとつの方法は、ランニングの量が多くなるとより長寿になるかを検討することである。結論を述べると、ランニングをすることは直接寿命を延ばす効果があり、ランニングに費やす時間が長くなるほど、その効果は大きくなる[2] [16]。

● 健康と長寿のための運動

　では実際どれくらい運動するのが良いのだろうか。世界保健機関は1週間に150分以上の中等度の運動または、75分の高強度の運動を推奨している。中等度とか高強度とは、どれくらいの運動なのかというと、中等度でVO₂maxの50％程度とされているがこれではなんのことか良くわからない。簡単な運動強度の指標としてMETs（metabolic equivalents）という単位が提唱されている。1 METは安静に座っている時の1時間あたりのエネルギー消費を表わし、様々な運動が1時間あたり、どれくらいのエネルギー消費になるかを計算したものである。

表2-1　メッツ表

METs	運動の種類	詳細
3.0	歩行	道路での歩行　時速4km
4.3	歩行	道路での早歩き　時速5.6km
7.0	歩行	道路で必死で歩く　時速7.2km
4.0	歩行	階段をゆっくり登る
8.8	歩行	階段をすばやく登る
8.3	ランニング	時速8km（7.5分／km）
10.0	ランニング	時速10km（6分／km）
11.4	ランニング	時速12km（5分／km）
13.2	ランニング	時速15km（4分／km）
19.4	ランニング	時速20km（3分／km）
6.8	自転車	通勤程度　時速16－19km
8.0	自転車	時速19－22km
12.0	自転車	時速25－30km
2.0－4.0	家事	拭き掃除や調理など通常の仕事
1.0	横になる、睡眠	
1.3	座位	
2.5	ストレッチ	
8.0	バスケットボール	試合
12.8	ボクシング	試合
8.0	クライミング	登山含む
12.3	縄跳び	1分で120－160回
10.0	サッカー	試合
8.0	テニス	試合
6.0	バレーボール	試合

国立健康栄養研究所2012年4月11日改訂版より抜粋。

　表2-1にあるようにストレッチは2.5METs、歩行の「階段をゆっくり登る」は4METs、そして縄跳びは12.3METsなど細かく記されている。時速10kmで走るランニングはおよそ10METsとなる。中等度というのは4～6METsの運動のことであり、それ以上が高強度とされる。ランニングでは時速6.4kmを超えれば高強度に分類されている。週に75分も走るのはランニング好きでなければ相当な時間に感じ

るかもしれない。しかし2011年に発表されたLancetの論文[2]によると、全然運動をしていない人が、毎日5〜10分走るだけでも（1週間で7.5METs程度）、癌や、心臓疾患、糖尿病関連疾患などによる死亡リスクが減少し、全死亡リスクは14%減少、寿命が三年延びる。そしてこの効果は、運動時間を延ばせば延ばすほど高くなり、毎日平均90分運動すると死亡リスクは35%減少する。残念ながら、1日100分を超えて運動してもその効果は頭うちになってしまうので、健康のことを考えたらそれ以上の運動はあまりお勧めしない。

　この本では走ることを勧めているけれど、やっぱり歩く方が良いという人や膝や心臓の障害、その他の理由で走りたくても走れない人は、少しでも歩いて欲しい。5分のランニングで得られる効果は15分歩くことで、また25分走る効果は105分歩くことで同じ効果が得られるという結果が出ている[7]。時間は掛かるけれど、走れない場合には是非長く歩いて欲しい。

　ランニングや運動による健康効果は誰にでもあるのだろうか。嬉しいことに、何歳であろうと、性別も関係なく、また持病があり、タバコを吸っていても、これらの効果は平等に与えられる。さらに、持病がない人よりも糖尿病や肥満などの健康に問題がある人ほど長生き出来る効果は高くなる。最も運動効果が高いのは、現在運動していない人が少しでも運動することである。

注1　収縮期血圧　心臓が縮まって血液を送り出す時の血圧のことで、「血圧が120/80です」と言われたら、高い方の値が収縮期血圧となる。低い方は拡張期血圧と言い、心臓が拡張している時の圧力だから、動脈は常にかなりの圧力で押されていることになる。単位はmmHgが使われ、水銀をどれくらいの高さ（mm）まで持ち上げられるかで測定する。

注2　GLUT4　グルコーストランスポーターと言われ、細胞の中にグルコースを取り込むタンパク質で出来た装置。主に筋肉と脂肪に存在し、グルコースを取り込む時には細胞表面に出現して血液から細胞内へグルコースを輸送する。常に細胞表面に存在すると、血液中のグルコース濃度が保てなくなり、人は意識を失い死亡する（脳で必要なグルコースが足りなくなるため）。そこで普段、GLUT4は細胞の中にしまわれており、必要な時だけ細胞表面に出現する。インスリンと運動によって、GLUT4は細胞の表面に出現することがわかっており、糖尿病の患者が運動を勧められる理由の一つでもある。

注3　血糖値を調節するホルモン　ホルモンは小さなタンパク質で血液の中を流れることによって、全身の臓器に作用する働きを持ち、その中で血糖値をコントロールするものの総称である。血糖値は下がると意識障害や死に繋がるため、血糖値を維持することは非常に重要である。下げるホルモンは膵臓で作られる「インスリン」の1種類。

　　　一方、血糖値が下がった時には速やかに上げる必要があり、上げるホルモンはいくつも存在する。一つは「グルカゴン」と言われ、やはり膵臓で作られる。また「アドレナリン」も血糖値を上昇させる作用があり、副腎で作られる。「アドレナリンが出る！」とみんなが言う通り、戦いに備えるためのホルモンであり、血糖値を上げて臨戦状態に備えるホルモンである。

注4　LDL（とHDL）　両方同じコレステロールで生命維持に必須の物質である。体内でリポ蛋白と一緒になって輸送されるが、この時のリポ蛋白の密度が低いものがLDLで高いものがHDLと呼ばれる。LDLは酸化して血管に沈着し、動脈硬化を引き起こすため通称悪玉コレステロールと言われ、HDLは動脈硬化巣からLDLを取り除く作用があり、善玉コレステロールと言われる。両方とも血液検査で簡単に検査が出来、LDLの値をHDLの値で割り算した時に、1.5以下であることが求められている（例えば、LDL 120mg/dl, HDL 90mg/dlであれば120/90=1.33で合格）。

注5　アクチンとミオシン　筋肉の主要な構成要素で、アクチンの上をミオシンが動くことによって筋肉は収縮する。アクチンはボールを並べたレールのような構造であり、筋肉が脱力している時、このボールにはトロポニンというタンパク質が結合している。筋肉に「力を入れろ」という命令が神経から来ると、筋肉内のカルシウム濃度が上がり、トロポニンがボールから離れ、その代わり、ミオシンはそのボールに結合する。ミオシンはATPというエネルギーを用いて構造変化を生じ、その結果ミオシンはアクチンの上を動く。

注6　ミトコンドリア　細胞の中でATP（アデノシン三リン酸　Adenosine triphosphate）と呼ばれるエネルギーを作っている器官であり、ソーセージのような形をしており、ほぼ全ての細胞内に存在する。筋肉中にも多数存在し、多量のATPを作ることで筋肉を動かしている。ATPを作るための材料は糖や脂肪であり、ATPの合成には大量の酸素が必要となる。ミトコンドリアはATPの産生以外にも活性酸素

の除去や熱産生に関与している。第4章「ミトコンドリアの物語」参照。

注7　脳由来神経栄養因子（BDNF　Brain derived neurotrophic factor）脳の神経に作用し、新しい神経を作り、神経同士の連絡を繋げる作用など、神経組織の活性化作用を持つ。六十五歳以上の高齢者やうつ病、アルツハイマー病患者ではBDNFは低下している。BDNFは運動によって増加することがわかっている。

注8　オートファジー　細胞の中のさまざまな機能を持つ分子や器官（ミトコンドリアなど）は時間が経って古くなると機能が悪化する。それをそのまま放置しておくと、癌化したり、機能障害を引き起こすため、古くなった器官を包み込んで壊してしまう機能が重要となる。この機能がオートファジーである。若さを保ち、寿命を延ばすことにもオートファジーは関連が深く、断食や運動で促進されることがわかっている。

注9　トレッドミル　ランニングマシンと言われたりもする。室内でランニングをするための機械で、ベルトがモーターによって一定の速度で動くことで、その上を等速で走ることが出来る。天候に左右されず、任意のスピードや傾斜の設定が出来るため、ランニングの研究でしばしば使われる。多くのスポーツジムでも採用されており、最近は家庭用のものも販売されている。

注10　最大酸素摂取量（VO₂max）　ランニングなどの全身運動を最大努力で行った時に、身体で消費される酸素量のこと。第4章「最大酸素摂取量」参照。

第3章

これから走ろうと思っている方へ

初めて買ったinov-8 F-LITE230。ソールが柔らかくて全然速く走れなかった。

● 初めの一歩

　最近まで何か運動してきた人にとってはとりあえず走ることは出来るだろうけれど、もう何十年も走っていない人にとっては走ることのハードルは高い。たくさん歩けば走れるようになるかというと、「歩く」と「走る」は全く違う動作だから、そういう訳にはいかない。

　BMI（Body Mass Index　ボディマス指数）が30以上（身長170cmで87kg以上）あるような方だと膝を痛めてしまうのではと心配もされるだろう。ランニング障害と肥満に関しては数多く研究されているが、非常に意外なことに、肥満でも、痩せていても障害が出る確率はあまり変わらない[1]。しかし、ランニング歴が浅いほど怪我をしやすい傾向にはあるようで、体重がかなり重い人は、慎重に距離を増やした方がよさそうだ。

　本当に久しぶりに走る場合、「その場ジャンプ」（図3－1）から始めてもらいたい。

　僕が外来で患者さんに教えている方法だが、まずはその場でちょっとだけジャンプしてもらう。慣れてきたら、連続して飛んでもらったらよいし、最初は気にしなくてもいいが、しっかり足の前側（中足骨頭）のところの着地を意識してもらう。足の前側で着地が出来るようになると、足首でも衝撃が吸収出来るようになるので関節の負担は減らすことが出来る。

　最も注意する必要があるのは「腰をしっかり延ばす」ということ、腰が曲がってしまうと、高齢者では背骨が圧迫骨折を起こすこともあるし、若い人でも椎間板ヘルニアが生じることがある。目線も重要で、下を見ると首や腰が曲がってしまうことが多いので必ず遠くを見て欲しい。頭に紐が付いていて吊り上げられているイメージや、頭の上に水瓶でも乗せているイメージでもいい。

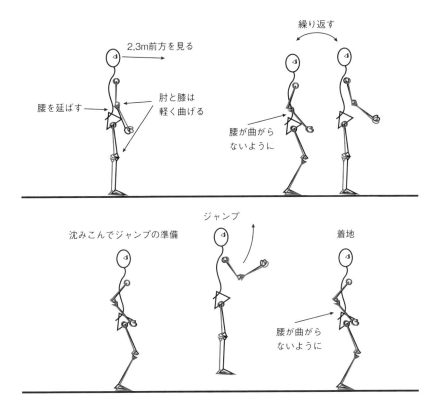

図3-1　その場ジャンプのやり方

　上左の図のように２、３m前を見ながら腰をしっかり伸ばし、リラックスして立ってみよう。次に上右の図のように、膝と股関節を曲げて軽いスクワットを繰り返してみよう。この時、腰が曲がらないように、また骨盤の角度（前傾や後傾）が変わらないよう注意しよう。上手く出来たら、腕の動きを追加して欲しい。沈み込んだ時に、軽く腕を後に引いて、伸び上がる時に軽く前に出す。腕は肩から振るイメージで。

　最後に、スクワットの動作を大きくするイメージで「その場ジャンプ」に挑戦だ。腕を大きく引いて身体を沈めたら、腕を前上方に大きく振り出すタイミングで、空中に飛び出そう。着地では股関節と膝をしっかり曲げて衝撃を吸収する。この時に腰が曲がらないように注意。

その場の軽いジャンプが問題なく出来るようになったら、その場でランニングを開始してみよう。その場で飛ばずに足踏みを開始して、足踏みのスピードを上げてみる。行けそうだと思ったら、身体を宙に浮かせてみよう。意識することは「その場ジャンプ」と同じで、腰を伸ばして、前を見てだ。あまり他のことは考えなくていいが、股関節を屈曲（腿上げ）することを意識してみよう。膝が上に上がる勢いで身体が宙に浮く感じをつかめると最高だ。最後に、足が着地する前に次の脚が上がることを意識しよう。どんどん空中を上に登っていくイメージだ。

　「その場ランニング」が問題なく出来たらいよいよ外で走り始めて欲しい。ジムのトレッドミル（ランニングマシン・ルームランナー）も良いけれど、外で走ることには多くのメリットがある。景色が変わることで飽きないし、天候や季節にもよるけれど、心地好い風の中を走るのは本当に気持ちが良い。最初はちょっと先に目標を決めて、そこまで走ったらしばらく歩く、落ち着いたらまた目標を決めて走り、また歩く——みたいな感じが楽しくていい。河川敷でもウインドウショッピングをしながらでも、好きな所をゆっくり進んで欲しい。

　そしてまだこの段階では距離を目標にせず、時間を目標にするのが良いと思う。最初は5分か10分から始めて、30分くらい楽しく出来るようになったら、かなり体力が付いてきた証拠だ。慣れてきたらずっと走った方がいいということはなくて、疲れたら歩いて、また走ってという感じで構わない。合間に歩行を挟んでも運動効果はほぼ変わりないと思ってもらって大丈夫だ。

　走ることで、「今まで簡単に行けなかったところに気軽に行けるようになる」、「食事が美味しくなる」、「ビールが美味しい」、「終わった後の軽い疲れが心地好い」、「熟睡出来る」、など様々な楽しみが手に

入るし、その楽しみを得るために走って欲しい。

　どれくらいの頻度で走った方がよいだろう？　とか1日のうちにいつ走るのが良いのだろう？　とか色々な疑問も湧いてくるかもしれない。結論から言うと、どれだけ走ってもいいし、いつ走っても構わないが、最初は頑張り過ぎて怪我をしやすい。第7章「ランニング障害と加齢」を読んで頂いて、出来るだけ怪我をすることなく、自分なりのランニング習慣を手に入れて欲しい。

● **どんなシューズ、ウエアを選ぶべきか**

　より詳しくは、第5章に書く。

　大きなスポーツ店に行くと、何十というシューズが並んでいる。カラフルで格好良くてどれを選んだらいいか全然わからないと思う。だいたいどこの店でも、「上級者用」とか「フルマラソン4時間以内の方用」とか、「初心者用」とかに分かれている。色々なシューズを買って試してみるのも楽しみの一つだと思っているので、初心者でも「上級者用」を買ってもいいと思うし、色々トライして欲しい。

　通常、「初心者用」のシューズは怪我の予防をうたった分厚いモーションコントロール機能（注1）がついていることが多い。しかし、このようなシューズで、怪我の発生率が減少するという明確なエビデンス（注2）はない。最初に買うシューズは次の事に気を付けて、選んで欲しい。

● **シューズのサイズ**

　足は前後左右に動かないが、足の指が自由に動く程度のサイズのシューズを選ぶ。

　シューズの中で足が動くと、走り自体も非効率になるし、靴ずれ

の原因にもなる。シューズの幅は狭いものから広いものまで用意されており、大抵のスポーツショップで足幅を測定してもらえる。踵の幅はシューズによって差があり、踵がずれないシューズが望ましい。シューズの長さは踵をきちっとシューズに合わせて、1 cm程度先端に余裕があるくらいの物を選ぶ。足の先端にシューズが触れていると、長時間走った時にマメが出来たり、爪の障害を引き起こす。シューズの紐は緩いことで大きな問題となることはないが、きつく締め過ぎると、足の指を反らせる腱の腱鞘炎を引き起こし、しばらく走れなくなることがある。走り始めて少しでも痛みがあったり、きついと感じた場合には紐を緩めて結び直すことをお勧めする。

● 厚底シューズ

　底が厚いというのは、足に優しいという印象があるかもしれないが、それだけ不安定ということでもある、地面の情報が足に伝わりにくいし、着地で足が安定しない。底が厚いことで、怪我をしにくいという明確なエビデンスはなく、逆に怪我が増えたという論文まで発表されている。不安定な足元を支えるために、無意識に脚の筋肉や腱に負担が掛かっているのかもしれない。また、底が厚いほど捻挫しやすいことは間違いないし、捻挫した時の怪我の程度も強くなる。

● 重いシューズ

　シューズの重さとランニング障害の明確な関係は明らかではない。少なくともシューズが重いほど、ランニングの効率は悪くなり、速く走ることは出来なくなる。筋肉が少ない初心者が重いシューズで走ると、股関節や膝を痛める可能性がある。体重にもよるが重くて

も片足で350g以内のシューズをお勧めする。

●硬いシューズ

上級者向きの靴底の硬いシューズはシューズの底にカーボンや特殊なプラスチックのプレートが入っていることが多い。これらのプレートはバネの様に働く事で、スピードを出しやすくしているのだが、当然それに見合う筋力がないと怪我の原因となる。また硬いシューズは体重が軽いほどランニング障害のリスクが高くなる可能性が報告されている[2]。初めは少し柔らかいシューズを選択しよう。

●ミニマリストシューズ

重量が100gとかそれ以下で、ものすごく薄い底のシューズも一定の層には大人気だし、中にはベアフットランニングといって、裸足で走る人もいる。裸足でフルマラソン3時間を切るのだから本当にすごいけれど、初心者がこの真似をするとすぐに脚を怪我するだろう。体重が多い場合や、ミニマリストシューズ（注3）での走行距離が伸びると、膝や腱の痛みが増加するという報告がある。

●インソール

特別なインソールは基本的にお勧めしない。特にアーチサポートといって、土踏まずに合わせてその部分を支えるインソールは足に問題がない人にとっては、足それ自身の衝撃吸収を妨げるだけでなく、足の障害の原因ともなる。加齢などで足の骨や関節に異常がある場合にはインソールが必要なこともあるが、インソールなしで痛みが悪化しなければそのまま走っていい。インソールによってランニングのフォームや衝撃の伝わり方は変化することは間違いないが、

それによってランニング障害が減少とするという明確な証拠はこれ
までのところ得られていない。[3] [4]

● コンプレッションウエア

ウエアについても少し触れておく。

多くのコンプレッションウエア（注4）が発売されており、日常
的に使用している人も少なくない。日本では遅いランナーほどコン
プレッションウエアを着用していることが多いように思う。

コンプレッションウエアを着ることで、マラソンレースを含めた
ランニングのタイムが明確に速くなることは示されていないが、ラ
ンニング後の回復が早くなる可能性やランニングエコノミーが改善
される可能性が示されている [5]。着用によって体温が上昇する可能
性があるが、コンプレッションウエアの着用はランナーにとって良
い影響を与える可能性があり、少なくともコンプレッションウエア
を着ることが好きで満足しているのならば、継続して使用すること
に問題はない。最近では、下腿のコンプレッションウエアの着用が、
マラソンにおける内臓障害を予防出来るという報告まである [6]。

● 理想のフォームとは

理想のフォームの定義は難しい。やはり見ていて美しいフォームで
走りたいと思う。どんなスポーツでも一流選手の動きは美しい。人間
の脳がどうしてそれを美しいと思うのかはわからないけれど、一流選
手の動きを美しいと思える脳の機能はすごいと思う。

抽象的な話は脇において、やはり、怪我が少なく、エネルギー消費
が少ない（速く走れる）フォームが理想だと思う。おそらくそれが見
ていて美しいフォームなのだ。

　多くのランニングの本を読んでもなにが理想なのか色々なことが書いてあってわかりにくいので、ここでは最低限守るべきフォームについて説明する。

● ストライドを伸ばそうとして足を前に出して着地しない

　ストライドはジャンプして足が離れて着地するまでの距離だが、これは、上にどれくらい飛ぶのかとその時の速度だけでほぼ決まっている。無理に上に飛ぼうとしなかったら、速度だけでほぼ決まる。ジャンプの高さが同じなら、速度が2倍になれば勝手にストライドは2倍になる。足を前に出してもストライドは増えないどころか、ブレーキが掛かり過ぎて非効率な走りになるだけで、このような動きはゴールテープを切って止まる時だけにしてほしい。前に出た足は引き戻され、重心より前ではあるが、出来るだけ重心の近くで地面に触れる。

● スピードを出すために最後まで足で地面を蹴ることはしない

　最近では「母趾で地面を蹴る」みたいな解説はあまり見ないけれど、足が蹴る方向は股関節と足を結んだ直線の方向のみで、シューズと地面の摩擦を利用するような、後に掃くような動きは非効率である。さらに足が離れる瞬間は静かに勝手に離れるだけで後には蹴らない。

　一流ランナーが走った時に地面に与える力は図3-2のようになり、水平方向の力に関しては最初にブレーキが掛かった後は、重心が足を越えると推進力に変わる。推進力は、重心が前に移動するに連れて上昇し、最大値を迎えた後は足が地面を離れる瞬間に向けて直線的に低下する。即ち足が離れる付近では推進力を得ることは難

しく、最後まで地面を蹴るという意識はたとえ力を入れても地面には伝わらないことを意味している。

　また後に蹴る動作は後に流れた足が前に戻る時間を遅くし、結果的にランニングのピッチが低下してしまう。最後に、後に蹴る動作は腓腹筋（ひふくきん）を酷使するため、下腿（かたい）の筋肉が肥大し、格好が悪くなるだけでなくランニングエコノミー（注5）が下がる可能性がある。地面を押すことは通常あまり意識しなくても良いが、もし意識するとすれば重心が足の真上に来た時に真下に押す意識だけで良い。真下に押してどうして前に進むのかと思われるかもしれないが、身体が前に進めば真下に押しているイメージでも自然に斜め後に地面を押す形となり、前方への推進力が得られる。

● 地面を蹴って後方に残った脚を畳まない

　ケニアの選手の走りなどを見ていると、地面から離れた足は、後に高く舞い上がり、膝がものすごく曲がって（脚が畳まれて）、股関節が前に動くとともに膝が伸ばされ、足の軌道だけを見ると直線的に前方の地面へと送られている（図3‐2）。脚が畳まれた方が、回転モーメントが少なくなって省エネで走れると考えている人もいると思うが、後に飛んでいった足を最終的に着地の部分まで持っていくのに自分で力を入れて軌道を変えることは、エネルギーが余計に必要となることはあれ、省エネになることは決してない。脚が畳まれるのは慣性で後に振り出された脚が骨盤の回旋や股関節の屈曲で前に戻る時に、脱力した膝が勝手に曲がるだけであり、ここで力を入れるのはエネルギーの無駄使いだ。意識するのは大腿部より下は完全に脱力し、その根元である骨盤を動かして、鞭を振るように前に振り出してやることだけである。イメージは人それぞれで、両脚

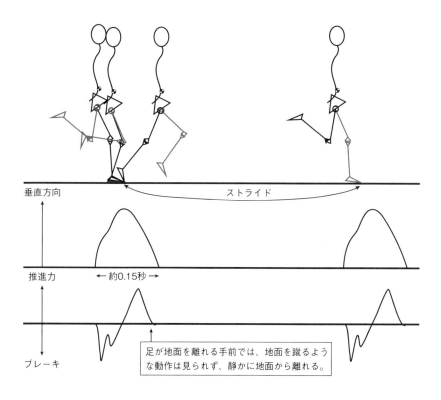

垂直方向

ストライド

推進力　←　約0.15秒　→

ブレーキ

足が地面を離れる手前では、地面を蹴るような動作は見られず、静かに地面から離れる。

図3-2　走っている時に、足が地面から受け取る力（僕の測定データから）

地面から受ける力は足が地面に接している時だけ生じる。わかりやすいように垂直方向の力（ジャンプの方向）と水平方向の力（ブレーキと推進力）に分けて説明する。

垂直方向の力は、着地の衝撃を吸収している間増え続け、重心が足の真上に来た時に最も大きい力で地面を押している。押す力は地面から足へと返ってくる力と同じで、身体が上へと持ち上がり、それとともに足に掛かる力はどんどん減少する。

水平方向に関して、着地からしばらくは、足でブレーキをかけていて、重心が足の上を乗り越えた後は、空中に飛び出すまでの期間、推進力を得ている。推進力は重心が足の上を乗り越えてしばらくしてからピークとなり、その後は急速に低下して、足が地面を離れる付近ではほとんど推進力は得られない。

がハサミのようになっている意識を持ち、閉じる動きをイメージしても良いし、脚が臍くらいから生えているイメージを持ち、臍から前へ出すイメージでも良い。時折、これらを意識して走ってもらったら、走っているうちに自然に効率の良い走りが出来るようになる。

●地面を押すイメージよりも後の脚を前に出すイメージを持つ

　後にある脚は空中に浮いているから、前に出そうとすると自然と地面に接地している足が地面を押す。地面を押すことに意識がゆくと、次の脚が前に戻るのが遅くなる可能性と、押した脚が後に流れる可能性があり、どちらもピッチが遅くなる原因となる。脱力した脚を前に振り出すイメージだけで、地面に接地した脚は無意識に地面を押し、自然に身体は空中に飛び出す。後に蹴るのではなく、脚をどんどん前に出すイメージで走って欲しい。

コラム

理想のフォームQ&A •

Q1 足は一直線上に着地するのか、２本の直線上に着地するのか、どちらが良いのか？

A1 足の着地位置は骨格によって変化する。O脚であれば、その分、足の位置は内側に入るので、１本の直線の上を走るような着地になるし、逆にややX脚であれば、着地は左右に散らばり、２本の直線に乗るようになる。

Q2 骨盤は前傾するのか後傾するのか、どのように意識すべきか？

A2 短距離の場合、やや後傾して脊椎を伸展するような教えもある

が、通常のランニングやマラソンでは自然なポジションが一番良い。軽くジャンプして、腰をしっかり伸ばして着地する時の骨盤の傾きで走ってもらえばいい。

Q3 身体は前傾した方が良いのか？

A3 前傾して重心を前に持っていくと、地面の反発力を受けた時に自然に前に進むから前傾すべきという意見をよく聞くが、全く正しくない。地面からの反発が最も強くなる時の重心は、足の真上にあるべきで、前に進むのは慣性力による作用である。厳密には、風の抵抗で身体が起こされる分だけ僅かに前傾する意識を持ってもいいが、過度な前傾はそれを支える背筋から殿筋が疲労するだけであり、身体は重力と同じ向きに一直線になるのが最も効率よく走れる。

Q4 腕はまっすぐ振るべきか？

A4 腕のメインの役割は骨盤の回旋を止めるためであり、直線的に振る意味は全くない。肩の関節はやや前に傾いており、自然に振れば前方では内側に入るのが普通である。

Q5 走ると頭が左右に振れるが、振れない方が良いのか？

A5 片足一本で立つ時、身体は少しだけ立っている脚の側に傾く。同じようにランニング中の着地でも、着地脚側に少し傾く方が、地面に大きな力を掛けやすくなり、省エネで走れる可能性がある。実際、トップアスリートでも前方から見ると頭の位置は左右に動いている。

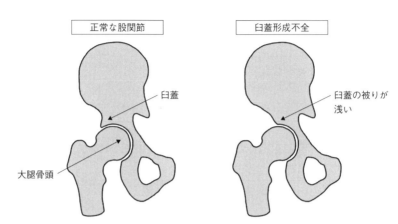

正常な股関節　　　　　　　臼蓋形成不全

臼蓋

臼蓋の被りが
浅い

大腿骨頭

図3-3　正常な股関節と臼蓋形成不全

正常な股関節は大腿骨頭の上の屋根と言われる臼蓋が大腿骨頭に大きくきれいに被さっている。生まれ付き、または成長過程でうまく臼蓋が発達しないことを「臼蓋形成不全」と呼び、変形性股関節症の原因となっている。

● 病気や障害がある方へ

● 膝関節や股関節や足関節などに障害がある方

　特に膝関節では内側の軟骨が年齢とともに痛んでくることが多い。股関節は生まれ付き臼蓋（きゅうがい）と言われる屋根の部分の被りが浅い場合（図3-3）、やはり軟骨は痛んでくる。軟骨は使うとすり減るから使わない方が良いと思っている方が多いと思うが、これはあまり正しい考えではなく、軟骨を支える骨が弱ることで微細な構造変化が起きたり、関節周囲の筋肉が弱って関節が不安定になることや喫煙などを原因として軟骨組織が変性を生じて薄くなってくると考えられている。つまり関節が正常な人では運動をしない方が軟骨が痛みやすい。また軟骨が少し変性していても、適度なランニングによって、病気の進行は遅くなり、痛みも改善される。

　長い間走る習慣がある人や農業などを続けている方では、膝や股

関節の軟骨がほとんど無くなってしまっていても、症状が出ないことも少なくない。ランニングによって、変形性膝関節症が治ることはないが、手術が必要となる可能性は減少する。状況によっては走ってみたいがどうしても痛くて走れない場合もある。痛み止めを飲んでまで走ることはお勧めしないし、痛みに耐えて走ることもさすがにお勧めはしない。治療が可能かどうか整形外科医と相談して欲しいし、それが難しければ、水中での運動、自転車や筋トレなど、別の運動を積極的に利用してほしい。整形外科に行く場合には、スポーツ整形を専門としているか、その医師自体がスポーツを愛好している人に診てもらうことを勧める。

● 人工膝関節や人工股関節の手術をしている方

　人工関節の手術後は、多くの医師が衝撃のあるランニングやサッカー、アメリカンフットボールなどのコンタクトスポーツを禁止することが多い。しかし最近では以前ほどこれらの運動を厳しく制限することはなくなってきており、このようなスポーツに復帰する人も増えてきている。膝に比べると股関節の手術の方がスポーツ復帰率は高く、テニスのアンディ・マレー選手やゴルフのジャック・ニクラウス選手が有名で、手術後も比較的高いレベルで活躍している。

　人工股関節術後に1500mを3分47秒で走ったアスリートがいて、おそらく人工関節での世界記録と言われている。アンケートを基にした調査では、元々ランニングを習慣にしていた人たちの20〜30%程度は手術後もランニングを続けており、その場合の手術満足度は非常に高い。最終的にスポーツ復帰を妨げる最も大きな要因は、医師の考え方というデータがあり、運動習慣のある医師ほどスポーツ復帰を許可する割合は高くなる。残念ながら、何年か後に人工関節

を入れ替えなければいけない「再置換術」が必要となる確率は、走らない場合と比べて少しだけ高くなる。

● 脊椎に障害がある方

　脊椎と言っても頸椎から仙腸関節まで多岐に渡るから、一概にこの場合は走ることが出来て、この場合はダメとか決めることは難しい。もともと走っていた方で、脊椎の障害で走れなくなる原因の多くは、若い人であれば腰椎椎間板ヘルニアであり、少し高齢になると腰部脊柱管狭窄症になる。椎間板ヘルニアに関しては、70～80％のヘルニアが、自然に消退し、症状が軽快することがわかっていて、NBAやMLB（注6）でも多くの選手が手術をせずに復帰していることが多い。一方、最終的に手術が必要となる場合もあるが、内視鏡や顕微鏡を使用した比較的小さな手術が可能で、競技復帰率は高い。ランニングも手術が終わって3か月もすれば、再開出来る可能性が高く、僕が手術した患者さんも多くがスポーツ復帰をしている。最近では、突出した髄核（注7）を注射で溶かす治療が保険適応となり、治療の選択肢は広がっている。

　腰部脊柱管狭窄症の場合には、椎間板ヘルニアに比較して自然に良くなる可能性は低く、最終的に手術になる割合は高くなる。年齢も高齢であることが多く、手術後に、もとのレベルにまで改善することはなかなか難しい。高齢の市民ランナーの手術を数人させてもらったが、全員それなりに走ることは楽しんでいるものの、フルマラソンを完走出来た人は少ない。

● 心不全や狭心症がある方

　心臓の疾患の原因が特殊な場合を除き、動脈硬化や加齢による心

臓の弁の異常などで心臓の機能が低下してくる。走るとすぐに息が
切れるかもしれないが、最初は息が切れない程度で走って欲しい。
走ると息が切れるのであれば、歩くことから始めて心臓の機能をま
ず強化することが先決となる。

　狭心症があれば、ランニングをすることで胸が痛くなることがあ
るかもしれない。運動をすることで心筋梗塞になる訳ではないので、
ゆっくり走って胸が痛くならなければ、少しずつスピードを上げて
も構わない。もし、頻回に痛みが生じたり、ごくゆっくりとしたラ
ンニングでも胸が痛くなるのであれば、治療が必要な状態とも考え
られるので、循環器内科で診察を受けて欲しい。いつも循環器内科
に受診している方なら、心肺運動負荷試験を行ってもらい、すでに
運動処方を受けているかもしれないので、その場合には主治医の意
見に従ってもらうとよい。

● **呼吸器疾患がある方**

　慢性閉塞性肺疾患（COPD／注8）や喘息では、寒さや乾燥によっ
て気道の過敏性が上昇して症状が悪化することがある。呼吸数が上
昇すると同様の症状が生じるので、ほどほどの速度で走って欲しい。
走っている時に頻回に水分を摂取することでこれらの症状を予防出
来るので、脱水には注意してほしい。

● **癌の治療をしている方**

　基本的に、術後早期や、化学療法で免疫力が落ちている時など特
殊な場合を除いて、ランニングを止める理由はない。運動をした方
が、癌による死亡率を抑制出来ることもわかっているし、ランニン
グのメリットは大きい。ただ、ランニングのし過ぎで免疫機能が一

時的に低下することもわかっており、走り過ぎは癌の進行を促進する可能性がある。

● 長く続けるこつ

　ランニングを始めた方の多くが半年も続かずに止めてしまう。僕がランニングを楽しく感じたのも始めてから一年近く掛かった訳だし、継続にはある程度の努力がいる。以下いくつか継続のための秘訣を述べるので良かったら試して欲しい。

● 友人と一緒に始める

　僕はたいていは一人で走るけれど、友人と走るのは楽しく、約束すれば朝寝坊して走るのを止めるということもなくなる。

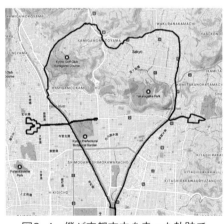

図3-4　僕が京都市内を走った軌跡で
描いた下手くそな絵

ハートの形を描くためにハートの下の部分は、賀茂川と高野川の合流地点を利用した。
世界にはランニングの軌跡だけで凄い絵を描いて楽しんでいるランナーがたくさん存在する。

● アプリの活用

　最近はランニングの記録を残してくれるアプリもあり、スタートボタンを押して走り始め、ストップを押すまでの走った距離や速度なんかを記録してくれる。

　走った軌跡が地図上に表示されるので、どこを走ったのか後から見ることが出来て意外に楽しい。体重やメモを一緒に記録しておけば、貴重なランニング日記

が出来上がる。

ランニングの軌跡で絵を描いて遊んでいる人もいる。いろいろな遊び方に挑戦するのも長く続ける秘訣だ（図3-4）。

● ランニングSNSの活用

Strava（Strava.Inc／注9）が有名だが、各種GPSウオッチから自動的にランニングログがアップロードされる。友人からメッセージをもらったりすると自分の承認欲求が満たされ、また走りたくなる。

● ランニングの大会に出る

自分なんてまだまだ無理と思うかもしれないが、大会は上級者のためにあるのではなく、走りたい人すべてに門戸が開かれている。短い距離のレースからあるので、物おじせずにぜひ出場して、非日常を味わって欲しい。思ったより走れても走れなくても、良い刺激になる。ただ、全く練習せずにフルマラソンに出てみるみたいなことをすると、二度と走りたくなくなるから、ある程度練習してから出場して欲しい。

注1　モーションコントロール機能　足は着地の度に、足のアーチが沈むことで衝撃を吸収している。足は内側にやや倒れ込むように捻れ、この動作がプロネーションと言われている。正常より大きなプロネーションが生じると、足の障害が増えるのではという仮説を基にプロネーションを抑制する機能がついたシューズが販売され、モーションコントロール機能と呼ばれている。

注2　査読された論文などで明らかにされたこと。

注3　ミニマリストシューズ　ケニアの一部の子どもたちが裸足で通学していることや、クリストファー・マクドゥーガルの書いた『Born to run』で有名になったタラウマラ族が、ワラーチと呼ばれる薄いゴムのサンダルで走り回っているという事実から、人間の足は、分厚い保護機能のついたランニングシューズの影響で怪我が

増加しているという考えが広まった。その結果、わずかな足裏の保護機能のみを
持つミニマリストシューズが誕生し、現在では多くのメーカーがミニマリスト
シューズを販売している。

注4　コンプレッションウエア　下腿の静脈瘤や血栓の予防のために下腿を圧迫する
　　　ソックスタイプのウエアがその始まりであり、現在では適度な圧着力を持つ、上
　　　半身用や下半身用など、様々なタイプのウエアが販売されている。適度な締め付
　　　けによって、静脈の流れを改善し、余計な筋肉や脂肪の振動を抑制し、スポーツ
　　　パフォーマンスを上げ、怪我を予防することが期待されている。

注5　ランニングエコノミー　ランニングの経済性とも言われ、どれくらいエネルギー
　　　を消費せずに走れるかという指標であり、車で例えると燃費となる。詳しくは第
　　　4章「ランニングエコノミー」を参照。

注6　NBAとMLB　NBAは全米プロバスケットボール協会（National Basketball
　　　Association）。MLBはメジャーリーグベースボール（Major League Baseball）。

注7　髄核　椎間板は脊椎の骨と骨の間のクッションで、本物のクッションと同じよう
　　　に、周囲の袋と柔らかい中身で出来ており、この中身のことを「髄核」という。
　　　袋が破れて中身の髄核が飛び出した状態が椎間板ヘルニアと呼ばれ、飛び出した
　　　髄核が神経に当たると坐骨神経痛などの原因となる。

注8　慢性閉塞性肺疾患（COPD）　喫煙や大気汚染などが原因となり、肺の中の空気の
　　　通り道である気管支に炎症が生じ、空気が通りにくくなった状態で、ひどくなる
　　　と肺の内部が破壊（肺気腫）される。

注9　Strava　https://www.strava.comをアドレスとするランニングのソーシャルネッ
　　　トワークサービス。GPSウオッチなどから自動的に走った距離や時間がアップロー
　　　ドされ、さらに日記や写真などが記録出来る。標高やランニングの強度など、ト
　　　レーニングに必要な様々な要素を解析してくれるので、トレーニング日誌として
　　　も使える（一部有料）。

第4章

運動生理学の基礎知識

初めて買ったトレランシューズは Montrail マウンテンマゾヒストⅡ。
履き心地は良かったが少し重い。

● 速く走るための条件

　どれだけマラソンを速く走れるのかを知るためには、実際にマラソンの距離・42.195km（注1）を走るのが一番正確だけれど、速くなったかどうかを知るために、毎回マラソンの距離を走るのは大変だ。全力で走ったらしばらくは練習も出来なくなるし、さらにタイムは天候や体調にもよっても影響される。では、どうすればいいか。

　5km走ってそのタイムで予想してみるというのは、かなり簡便で良い方法で、比較的正確にフルマラソンのタイムを予測出来ると言われている。走る速さを決める条件は数多くあって、例えば以下のようなものがある。

- 天候（寒過ぎても暑すぎても速く走るのは難しい）
- 高度（高い山の上は酸素が薄いので速く走るのは難しい）
- エネルギーの貯蔵（エネルギーが無くなったら走れない）
- 心臓の機能、肺の機能（心臓や肺の機能が悪かったら酸素がうまく送れない）
- 筋肉の機能（働きが悪い筋肉では速く走れない）
- 根性（根性があれば少しだけ速く走れるかもしれない——脳の機能）
- 体型など（シュッとした細い体型の方が速く走れそうである）

　どれも大切だが、一番はいかに多くのエネルギーを作って、それを使えるかということがスピードを決めている。まずは身体がどうやってエネルギーを作っているのかを見ていこう（図4−1）。

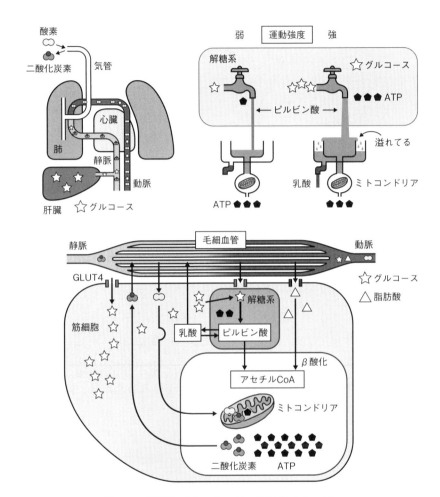

図4-1　筋細胞でのエネルギー産生のメカニズム

　酸素が呼吸で取り込まれ、ヘモグロビンに乗って運ばれる。肝臓のグルコースも血液に乗って筋肉に運ばれる（左上）。

　筋肉では、GLUT4というタンパク質を通り、グルコースは毛細血管から筋肉内に入り、解糖系と呼ばれる反応を経てピルビン酸になる（下）。

　解糖系でも少しATPが出来る。ピルビン酸はその後、形を変えてミトコンドリアの中に入り、やはり毛細血管から取り込まれた酸素を使い、多くのATPと二酸化炭素を作る（下）。

　解糖系は運動強度が上がると、絶え間なくピルビン酸とATPを作る。ミトコンドリアの処理能力が追い付かないと、溢れたピルビン酸は乳酸へと形を変える（右上）。

　乳酸は使いやすいエネルギーであり、毛細血管から運び出され、心臓などで使用される。

● エネルギーの作り方

　100m走と違い、5000mやフルマラソンなどの長い距離になると、多くのエネルギーが酸素を用いて作られる。酸素を用いるというのは、木が燃えて熱が出るとか、携帯カイロが暖かいというのと同じことで、身体の中にある燃料がゆっくり燃えているということだ。この時に燃料として使うのが、糖（グルコース）と脂肪（脂肪酸）で、どちらも炭素と水素と酸素で出来ている。炭素を燃やしたら二酸化炭素で、水素を燃やしたら水になるから、エネルギーを使うと、肺から二酸化炭素が吐き出され、腎臓からは水が出ていく。

　糖であれ、脂肪であれ、使う時には筋細胞の中で、燃やしやすい形に小さく分解される。また燃料が足りなくなると、血液を通って運ばれてくる。分解された燃料は、ミトコンドリア（注2）という器官に取り込まれ、その中で燃えて（酸素とくっ付く）ATP（注3）というエネルギーが出来上がる。ATPが無いと筋肉は動かない。

　バーベルを持ち上げるような運動は、主に筋肉の量によって持ち上げられる重さが決まるが、マラソンのような持久的運動は、如何に筋肉にエネルギー・ATPを供給出来るかで速さが決まる。どれだけエネルギーが作れるかは、供給される酸素や燃料の量、そして直接エネルギーを作っているミトコンドリアの機能が重要であることは言うまでもない（図4−1）。

● ミトコンドリアの物語

　太古の昔、二酸化炭素は大気に溢れ、二酸化炭素を酸素に変換してエネルギーを得る生き物によって酸素が作り出されていた。活性酸素を生み出す酸素は多くの生物にとって脅威であったが、たまたまその酸素を利用して栄養を生み出す「ミトコンドリアの祖先」を取り込む

ことで、有害な酸素を除去してもらい、さらに栄養まで獲得するという出来過ぎた話があった。色々な説があるものの、植物の葉緑素と、ミトコンドリアは、もともと別の生き物であったものが細胞に取り込まれ、共生したと考えて間違いなさそうである。

　人の細胞は、遺伝情報がある核と周りの細胞質から出来ていて、ミトコンドリアは細胞質に存在する。遺伝子は父親と母親から半分ずつ伝わるが、ミトコンドリアは母親の卵子からほぼそのまま伝わってくる。その母親から伝わった特性を持つミトコンドリアが優秀だと、長寿になり、長距離を速く走れる可能性が高くなる。マラソンを速く走ろうと思ったら、ミトコンドリアを増やして機能を良くすればいいということである。

　ミトコンドリアはPGC1αと呼ばれるタンパク質（転写因子／注4）が細胞の中で合成されると増えることがわかっており、このPGC1αがどうしたら増えるのかが研究されている。筋肉の中でミトコンドリアがどれくらい増えているかが採血でわかると嬉しいけれど、そう簡単ではない。ミトコンドリアの量を調べるためには、筋肉を採取して、電子顕微鏡で観察しないといけない。さすがに大変なので、採取した筋肉のクエン酸合成酵素という酵素の活動量を調べることでミトコンドリアの量を推測している。筋肉はブスッと針を刺して採取される訳で、多くのランナーたちが痛い思いをして得られたデータで僕たちは速くなる方法や健康になる方法を知ることが出来ている。

　人間にもミトコンドリアだけでなくて葉緑素があったら、太陽の光を浴びていつまでも走れるかもしれないなんていう夢物語を考えてしまう。ミトコンドリアが作った二酸化炭素と光で葉緑素が栄養と酸素を作り、その酸素を使ってミトコンドリアがさらに栄養を作ってくれたら最高である。実際、線虫（注5）やマウスに葉緑素を導入して光

を当てる実験が既に行われているから[1]、あと十年もしたら、葉緑素を皮膚に取り込む方法が見付かるかもしれない。

● 糖と脂肪

　ブドウ糖（グルコース／注6）は脳が最も好む主要なエネルギー源であり、生命維持のためになくてはならないエネルギーである。糖にはブドウ糖以外にも果糖やショ糖など色々な種類があるが、グルコースが身体で最も多く利用されており、採血すれば血糖値として測定される。グルコースはグリコーゲンとして肝臓や筋肉に貯蔵されている。グリコーゲンはグルコースを数珠繋ぎにしたような物質で、デンプンと非常に似た構造をしている。大人では100〜120g程度のグリコーゲンが肝臓に、そして筋肉には300g程度が貯蔵される。糖は1gが4kcalになるので、合計1600kcalほどであり、フルマラソン1回分の消費カロリー（約2400kcal）には足りない。砂糖が水に溶けやすいように、グリコーゲンも水と非常に仲が良く、3〜4倍の重さの水と一緒に貯蔵される。400g満タンに貯蔵すれば水と合計で1600〜2000gとかなり重い。短期間のダイエットで痩せるのは、使われたグリコーゲンと一緒に水分が体外に排出されるだけで、糖分を食べたら体重はすぐに元に戻ってしまう。飢餓や走り過ぎで糖が枯渇すると、身体の筋肉を分解してわずかな糖は作られるが、残念なことに脂肪から糖は合成出来ない。脂肪から作れたら便利だと思うのだけど、そういう機構は備わっていないため、走っている時に糖が必要となれば、おにぎりなどを食べるしかない。

　グルコースの特徴は非常に使い勝手が良いことだ。酸素がなくても解糖系と呼ばれる代謝経路で素早く分解してATPを作ることが出来る。この代謝速度は非常に速く、どんどんATPが作れるが、体内の

グリコーゲンは限られた量しか無いため、長時間の運動を続けるエネルギーとしては物足りない。また問題点かどうかは別にして、解糖系で分解された糖は最終的に乳酸となり、多くの糖を分解すると体内の乳酸濃度は高くなる（図4－1）。

　脂肪は1gが9kcalと同じ重さの糖よりも、得られるエネルギーが多く、糖が水と一緒に貯蔵されるのと異なり、そのままの形で貯蔵出来るため、人間の貯蔵エネルギーのほとんどは脂肪である。60kgで体脂肪率10％の男性であれば6kgの脂肪が貯蔵されており、54000kcalのエネルギーになる。脂肪を減らしたい人には残念だが、脂肪は食べ過ぎて余った糖からも作られて貯蔵される。筋肉と肝臓に十分の量の糖が貯蔵されている場合、さらに糖質を食べれば大部分が脂肪に変換され、貯蔵される。逆に、ランニングをして、筋肉や肝臓の糖分が減っている状態であれば、食べた糖分は優先的に筋肉と肝臓に回され、脂肪に回るのは最後となる。

　脂肪は分解されて脂肪酸になりミトコンドリアに取り込まれた後に、β酸化と呼ばれる代謝が行われ、ATPが産生される。非常に多くのATPが作られるが、代謝速度が遅く、速く走る時にはエネルギー産生が間に合わないという欠点がある。

　糖と脂肪の特徴にはこのような違いがあるため、走る速度によって、糖と脂肪の使用割合は大きく変わってくる。歩いている時や、非常に遅い速度で走る場合、脂肪を使っても十分な量のATPが得られるため、糖はあまり使われない。スピードが上昇するに連れて脂肪の代謝は増加し、さらにスピードを上げると今度は脂肪は使われなくなっていき、エネルギーの大部分はグルコースから得られる。

　運動の習慣が無い人では、糖と脂肪が同じ量使われる時の運動強度はジョギングくらいの強度で、このポイントをクロスオーバーポイン

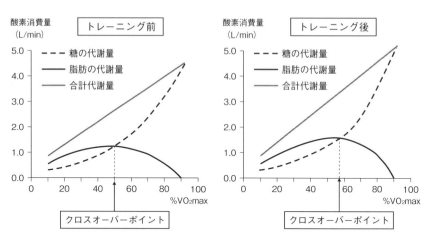

図4-2　代謝にしめる糖と脂肪の割合

　運動強度が上がるほど加速度的に糖の代謝量は増える。脂肪の代謝量は運動強度が最大酸素摂取量のおよそ50％程度の時に最大値を迎えるが、運動強度が強くなるに連れて代謝量は減少する。糖と脂肪から同じ量のエネルギーが作られるポイントはクロスオーバーポイントと呼ばれ、トレーニングでこのポイントは右に移動する。女性の方が男性よりもこのポイントが右に位置している。Venables, M.C. et al., "Determinants of fat oxidation during exercise in healthy men and women : corss-sectional study". *J Appl Physiol* (1985), 2005. (98):p.160-167 より改変。

図4-3　心肺運動負荷試験（CPX）

　マスクを密着させて吸った空気の量や使用した酸素の量がリアルタイムで計測される。少しずつ負荷を増やして限界まで自転車を漕ぎ続ける。心拍数も同時に計測される。写真は僕。

トと呼ぶ。適切なトレーニングでこのポイントは右にずれ（図4 − 2）、より強度が高い運動でも脂肪からエネルギーが作れるようになる。脂肪からエネルギーを作れるということは非常に重要で、限界があるグルコースの節約にもなり、長距離をより速く走れるようになる。

　興味深いことに、女性では元々クロスオーバーポイントが男性より右にあり、女性の方が脂肪を代謝する能力が高い[2]。僕がウルトラマラソンの後半でへばっている時に、颯爽と抜いていくのはいつも女性だ。

● 最大酸素摂取量

　ミトコンドリアでATPを作る時には燃料が必要であり、その燃料として糖や脂肪が使われる。燃料が十分存在する時に、どれくらいATPが作れるかは、どれだけ筋肉に酸素が供給されるかに影響される。酸素は血管の中の赤血球に乗って筋肉にやって来るから、酸素を取り込む「肺の機能」と血液を送り出す「心臓の機能」、そして血液の通り道である「血管の機能」や「血液自体の機能」（ヘモグロビンの量や血液のサラサラ度）が、作り出せるエネルギーの量を決めることになる。

　どれくらいの酸素が筋肉で使われたかは、呼吸時の息を測定することでわかる（図4 − 3　心肺運動負荷試験：CPX／注7）。死ぬほど頑張って運動した時に1分間に身体が消費した酸素量を最大酸素摂取量（VO_2max）という[3]。また運動強度を表わす言葉として、酸素摂取量が最大値の50％であれば50％ VO_2max、70％であれば70％ VO_2max と表現する。長ったらしいので70％の運動強度と呼ばれたりもする。本書でも特に断りがなければ70％の運動強度といえば70％ VO_2max のことを意味していると理解して欲しい。

　最大酸素摂取量は、主に心肺機能（特に心機能）に影響されるが、

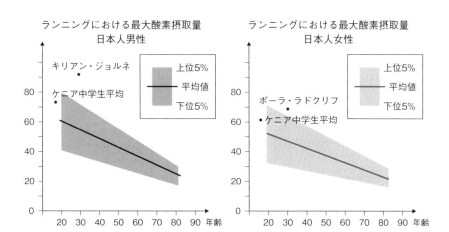

図4-4　ランニングで測定した日本人の最大酸素摂取量の平均値

　最大酸素摂取量は男性の方が女性よりやや高いが、年齢とともに劇的に減少する。トップアスリートは男性であれば90前後、女性でも70前後の値をとる。キリアン・ジョルネは世界最高峰の山岳アスリート。ポーラ・ラドクリフはマラソン選手（自己ベスト２時間15分12秒）。鈴木政登他『デサントスポーツ科学』Vol. 30: p.1-14より改変。

貧血では低くなるし、使える筋肉の量が少ないと低くなる。

　最大酸素摂取量を比較する時は、体重で割り算した値を使用すると公平になる。同じ心肺機能と筋肉があったら、脂肪が少なく痩せているほど最大酸素摂取量は高くなる。最大酸素摂取量は年齢とともに低下し、日本人の平均値は図４－４のような値をとるが、有名なアスリートではものすごく高い値になる。ケニアの特に運動をしていない中学生がかなり高い値を示すのをみても日本人が若い時から如何に運動をしていないかがよくわかる[4]。最大酸素摂取量を決めるのは、身体が出来る十二歳から十八歳までが重要だ[5]。バクスター（注8）らの研究によると、水泳、体操、テニス、サッカーをしている子ども達は、いずれも運動をしていない子どもに比べて最大酸素摂取量は高くなり、特に水泳で最も高い値となった。大人になれば、最大酸素摂取量は年

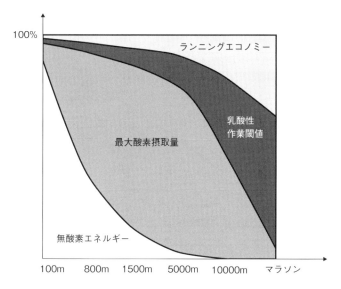

図4-5　速さに影響する因子とその影響割合

ランニングエコノミー、最大酸素摂取量、乳酸性作業閾値、そして無酸素エネルギーの4つの因子で100%と仮定した場合の距離に応じた重要性を示している。距離が長くなるに連れて、最大酸素摂取量よりも乳酸性作業閾値やランニングエコノミーが重要性を増してくる。Laursen, P.B. et al., "Training for intense exercise performance: high-intensity or high-volume training?". *Scand J Med Sci Sports*, 2010(20 Suppl 2):p.1-10. Jones, A. M. Trainig of the Top-Class Runner, 20th Annual Congress of the European Colege of Sports Science より改変。

齢とともに低下する。そのことを考えれば、思春期に如何に最大酸素摂取量を高くするかが重要であることがわかる。

　最大酸素摂取量が高いことはどんなスポーツにおいても重要なことだけれど、特に最大酸素摂取量と成績との相関関係が高いのは800mから5000m程度の比較的短い距離の競技だ（図4－5）。ハーフマラソンやフルマラソンをターゲットにする場合は最大酸素摂取量を上げることよりも、次に説明する乳酸性作業閾値やランニングエコノミーを上げることが重要となってくる。

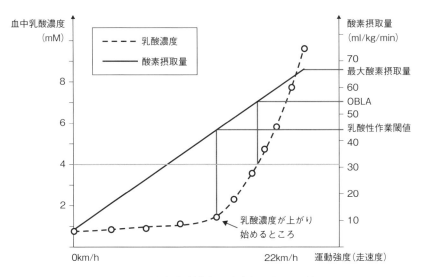

図4-6 血中乳酸濃度と酸素摂取量の関係

走る速度を少しずつ上げていくと血液中の乳酸濃度が急に上昇し出すポイントがわかる。その時の酸素摂取量を乳酸性作業閾値（LT）と呼ぶ。マラソンでは、LTまたはもう少し高い強度で走ることになる。また乳酸濃度が4mMになった時点での酸素摂取量をOBLA（Onset of blood lactate accumulation）と呼び、ハーフマラソンや10000mのペースに近い値となる。

● 乳酸性作業閾値

　やたらわかりにくい名前だと思うけれど、この値は乳酸の値を示しているものではなくて、酸素摂取量を示している。負荷の少ない運動を始めて、徐々に負荷を上げていくと、そのうちミトコンドリアで作るATPだけではエネルギーが間に合わなくなってくる。すると、筋細胞では、グルコースをピルビン酸に変換する解糖系をどんどん動かすことによってATPを得る。解糖系を使うとミトコンドリアでATPを作るよりも短時間でATPが作れるが、ミトコンドリアで処理しきれないピルビン酸が溜まってしまう。ピルビン酸は保存には適していないらしく、余ったピルビン酸は速やかに乳酸に変換されて、血液を

通して、心臓などに送られ使われる（図4-1）。つまり負荷を上げていくと、どこかの時点で血液中の乳酸の濃度が上がり始める。この時の酸素摂取量が乳酸性作業閾値（Lactate Threshold：LT／注9）と呼ばれる（図4-6）。大切なことは、乳酸性作業閾値は必ず最大酸素摂取量より低くなるということで、最大酸素摂取量が上昇すると、必ず乳酸性作業閾値もいくらかは上昇する。乳酸性作業閾値はマラソンの成績と高い相関関係にあり、この値を上げることは非常に重要であるが、最大酸素摂取量が低ければ、乳酸性作業閾値も頭打ちとなる。やはり出来るだけ最大酸素摂取量をまず伸ばすことが重要になる。

　乳酸の値は採血をしないとわからないし、個人ではなかなか測定する機会が無いと思う。乳酸が溜まり始めると、その酸を中和する過程で二酸化炭素が大量に産生される。二酸化炭素を身体から排出するために、呼吸は急に荒くなる。ゆっくり速度を上げていって、呼吸が少し乱れ始めるのがほぼLTのペースと考えて良く、自覚的には「ややきつい」程度とされている。よく走っている人であれば、自分のマラソンレースのペースをLT程度と考えてトレーニングをしても良いと思う。

● ランニングエコノミー

　読んでそのままだが、どれだけ経済的に走れるのかの指標で、1kmを走る時に体重当たりどれくらいの酸素を消費するかという値で、単位はml/kg/kmとなる。同じ速度で走った時に計測した値が低ければ、より少ない酸素消費で走れたことになるので、ランニングエコノミーが良くなったと言える。同じ最大酸素摂取量の選手でもマラソンのタイムはかなり差があり、それを説明する大きな要因がランニングエコノミーだ。

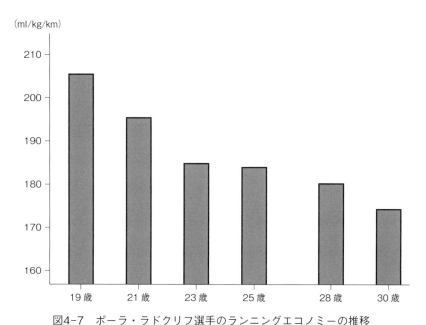

（ml/kg/km）

図4-7　ポーラ・ラドクリフ選手のランニングエコノミーの推移

Jones, A.M. "The Physiology of the World Record Holder for the Women's Marathon". *International Journal of Sports Science & Coaching*, 2006, 1(2):p.101-116 より改変。

　測定は心肺運動負荷試験が必要となるので、個人で簡単に測定することは難しい。図4－5で示したように、距離が長くなるほど、ランニングエコノミーは重要になり、フルマラソンでは速度を決める大きな要因となる。興味深いことに、こつこつ走っている人であれば、ランニングエコノミーは、年齢を重ねても低下しないばかりか少しずつ良くなっていくことがわかっている。実際に女子のマラソン選手で有名なポーラ・ラドクリフ（注10）のランニングエコノミーは年齢を重ねるごとに改善し（図4－7）、三十歳の時に、当時世界記録となる2時間15分25秒の記録を打ち立てている。自然にランニングエコノミーが良くなる理由は解明されていないが、走っているうちにフォームが

効率的になったり、不必要な筋肉や脂肪が減少したりすることで良くなるのだろう。

　長く走っていると、膝から下は徐々に細くなって行き、脚を前後にスイングするのに必要なエネルギーが減少する。人生の総走行距離とランニングエコノミーは比例するとされており、歳を取って心肺機能が衰えてもマラソンのタイムが落ちないのはランニングエコノミーが年齢とともに上がっていくからだ。マラソンは年齢だけに影響されない公平なスポーツだと思う。

● ランニングフォームとランニングエコノミー

　無駄のないフォームは当然、ランニングエコノミーが良くなるし、大切なことだ。この本の第3章で書いている通り、理想のフォームをたまには意識して欲しいと思っている。しかし、フォームを意識するとランニングエコノミーは悪くなることがわかっている [6]。

　逆になにも気にせず音楽など聴いて走っている時ほどランニングエコノミーは良くなるという研究もある。本などを読んでフォームをいじると、多くの場合ランニングエコノミーは少なくとも一時的に悪化する。フォームについて、最低限の注意点さえ守っていれば、あとは何も考えなくても、走っているうちに自然と経済的なフォームが身に付いてくる。

　踵着地と前足部着地の話もよく話題になる。エリウド・キプチョゲ（注11）を初めケニアのトップランナーは前足部着地（中足骨頭周辺で着地が開始される）のランナーが多く、大部分の一般ランナーは踵着地だ。色々研究されているが、みんなが思っているほど、前足部着地が効率的ではなく、ランニングエコノミーはほとんど変わらないとされている。少なくとも普段踵着地の人が前足部着地にすると、ランニン

グエコノミーは悪化する。

　僕自身もなんとなく前足部着地に憧れて一年くらいかけてフォーム
を直したことがあるが、最初のうちは全然速く走れなかった。レース
になるといつの間にか踵着地になっていたのを覚えている。フォーム
を変えれば、そのフォームにあった筋肉や動かし方が少しずつ身に付
き、長い期間をかけてランニングエコノミーは良くなっていく。僕が
考える前足部着地の最大のメリットは、足関節での吸収が増えること
で、膝にかかる衝撃が減少し、半月板障害などの怪我を防ぐ可能性が
あることだ。

● 心肺機能

　最大酸素摂取量を決める大きな要素が心肺機能だ。少なくともラン
ニングのように全身を使ってするような運動の場合には血液を送る心
臓の機能がその限界を決めている可能性が高いと考えられている。肺
は特に病気がなければ、十分な酸素の供給が可能で、最大運動下でさ
らに頑張って呼吸回数を増やしても、酸素摂取量が増えることはない。
心臓がどれくらい血液を送り出せるかは、心臓が1回鼓動した時に送
り出す血液量（1回拍出量）と心拍数の掛け算になる。

　最大心拍数はおよそ「220-（マイナス）年齢」と言われている。つ
まり十歳年を取ると、約10拍ずつ低下していくが、かなり個人差が大
きい。持久的なスポーツをしていると、最大心拍数が通常よりも低下
することがわかっているので、自分の最大心拍数が少ないからといっ
て、嘆かなくても良いと思う。

　最大心拍数は心拍計を付けて実際測定してみるのが良い。色々な方
法が考案されているが、僕が良くするのは、少し傾斜を付けたトレッ
ドミルで100mごとにスピードを上げていって、「もう走れなくなる」

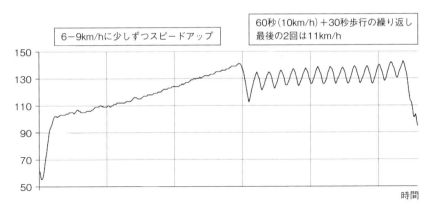

図4-8　上腕に付けるタイプの心拍計で測定した心拍数

トレッドミルを15％の傾斜を付けて測定した。グラフの左は、少しずつ速度を上げていった時で、その後インターバルトレーニングで、もがいても、心拍数はほぼ正確に測定される。

という直前の心拍数を測定することだ。もちろん、外で同じように試してみるのも良い。あまり最初から頑張り過ぎると心拍が最大になるまでに、疲れてしまうので、少しずつ負荷を上げて、15分くらいで終わるのが良い。心拍計は時計に付属している手首で測るタイプのものは、多くの場合正しい値を示さない。胸部ベルトか、最近は上腕などで測定出来るものが市販されている。上腕で測定出来るタイプの心拍計は違和感も少なく、かなり正確に測定出来るので僕も愛用している（図4－8）。

　僕が三十八歳の時にアシックスランニングラボでCPXをしてもらったことがあり、その時の最大心拍数は168だった。残念ながら、現在四十九歳だが、最近は158までしか上がらない。ちゃんと10拍低下しているのは悲しいことだ。大人になってから最大酸素摂取量を上げようとして、いくらトレーニングをしても、心拍数が上昇することはなく、最大酸素摂取量の増大は心臓の1回拍出量が増大して起こる[7]。

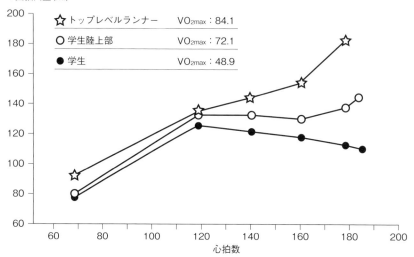

1回拍出量（ml）

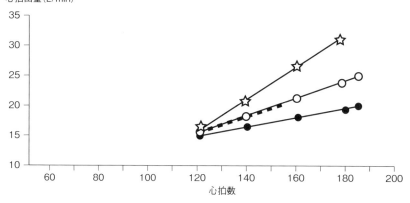

心拍出量（L/min）

図4-9　一般人とランナーの心臓機能の違い

　トップレベルの選手は心拍数が上がるとともに、1回拍出量も増大する。これは凄いことで、最大酸素摂取量が70を超えている学生ランナーでも1回拍出量はそれほど増大しない。結果的にトップマラソンランナーの1分間あたりの心拍出量は最大値がすごい値になる。因みに破線はスピードと心拍数から算出した僕の推定値で線の傾きは学生陸上部レベルかもしれない。Zhou, B. et al., "Stroke volume does not plateau during graded exercise in elite male distance runnners". *Med Sci Sports Exerc*, 2001, 33(11):p.1849-1854 より改変。

　1回拍出量はトレーニングによって増大する。安静時には70〜80ml
程度であるが、運動時には130ml程度にまで増加する。面白いのは、
かなり低い運動強度（軽いジョギング程度）で一回拍出量は通常頭打ち
になり、その後はどれだけ運動強度を上げても大きく変化しないとさ
れている。

　しかし、トップマラソンランナーと学生ランナー、運動しない学生
を集めて行われた実験では、1回拍出量が運動強度を変えてもあまり
変わらないのは学生ランナーのみで、運動をしていない学生では運動
強度を上げると低下傾向に、そして凄いことに、トップマラソンラン
ナーでは運動強度に比例して、1回拍出量もどんどん上がるという結
果になった（図4-9上図）。結果的に心拍出量は心拍数に比例して上
昇するが（図4-9下図）、トップマラソンランナーではその上昇の仕
方がものすごく右肩上がりになる。

　僕も自分がどんな直線になるのか走行速度と心拍数から推定してみ
た。図の破線が僕だけど、残念ながらトップマラソンランナーからは
程遠いし、最大心拍数が少な過ぎてちょっと悲しくなる。

● 心拍数の管理

　図4-9で示したように心拍数と心拍出量はかなりきれいな直線状
に比例する。心拍出量が2倍になれば身体に送る酸素の量も2倍にな
るので、身体の酸素摂取量と心拍数も直線のグラフになる（図4-10）。
だからトレーニングの強度は心拍数でコントロールするとわかりやす
い。「100％の強度で走りましょう」と言われたら、まあ最大に頑張れ
ば良いけれど、「50％の強度で走りましょう」と言われれば、どれく
らいのペースで走ったら良いかわからない。心拍数と運動強度はほぼ
比例するから、安静時心拍数を0％として、最大心拍数を100％とす

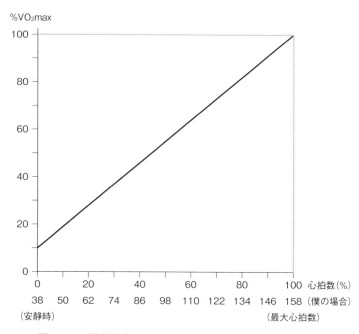

図4-10　運動強度（%VO₂max）と心拍数（%）の関係

　心拍数（%）は、安静時の心拍数を0%とし、最大心拍数を100%とした時の心拍数の程度を表わしている。心拍数0％の時には約10％の運動強度となり、これは安静時の代謝を表わしている。運動習慣などにも影響されるが、50％以上の運動強度では、運動強度と心拍数（%）は、ほぼ同じ値になるので、80％の運動強度で走りたければ、80％の心拍数で走れば良いことになり、僕の場合だと心拍数134を目標にすれば良いことがわかる。

れば、50％の心拍数がだいたい50％の運動強度となる[8]。このように心拍数の程度を120拍みたいに絶対値ではなく割合で表わす方法をカルボーネン法（注12）と言って、%HRR（%heart rate reserve）とも表現される。

　この本では心拍数50％のように表現する。例えば僕の場合、安静時心拍数が38で最大が158だから、158〜38で120拍の幅がある。50％なら半分の60に安静時の38を足して心拍数98が心拍数50％でおよそ50％

の運動強度ということになる。

　このように相対値で表現すれば、脈拍の遅い人も速い人も、脚の遅い人も速い人も、同じ強度の運動が可能になる。少しだけ注意があって、夏だと汗をかくために体表面に血液が回る分、同じ心拍数でも、筋肉に行く血液は少なくなる。同様に脱水で血液量が減ると、同じ運動強度を保つためには心拍数は上昇する。緊張などでも変動するので、心拍数が絶対ではないことは覚えておいて欲しい。

● 筋肉の話

　前にも少し述べたが、筋肉には大きく分けて速筋と遅筋の２種類が存在し、速筋は瞬発的な運動を、そして遅筋は持久的な運動を得意としている。遅筋の筋線維はType I線維と呼ばれ、速筋は大きく分けてType IIaとIIbに分類される（図4－11）。Type I線維はミトコンドリアとミオグロビンを多く含み、エネルギーの産生が得意で、大きな力は出せないけれど、持続的に長く動かすことが出来る。まさにマラソン向きの筋肉だ。ミオグロビンは赤血球のヘモグロビンと似た性質を持ち、血液から筋肉のミトコンドリアに酸素を運んだり、酸素が足りなくなった時のために酸素を貯蔵してくれている。

　Type IIbはミトコンドリアやミオグロビンが少なく、持続力は弱いけれど、短時間に大きな力を出せる。Type IIaはType IとIIbの中間くらいの性質を持っていて、ある程度の持続力がある。普通、速筋と遅筋の割合は50％ずつ程度とされているが、マラソンのトップアスリートは遅筋の割合が高く、スプリンターでは速筋の割合が高い。割合は遺伝的要素が大きいとされており、少なくともスプリンターの場合は遺伝子で決まっている。

　小さい頃から、長い距離を走るような習慣があれば、成長とともに

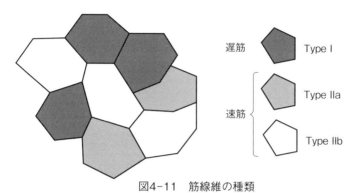

図4-11　筋線維の種類

筋線維はType I, Type IIa, IIbの線維が満遍なく散らばっている。遅筋・Type Iは赤く見える。これはミオグロビンが多いからで、Type IIaは速筋だが、Type IとType IIbの間の性質を持っている。

Type I線維が多くなるのかどうかははっきりわかっていない。マウスをたくさん走らせるとType IIからType Iに筋線維が変わるが、人間ではType IIbからIIaへの変換が起こるとされており、残念ながらType Iを増やす方法はまだ見付かっていない。ランニングエコノミーや乳酸性作業閾値はType I線維が多いほど、またType IIbからIIaへの変換が多いほど高くなる。

● 呼吸筋は鍛えるべきか

　身体に酸素を送り出す能力は心臓が大事で肺の機能は通常影響しないと述べた。また肺自体はいくらトレーニングをしても機能は改善しないと言われている。肺は呼吸をすると膨らんだり萎んだりするが、肺を動かしているのは呼吸筋と言われる横隔膜や肋間筋などの筋肉だ。最近、この呼吸筋を鍛えることの重要性が叫ばれるようになってきている。

　強度が高い運動をしていると呼吸筋にもさまざまな疲労物質（具体

的にはわかっていない）が溜まってくる。呼吸は生命維持に重要であるから、そのような状態になると脳が過敏に反応し（メタボリフレックスと呼ばれる）、交感神経を刺激して四肢の血管を細くする。結果的に四肢の血流を低下させることで、呼吸筋へ優先的に血液を送る。こうなると脚に酸素が行き渡らなくなることで、ス

図4-12　呼吸筋を鍛える器具・
ウルトラ・ブレス
マウスピースに筒が付いていて、吸う時も吐く時も抵抗がある機構が付いている。負荷は簡単に調節出来る。

ピードが落ちてしまう。呼吸筋を鍛えることでこの反応を抑えることが出来、パフォーマンスが上がる。驚くべきことに呼吸筋を鍛えるだけでハーフマラソンなどでは、数%も速くなったと報告されている[9]。

　息を吸うトレーニングだけで良いのか、それとも吐くトレーニングも一緒にした方が良いのだろうか。大きな差は見られないものの、両方した方が良いのではと言われている。呼吸筋の強化は実際には図4-12のような器具を用いて行われ、僕もこれを使っている。2日に一回程度、30回を目安に行う。この効果は初心者や、あまりトレーニングをしていない人ほど顕著に現われるが、一流のアスリートほど効果は少なくなる。トップアスリートは既に十分に呼吸筋が鍛えられている可能性が高いということになる。

● 貧血と鉄の話

　ランナーで最も多いのは鉄欠乏性貧血で、単純に鉄が足りなくなっ

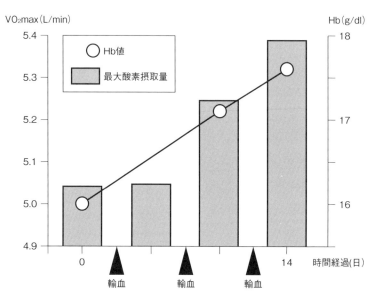

図4-13 　輸血による最大酸素摂取量の増加

自分の血を保存しておき、数日おきに輸血していくと、ヘモグロビン（Hb）値が増加するとともに、最大酸素摂取量も増加していく。Spriet, L.L. et al., "Effect of graded erythrocythemia on cardiovascular and metabolic responses to exercise". *J Appl Physiol* (1985), 1986, 61(5): p.1942-1948 より改変。

て生じる。鉄が足りなくなると赤血球の大きさは小さくなり、ヘモグロビン値（Hb）は低下する。酸素を運ぶ能力が低下するから、当然最大酸素摂取量も低下しそうだが実際はどうだろうか。トップレベルのアスリートの血液を貯蔵しておいて、数日おきに3回輸血をして運動機能を調べた研究がある（図4-13）[10]。完全に正比例ではないが、少なくともHb値が上昇すると、最大酸素摂取量は高くなる。逆に言うと、貧血になると最大酸素摂取量は低下する。最大酸素摂取量が低下すると、乳酸性作業閾値も低下するから、中距離から長距離まで全ての競技におけるパフォーマンスは低下する。

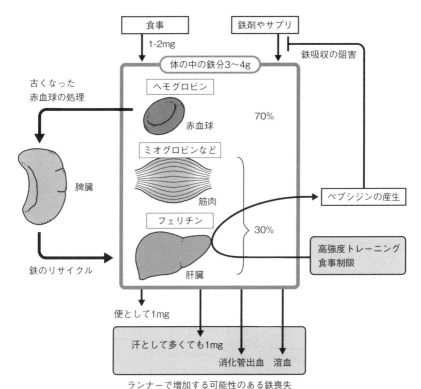

図4-14　鉄の代謝

　運動をしなければ、1日に失う鉄分は便から1mg程度で、女性では月経血が加わるが、通常は食事からの鉄の摂取で十分賄える。ランナーが貧血となる最大の原因は消化管出血と血管内溶血（赤血球が壊れる）で、溶血はランニングだけでなく水泳などどのスポーツでも生じるため、筋肉を過度に使用すると溶血が生じる可能性がある。

　ランナーには貧血が多い。鉄は、大部分がヘモグロビンとして存在し（図4-14）、肝臓などにはフェリチンという形で鉄が貯蔵されている。古くなった赤血球は脾臓で壊され、鉄はリサイクルされるから、通常は便として排出される1mg（女性では月経が追加）くらいしか鉄は失われない[11]。激しいトレーニングや過酷なレースでは胃や腸な

どから少しずつ出血することがあり、鉄を失う。

　僕も夏の暑い日に京都から琵琶湖まで比叡山と比良山を越えて走った翌日に、どろっとした真っ黒な便が出たことがある。一応調べてみたら消化管出血だった。暑いと汗をかくために皮膚の表面への血流が増加し、寒い時よりも内臓に回る血液が少なくなる。血液が通わなくなった内臓の環境は悪くなり、腸や胃の粘膜から出血する。暑い日は要注意だ。

　また筋肉の過度な使用で赤血球が壊れる（溶血と言う）。この場合も鉄分が失われてしまう。ランナーは何万回も踵で着地するから溶血するという話もあるが、水泳選手でも生じる現象で、着地で赤血球が壊れるという説が正しいかどうかはわからない。

　貧血になると当然脚は遅くなるが、検査で貧血がなくても、肝臓の貯蔵鉄（フェリチン）が低下するだけで、脚が遅くなるらしい[12] [13]。貯蔵鉄が少なくなると、エネルギーを作るのに必要な酵素などで使われる鉄が足りなくなるためではないかと言われている。鉄の貯蔵状態をよく表わす検査が血清フェリチン値（注13）で、採血で簡単にわかる。僕も最近計測してみたら、12ng/mlだった。正常値が12以上だから、かなり欠乏状態と言っても良いと思う。早速、鉄剤を飲むことになってしまった。

　ランナーでもう一つ気を付けないといけないことは、食事制限やオーバートレーニングだ。やり過ぎると、肝臓からペプシジンというタンパク質が分泌される。このタンパク質は腸が鉄を吸収するのを抑える働きがある。体重を落とすために過度な食事制限をすると、脚が速くなるどころか遅くなるリスクまであるということだ。

　ランナーであれば、半年に一度くらいはスポーツドクターや内科で採血をしてもらうことをお勧めする。みんなが思っているよりもはる

かに貧血のランナーは多い。最後に、中高生ランナーで指導者にしつこく鉄の注射を勧められたら、その指導者のもとを離れることをお勧めする。鉄剤の注射は臓器に鉄が沈着する恐しい合併症を引き起こす危険が高く、特殊な病気以外では決して使わない。鉄欠乏には内服の薬が第一選択となる。

● 身体の柔軟性

「身体が硬いと怪我が多くなるからしっかりとストレッチをする」と多くの人が理解していると思う。また「身体が硬いとスポーツのパフォーマンスが悪くなる」というのもそれらしく聞こえる。

まず身体が硬いというのは、関節が硬い場合と、関節を動かす筋肉が硬い場合と二種類ある。関節は齢を取ると靭帯が硬くなり、骨棘（こっきょく）といわれる関節周囲の余計な骨が出来ることなどで硬くなっていき、膝であれば次第に正座が出来なくなってゆく。たまに野球選手などが肘の骨棘を切除する手術を受けたりもする。

一方、筋肉が硬いというのは、立位体前屈をして手が床に付かないという場合などで、この場合は、大腿の後面のハムストリング（注14）が硬いことが原因で、タイトハムストリングなどと言われる。普通は膝を曲げて抱え込めば、股関節はしっかり屈曲出来るから、関節が悪い訳ではないことがわかる。関節が硬いのは良いことではないが、筋肉が硬い場合ランニングに影響するのだろうか。

日本体育大学出身の上野弘聖（うえのひろよさ）等の報告では、足首の硬さ（筋肉の硬さ）とランニングエコノミーは相関していた[14]。つまり、足首が硬い人ほどランニングエコノミーは良くなり（図4−15）、ランナーは走る習慣がない人よりも足首が硬いという結果であった。同様の研究は他にもあり、立位体前屈の結果が悪いほど、ランニングエコノミーが良く

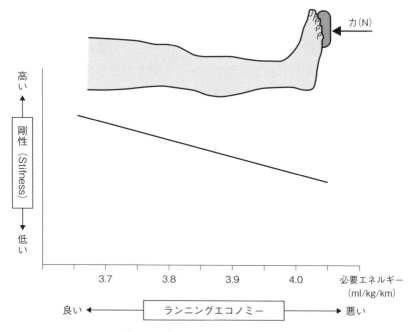

図4-15　足首の硬さ（剛性）とランニングエコノミーの関係

足関節を回転させるような力をゆっくり加えて、足首の角度と力から剛性を計算する。足首の剛性が高いほど、ランニングエコノミーが良い。Ueno, H. et al., "Potential Relationship between Passive Plantar Flexor Stiffness and Running Performance". *International Journal of Sports Medicine*, 2018, 39(3): p. 204-209 より改変。

なるという結果が得られている[15]。

　お風呂上がりに、長時間ストレッチをすれば、身体は柔軟性を増すけれど、足は遅くなる可能性がある。少なくとも身体が柔らか過ぎることはランニングエコノミーを悪くする。ただ注意しないといけないことは、硬ければ硬いほど速くなるかというとおそらくそうではないということだ。極端はだめで、硬過ぎれば生活にも支障が出るし、ランニングエコノミーも逆に悪くなっていく可能性がある。

　僕はハムストリングがめちゃくちゃ硬い。立位体前屈は床に手が着

くどころか、床と手の距離が20cmくらい空いてしまう。硬過ぎて床で長座が出来ないので和式の生活は全然出来ない。最初はランニングエコノミーが高いと喜んでいたけれど、硬さは歳とともにひどくなっている。このままではランニングエコノミーも低下して、生活にも支障が出ると思うのでストレッチに励んでいる。

● 末梢性疲労と中枢性疲労

　図4－5で示したように、マラソンのタイムの多くは、ランニングエコノミーと乳酸性作業閾値、そして最大酸素摂取量で説明出来る。では、これらの値でオリンピックのマラソンの金メダルが予想出来るかと言えば、全然そんなことはなく意外な選手が勝つこともある。昔は長く走って脚が重くなってきたら、それは乳酸が脚に溜まっているからだと考えられていた。もちろん乳酸が溜まっているかもしれないけれど、脚が自分で「重い」という信号を出している訳ではなく、「脚が重い」という感覚は脳で作られた幻想みたいなものだ。脳はみんなが思っているよりもかなり適当な奴だ。

　例えば腰が痛いと外来に通っていた患者さんが、転倒して手首を骨折したことがある。その患者さんが、「先生、手首は痛いですけど腰は治りました」と言ったのだが、手首が治るとまた「やっぱり腰が痛いです」と言い出すようになった。脳にとっては痛みにも優先順位があり、その感覚は相対的なものらしい。

　フルマラソンの後半にふらふらになっていたのに、ラスト50mは脚が軽い。これも脳が「最後くらい頑張って走っても良いよ」と許可を出した訳で、僕らの感覚は脳が作り、脳に支配されている。

　このように疲労は、脳が関与する「中枢性疲労」と純粋に筋肉などの疲労である「末梢性疲労」の二つに分けられる。最近では中枢性疲

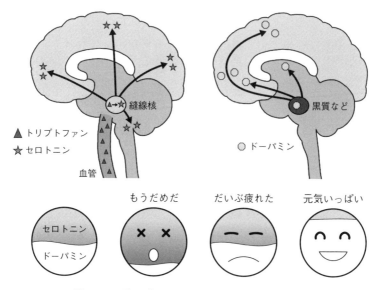

図4-16　脳の中のセロトニンとドーパミンの分泌
セロトニンは主に縫線核という部分でトリプトファンというアミノ酸から作られ、脳の色々な部分に運ばれることで疲れた感覚を生み出している。一方ドーパミンは主に黒質と言われる部分で作られて、やはり脳の色々な部分に運ばれる。ドーパミンが増えると幸せを感じたり疲れを感じなくなる。簡単なイメージとしては、ドーパミンが増えるほど元気が出て、セロトニンが増えるほど元気がなくなるというイメージだ。

労がパフォーマンスにかなり大きく影響するのでは、と考えられている。簡単な実験では、脳が疲れるような作業・ストループテスト（注15）をした後に走ると、しなかった時よりも走れる時間が短くなる[16]。「もうこれ以上走れない」と思った時、脳の中では何が起こっているのだろうか。脳の中では脳細胞がセロトニンやドーパミンなど、様々な神経伝達物質（注16）を分泌し、脳の機能を調整している。縫線核と言われる部位の神経細胞はセロトニンを多く分泌することが知られていて、激しい運動をするとセロトニンをどんどん分泌する（図4－16）。
　ネズミの実験では、脳の中でセロトニンが増えると運動を止めてし

まうことがわかってきている。セロトニンはトリプトファンというアミノ酸が頭に運ばれて作られる。トリプトファンが運ばれないとセロトニンが増えないので疲れなくなるかもしれないということで一時、分枝鎖アミノ酸であるBCAA（注17）が注目された。トリプトファンを頭に運ぶタンパク質がBCAAも頭に運んでいることがわかったからで、BCAAの血中濃度を高くしておけば、BCAAを運ぶのに忙しくなり、トリプトファンの運搬が減少する。実際にネズミの実験ではBCAAを食べさせると長く運動することが出来たけれど、残念ながら人間ではBCAAの効果ははっきりと実証されていない。

　ドーパミンも運動の継続に大きく関わっており、ドーパミンが脳で分泌されると運動が長続きする。お酒や麻薬でドーパミンが増えて脳が快楽を感じるのと同じで、走っている時にドーパミンが出ると楽に感じる。おおまかに言うと、ドーパミンが増えれば中枢性疲労は低下し、セロトニンが増えてドーパミンが減れば、中枢性疲労は増加するという結論になる（図4−16）。

　中枢性疲労を減少させるためにはどうしたら良いのだろうか。アマチュアとプロの自転車競技者に、ストループテストを受けてもらってから、自転車のタイムトライアルをしてもらうという実験をした。興味深いことに、アマチュアはテストを受けた後の検査ではタイムが悪化したが、プロのタイムは変わらなかった[17]。元々の素養もあるかもしれないが、プロ選手がしているような厳しい練習により脳は鍛えられる。継続的な運動によってドーパミンの出る量や、ドーパミンの受容体が増加することもわかっている[18]。

　またカフェインもドーパミンを増やす作用があり、中枢性疲労を抑えてくれる可能性がある[19]。みんなが使うジェル（注18）にもカフェインが入っている物があるけれど、あれは眠気のためだけでなく、中

枢性疲労を抑える働きを狙っている。普段の食事や腸内細菌もドーパミンの分泌に関与している可能性がある。睡眠も重要で睡眠不足だとドーパミンは減少する。好きな音楽を聞くとドーパミンを増やしてくれるし[20]、速いテンポの曲を聴くことで中枢性疲労が減少する可能性がある[21]。レースなどでは音楽を聴くことは許可されていないことが多いが、辛い練習の時には音楽を聴くことで、高い強度の練習が可能になるかもしれない。最後に瞑想もドーパミンの量を増やすことがわかっている。

　100マイルを超えるようなレースでは想像を絶する苦しみが訪れることは普通のことで、その時にどうなるかは、経験、普段の練習、モチベーション、感謝、強い意志など脳を自分でコントロールする力が重要になってくる。宗教みたいな話になるけれど、ランニングに限らず、常日頃からどんなことでも「楽しく」、「前向きに」、「努力を怠らず」、「自分を信じる」、「感謝の気持ちを持つ」みたいな事が重要なんじゃないかなと思う。

　僕が初めてレースで入賞したのはOSJ御岳ウルトラマラソン100kmだった。終盤、前にも後にも誰も選手がいなくて自分が何番なのかもわからない状況で、辛さのあまり「絶対ゴール出来る！」って一人で叫びながら走っていた。声に出すと少し元気が出る。でも次の瞬間、後から「大丈夫ですか？」って言われて抜かされた時はかなり恥ずかしかった。苦しいことを経験すればするほど、人間の脳はそれをコントロールする術を見付けて強く逞しくなっていく。

● ケニア人とエチオピア人はなぜ速い

　最近のマラソン世界記録百傑を見てみると、東アフリカのケニア人とエチオピア人が九十二人、その他が八人となっている。八人の中に

日本の鈴木健吾選手がいることは誇らしい。九十二人というのはすごいことで、二つの国を合わせても一億五千万人と全世界の約２％弱にしかならない集団が92％の記録を持っていることになる。世界の富豪１％が世界の富の40％を占めているのも腹立たしいけれど、それよりも独占状態となっているのは驚きである。当然、特殊な遺伝子があってそれを持っていたら速くなるみたいなことをみんな考えて色々研究されてきた。まずエネルギーを作るミトコンドリアが特殊ではないかと研究されたのだが、結果的に東アフリカのランナーがすごいミトコンドリアを持っているということは証明されなかった。

　その後も世界中で色々な遺伝子について差がないか調べられてきた。例えばお酒が強い、弱いはアルコール分解酵素の設計図であるDNAのわずかな違いで生じることがわかっている。トップマラソンランナーと一般の人を集めてきて、色々な遺伝子の違いを比べた時に、トップマラソンランナーに多いタイプの変異があれば、その遺伝子が脚の速さに関係しているかもしれないということになる。いくつか紹介するとACE, COL5A1, PPARγという名前のついた遺伝子が最大酸素摂取量やランニングエコノミーに関係していることがわかっている。ACEは高山病の発症にも関わっているとされているが、ケニア人やエチオピア人の中ではACEの変異と速さは関係していないという論文がある。COL5A1は、身体の硬さを決める可能性がある遺伝子で、硬いほど脚は速くなる。しかしこの遺伝子が東アフリカの選手の速さに関係しているかは調べられていない。

　これらの遺伝子の研究は通常、同じ人種間で脚の速い人と遅い人や最大酸素摂取量の差などを比較して行われる。ケニア人と日本人を比べれば良いのではと思われるかもしれないが、そうすると脚の速さではなく、肌の色とか身長、脚の長さとか、違うところがあり過ぎて比

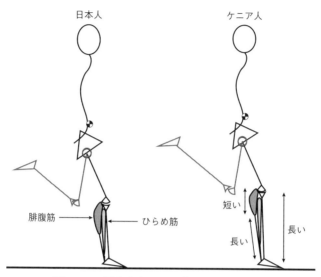

図4-17　日本人とケニア人ランナーの特徴

身長や体重にはほとんど差はないが、ケニア人は膝から下の長さが平均して約3cm、アキレス腱は4cm長く、腓腹筋は短い。

較にならない。結局、特定の人種の間で比べて見付かった遺伝子変異は他の人種では関係ないこともしばしばあり、現時点でこの遺伝子さえ持っていれば、というような遺伝子変異は見つかっていない[22]。

　最大酸素摂取量に違いがあるのではということも研究されたが、ケニア人やエチオピア人の最大酸素摂取量は、ヨーロッパ人やアジア人と比べても高いことはなかった。これまでのところ、最も違うことがわかっているのはランニングエコノミーである。ケニア人やエチオピア人は日本人に比べて、下腿が長く、アキレス腱が長く、腓腹筋が小さいことがわかっている（図4-17）[23]。膝から下の重量も日本人より軽く、脚を振り出す時のモーメントが小さくなってランニングエコノミーは改善する。これらの違いは小児期から現われており、環境に

よるものではなく、遺伝子によって決まるようだ[24]。残念ながら、どんな遺伝子がこの形態を決めているかはわかっていない。東アフリカの選手はデビューしてあっという間に世界トップクラスの速さに到達するが、日本人やその他の地域の選手は少し年齢を重ねてから自己ベストを出すことが多い。これは東アフリカの選手は生まれ付きランニングエコノミーに優れた脚を持っていることで、最大酸素摂取量が高い二十代そこそこで人生最高の速さになる。

　一方、世界のその他の地域のランナーは、ポーラ・ラドクリフの例のようにランニングエコノミーが改善するのに一定の時間が掛かるため、少し年齢を重ねた頃に最も速くなるのではないだろうか。

　遺伝だけでなく、環境の影響もおそらく大きい。ケニアのトップマラソンランナーでは小中学校に走って通っていたと答えた割合が86％であった。これは一般のケニア人では23％という解答であり、遠く離れた学校に走って通うことで多くの優れたランナーの卵が育つことが想像出来る[22]。また経済的なモチベーションも大きく影響している。比較的貧しいこれらの国々ではマラソンランナーとして優勝したり、大手スポーツメーカーと契約すれば、家族や親戚も養うことが可能なほどの大金を手に入れることが出来る。日本記録を出したのに「報奨金がありません」というのはやっぱり良くない。

● 暑熱順化

　少なくとも寒過ぎても暑過ぎてもランナーは速くは走れない。人が走る時に使用するエネルギーのおよそ75％は熱になるとされているので、トップレベルのマラソンランナーだと比較的寒さには強いけれど、暑くなると体温が上がり過ぎて動けなくなってしまう。最近の酷暑のオリンピックで行われるマラソンの記録が世界記録に程遠い結果と

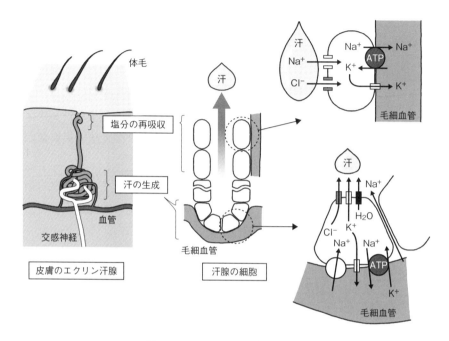

図4-18 エクリン汗腺の構造

　エクリン汗腺はにょろにょろとしたストローみたいな構造をしていて、交感神経の刺激が入ると、細胞の形が変化して隣にある毛細血管から血液を濾過して管の中に汗を作る。汗を作る細胞は毛細血管との間に、色々なイオンや水を通すチャネルという装置があり、イオンと水が運ばれることで汗を作る。一部のチャネルはATPをエネルギーとしてイオンを輸送している。図のようにNaとClは再吸収されるが、汗の量が多いと、再吸収が間に合わなくなり、塩分濃度の濃い汗が出てしまう。Lindsay, B.B. "Physiology of sweat gland function: The roles of sweating and sweat composition in human health". *Temperature*, 2019,6(3):p.211-259 より改変。

なってしまっているのはそのせいだ。

　人は汗をかくという素晴らしい機能を持っていて、動物で汗をかけるのは他には馬くらいで、犬は汗をかけないから暑さにはめっぽう弱い。汗は出るだけでは意味がなくて、それが蒸発した時に熱を奪ってくれる。注射の前にアルコールで消毒されると冷やっとするけれど、

あれはアルコールが蒸発しやすく熱を奪ってくれる作用があるからだ。

　夏の初めに外を走ると、大量の汗が出るのに暑くてたまらなくて速く走れない。それが夏の終わり頃になると、同じ気温でもそれほど暑さを感じずに自覚的にはかなり楽に走れるようになる。このように暑さに慣れて身体が暑さに適応することを暑熱順化（しょねつじゅんか）と呼ぶ。

　暑熱順化で生じる効果は、汗の量の増加、汗の中の塩分濃度の減少、循環血液量の増加、深部体温の低下、運動時の心拍数低下など多岐にわたっている。汗は身体中に存在するエクリン汗腺（図4-18）というところから出てくるが、血液を濾過して作られるので、塩分がいっぱい入っている（血液の塩分濃度は0.9％）。皮膚の表面に出てくる途中で、ある程度の塩分は再吸収されるので、だいたい0.5％の濃度の汗が作られる。

　暑熱順化が起こると、塩分の再吸収が多くなり、さらさらした塩分濃度の低い汗が作れるようになる。塩分濃度が低いと、汗は蒸発しやすくなり体温を下げる効果が高くなる。

　しかしいくつか問題があって、普通はランニングウエアを着ているからウエアが汗を吸って水分が蒸発する。塩分がウエアに残るから、ウエアの塩分濃度はどんどん高くなって、どんどん汗は蒸発しにくくなってしまう。ウエアを交換したり、水ですすぐだけでも塩分が洗い流されて効果的だ。もう一つの問題は、汗がたくさん作られると塩分の再吸収は起こりにくくなる。また再吸収にはエネルギー（ATP）が必要なため、汗をかき続けると塩分の再吸収が行われなくなってくる。つまり、レースで頑張り過ぎると、体温も調整されず、電解質バランス（注19）も狂い、早々にリタイア（DNF　Did Not Finish　途中棄権）となる可能性があるということだ。いつもより多量に汗をかいていると思ったら、一旦スピードは緩めた方が良い。

循環血液量の増加というのは、血管に蓄えられている血液中の水分が増えることで、血液はその分、薄まってしまう。血液検査をすると貧血気味に出てしまうのでちょっと損した気分になるけれど、見掛け上の話なので本当に貧血でなかったら気にしなくても良い。血液量が増えると、少々汗をかいても脱水にならないし、汗をかくために体表面の血液量が増加しても、筋肉や心臓に回す血液が十分に足りているということになる。深部体温の低下や運動時の心拍数低下なども順化とともに生じ、これは基礎代謝量が低下することでもある。僕が夏と冬に測定した1日の基礎代謝量は1100kcalと1300kcalだったから、夏はそれだけ身体が省エネになってくれている。

　暑熱順化を適切に行うにはどのようにしたら良いのだろうか。仕事をしながら走っている人にはかなり厳しくて、最も早く適応するためには、毎日連続で6～10日間のプログラムというのが効果的とされている[25]。実際に何をするのかというと、出来るだけ暑い所（38度とか）で、約1時間のジョギング（運動強度は50～60%程度）、さらに可能ならその後すぐにサウナが良いらしい[26]。運動なしで、サウナだけというのも効果がない訳ではないけれど、暑い所で運動をする方がはるかに早く順化する。暑熱順化の効果は、涼しい環境にいるとすぐに薄れてしまう。1日暑い所でトレーニングした効果は、5日涼しい所にいると無くなると言われている[27]。クーラーの効いた部屋で暮らしていて、週末しか走らない場合には、暑熱順化がなかなか進まない。少なくとも夜寝る時にクーラーを付けるのは止めた方が良いのかもしれない。

　暑熱順化が単に暑さに慣れるためだけのものと思ったら大間違いだ。暑熱順化をするだけで、最大酸素摂取量や乳酸性作業閾値が5%から8%も上昇する[28]。暑い環境でのパフォーマンス低下をかなり補う

レベルの心肺機能の向上が得られる。暑いジムでのトレッドミルや夏の屋外ランも、これだけ走力が上がる可能性があるのなら、少しは練習の「やる気」も出るのではないだろうか。

● 睡眠の重要性

　日本人の平均睡眠時間は7時間ちょっとで、経済協力開発機構（OECD）加盟国中で最下位らしい。フランスやアメリカは8.5時間を超えていて、日本人がこれだけ睡眠時間を削って働いてもどんどん貧しい国になっているのは本当に悲しいことである。走っている多くの方も、仕事や勉強で忙しく、睡眠を削って走る時間を捻出している人もいると思う。しかしランニングやスポーツにおいて睡眠はかなり重要で、せっかく頑張ってトレーニングしても睡眠不足だとトレーニングの効果が小さくなる可能性がある。

　きついトレーニングをすると筋肉に小さなダメージが生じ、それが回復することで強くなっていくけれど、回復が遅れると強くなるのも遅れるし、次のトレーニングで怪我をするリスクにもなる。実ははっきりとしたメカニズムはわかっていないが、筋肉に損傷が生じると筋組織にマクロファージという免疫細胞が増加し、そのマクロファージがIGF-1（注20）やTNF-a（注21）といったタンパク質を産生することで、筋肉の元になるサテライト細胞を増やし、新しい筋肉を作ってくれる。睡眠をしっかり取ることでサーカディアンリズム（注22）と言われる体内の24時間時計が正確に機能し、これらの修復が促進される[29]。筋肉に蓄えられるグリコーゲンも睡眠不足だと減少してしまうので、翌日のパフォーマンスは低下する。また睡眠不足は怪我をするリスクも上昇させる。

　なにも筋肉に限った話ではなく、睡眠が不足すると、インスリン抵

抗性（インスリンが効かないこと）が増加し、糖尿病になるリスクが増えるし、肥満にもなる。注意力は散漫になるし、脳のセロトニンレベルが上昇することで、脳が運動をすぐに止めるように命令を出す。

　つまりスポーツにおいても社会生活においても、睡眠は非常に重要で、まず睡眠時間の確保を第一に考えても良いくらいだ。多くのプロスポーツ選手が、リカバリーで最も重要なことを、食事やマッサージではなく「睡眠」と答えている。

　一方、大事な試合やレースの前日は、緊張や興奮でうまく寝付けないことが多い。そして、この現象は齢を取るほど悪化する。前の日にあまり眠れなくても、数日前から意図的に睡眠時間を伸ばしておけば、パフォーマンスに問題はないという報告もあるが、やはり前日ぐっすり眠れることは重要だ。朝に日光を浴びる、睡眠時間の4時間前までに軽い運動をする。夜にアルコールは飲まない、スマホやパソコンの使用は控える。寝る90分ほど前に暑いお風呂に入るなどの工夫で多少は眠りやすくなるかもしれないが、それでも眠れない場合は睡眠薬のお世話になることになる。色々な種類の睡眠薬があるが、メラトニン（注23）[30]や非ベンゾジアゼピン系（注24）[31]の睡眠薬においては運動機能に影響しにくいとされているが、あまり多くは研究されていない。

　僕もレース前はドキドキすることが多く、最近は年齢のせいか、睡眠薬を常用している。つい先日のレースも2位になったから飲んでも大丈夫な気がしている。

注1　マラソンの距離・42.195km　もともとギリシア軍の兵士がマラトンからアテナイまで伝令として走ったことに由来するが、42.195kmとなったのは第4回オリンピックであるロンドン大会からと言われている。

注2　ミトコンドリア　細胞の中の小器官でエネルギーの酸性や活性酸素の除去、細胞死の調整など色々な作用を有する。独自の遺伝子を持っていることから、もともとは別の生物であったと考えられている。

注3　ATP　adenosine triphosphate（アデノシン三リン酸）。筋肉を動かす時のエネルギー。イオンやその他の物質の輸送などのエネルギーとして使用される。主にミトコンドリアで作られる。

注4　転写因子　遺伝子（DNA）からタンパク質を作る際にDNAからRNAが転写される。転写因子は、転写されるDNAの近くに結合するタンパク質で、転写を効率的に促進する働きがあり、これ自身も転写されたRNAを翻訳して作られたタンパク質である。

注5　線虫　体長1mm程度の小さな生物。透明で細胞が1000個程度しかないことから、遺伝子の研究に適しており、よく使用される。自然界に普通に存在し、寄生虫・アニサキスと同じ仲間であるが、研究に主に使用されるものは寄生しない。

注6　グルコース　分子式$C_6H_{12}O_6$で表わされる糖で、脳や筋肉で使用される重要なエネルギー源である。炭水化物であり、グルコースを繋げた形であるグリコーゲンとして体内に貯蔵されている。

注7　心肺運動負荷試験（CPX）自転車またはランニングの速度を徐々に増加させていくことで心肺機能や筋肉の機能を測定する検査。マスクを付けて、呼吸で取り入れた酸素量や排出される二酸化炭素量を測定することで、最大酸素摂取量や乳酸性作業閾値などを推測出来る。

注8　バクスター　A. Baxter-Jones　ロンドン大学の医師。論文掲載は1993年。

注9　乳酸性作業閾値（LT）この値は乳酸の値ではなくて、酸素摂取量の値。つまり運動の負荷を上げていくと、どこかの時点で血液中の乳酸の濃度が上がり始める。この時の酸素摂取量が乳酸性作業閾値である。

注10　ポーラ・ラドクリフ　イギリスの陸上選手。2002年のロンドンマラソンで、初マラソン初優勝、世界歴代2位の2時間18分56秒を記録する。その後、シカゴマラソンとロンドンマラソンで、世界記録を2度更新している。2015年に引退。

注11　エリウド・キプチョゲ　ケニアの陸上選手。マラソン世界記録（2時間1分39秒）を2018年のベルリンマラソンで打ち立てる。また非公認ではあるものの、人類で初めてフルマラソンを2時間未満（1時間59分40秒）で走ったという記録を持つ。東京オリンピックマラソン優勝者。

注12　カルボーネン法　最大心拍数の時の運動強度を100％、安静時の時の運動強度を0％として運動強度に応じた心拍数を求める方法。

注13　血清フェリチン値　体内の貯蔵鉄の量を表わすとされており、貧血がなくても血清フェリチン値が低下している場合は、鉄欠乏である可能性が高い。

注14　ハムストリング　大腿部の後面の筋肉で大腿二頭筋、半膜様筋、半腱様筋の三つを合わせて呼ばれる。ランニングで非常に重要な筋肉。

注15　ストループテスト　前頭葉の機能を測定するために脳にストレスを与えるテスト。まずカードに緑、青、赤などの文字を文字の意味とは異なる色で描く。例えば「緑」という文字を「赤色」で描き、「その色」を答えさせる。多くは「緑」と答える。これは、文字の干渉を受けて、色の認識がむずかしくなるからである。心理学者、ジョン・ストループの発見。

注16　神経伝達物質　神経線維は細胞から長い脚を出して、周囲の神経や筋肉などに命令を伝える。命令を伝える時には、長い脚の先端からさまざまなタンパク質を分泌し、分泌されたタンパク質が、命令を受け取る細胞に感知されることで行われる。この時の分泌タンパクが神経伝達物質であり、神経細胞で作られ、長い脚の中を小胞の中に入って輸送されてゆく。脳ではセロトニンやドーパミンなどが有名。

注17　BCAA（Branched chain amino acid）分子鎖アミノ酸の略で体内で合成することが出来ないアミノ酸であり、主に筋肉の合成に使用される。バリン、ロイシン、イソロイシンの三つのアミノ酸を指す。

注18　ジェル　スポーツ中に手軽に摂取出来るジェル状の食品。40gで120kcal程度の糖質エネルギーが入っていることが多い。カフェインなども一緒に摂取出来るタイプなど色々な商品が販売されている。

注19　電解質バランス　血液中のナトリウム、カリウム、カルシウムなどのイオン濃度のことで、通常は厳密な濃度に保たれている。ナトリウムが減ると、嘔気、嘔吐が生じ、ひどくなると痙攣、昏睡、死に至ることもある。

注20　IGF-1（Insulin like growth factor-1）　インスリン様成長因子のことで、成長ホルモンの分泌に応じて主に肝臓で作られる小さなタンパク質である。人の成長や発達、そして組織の修復など様々な作用がある。

注21　TNF-α（Tumor necrosis factor α）　インターフェロンなどと同様にサイトカインと呼ばれ、免疫細胞などで作られる小さなタンパク質。悪性腫瘍の発生などを抑える作用や炎症に関わる。関節リウマチを悪化させたりもする。

注22　サーカディアンリズム　地球の自転に合わせてホルモンの分泌などの体内環境もおよそ24時間ごとに変化する。この24時間周期のことをサーカディアンリズムと呼ぶ。

注23　メラトニン　脳の松果体から分泌されるホルモンで体内の24時間時計を調整してくれる働きを持つ。日本では認可されていないが、アメリカなどではスーパーで売っている。

注24　非ベンゾジアゼピン系　依存性や睡眠が浅くなることがあるベンゾジアゼピン系の睡眠薬と違い、依存性が少なく、翌日に残りにくい特徴の睡眠薬。

第5章

フルマラソンへのアプローチ

僕のフルマラソンのパーソナルベストを叩き出した
NIKE ズームX ヴェイパーフライ ネクスト%

● 初めてのフルマラソンを完走するために大切なこと

　速くなるための方法は後に述べるとして、ここでは初めてのフルマラソンを少しでも楽しく走れることを目標にしたい。若い人はいきなりフルマラソンでも良いけれど、ある程度大人になってから初めて出場する人は、少なくとも10kmとハーフマラソンは一度走っておいて欲しい。タイムはどれだけ掛かっても構わないけれど、ハーフマラソンがそれほど苦痛なく走れれば、フルマラソンも完走出来る可能性が高い。ハーフマラソンの後半がすごく辛く感じたら、もう少し練習した方が良いかもしれない。

　僕の感覚で言えば、練習で1回に走る距離が10kmくらいで、月間の走行距離100kmが一つの目安かと思う。本番の2週間前に20km程度走って筋肉痛が出るくらいがちょうど良くて、もし全然筋肉痛が出なければ、1週間前にもう一度20km走っても良い。1週間前からは疲れをとることが優先になる。この時期にいくら練習しても速くはならないし、休んだ方がずっと速くなる。走っても5kmくらいに抑えた方がいい。くれぐれも前の日に10kmとか走ることは止めること。

　カーボローディング（注1）といって、グリコーゲンを肝臓と筋肉に蓄えるために炭水化物を大量に食べる方法もあるが、前の日に食べ過ぎることはあまりお勧めしない。するなら2日前までにしておいて、前日は少し多めに食べる程度で良い。もちろん、食中毒の危険があるような生ものや、胃に残りやすい脂っこい食事は避けた方が良い。前日はリラックスして早めに眠れれば良いが、あまりにも早く床に就くと逆に眠れないので、普段より少し早めに寝る程度に留めた方が良い。

　当日は胃に食べ物が残らない様に2〜3時間前には朝食をすませた方が良いとされているが、ランナーは胃から腸への食べ物の移行が早いことがわかっているので、人によってはもう少し直前に食べても構

わない。僕は1時間前くらいに食べることもあるが、基本的に多く食べることはなく、おにぎり2個程度にしている。

　大きな大会だと、外で長時間待たされることもあるので、出来るだけ温かい格好で待つようにしよう。寒いとせっかく溜めておいたエネルギー（グリコーゲン）がどんどん消費されてしまう。多くの人が、安いビニール製の雨ガッパやゴミ袋などを利用したお手製の防寒具などを着ているが、使い捨てのビニール製の物は環境の面でどうかとも思うので、僕は重さ50gくらいの薄いナイロン性のウインドブレーカーを愛用していて、スタート直前に脱ぐようにしている。丸めると小さくなってポケットにも入るので便利だ。

　フルマラソンで5時間以上掛かる予定であれば、寒い日は上も下も動きやすい長袖を選ぶのが良い。タイツを履くとさらに保温効果もある。後半に速度が落ちると、寒さで走れなくなることがある。冷たい雨が降っている場合は登山用の薄いレインウエアをさらに着た方が良い場合もある。場合によっては小さな携帯カイロを二つ持っておいて、手袋のなかに入れて使うと良い。

　スタートしたらとにかくゆっくり走ること。早歩き（時速6km）でも7時間歩けばゴール出来る訳だから、少なくとも半分まではこんなゆっくりでも良いのかなと思うほどゆっくり走った方が良い。ゆっくりと思っていても興奮して速くなりがちである。GPSウオッチでペースを確認して、可能なら心拍計で心拍数が上がり過ぎていないことを確認する。

　ハーフも過ぎたら少しずつ脚が痛くなってきたり、疲労が出てくる。ものすごく快調ならペースを上げてみても良いけれど、多くの人はゆっくり走っているのにも関わらず、そのままのペースか、さらにペースダウンとなることが多い。鼠径部や膝の周囲に痛みが出てきて、関

節が固まってきたら、一旦立ち止まって屈伸をしたり、しばらく早歩きに切り替えてみよう。我慢に我慢を重ねて痛くて動けなくなってからだと、歩くのもままならなくなって完走も怪しくなる。初めてのマラソンでは、痛みが出てきたら少し歩いて痛みが収まってきたら、また走ってと動作を変えるのは効果的だ。歩いても走っても、自分の足でゴール出来たら立派な完走だと思うので、積極的に歩きを活用して欲しい。

　3時間そこそこでゴールする人にとっては、途中でそれほど補給をしなくても問題ないが、5時間も6時間も掛かるという人は、もともとのグリコーゲンの貯蔵も少なく、脂肪の燃焼割合も低く、ランニングエコノミーも悪く、当然途中でエネルギーが切れてくる。エイドに置いてあるものは、多くの場合当てに出来ない。専用のジェルなどが効率は良い。スポーツ羊羹など様々な補給食が売っているので、練習で試してみて欲しい。スタートして1〜2時間程度過ぎたら、30〜60分に一度、120kcal程度のエネルギーを摂れれば十分だ。ジェルや羊羹などはウエアのポケットにしまえるし、軽いウエストポーチを着けて走っても良い。

　どんなに練習していても最後の10kmくらいは苦しいと思う。「痛いのは気のせいだ」、「苦しいのも気のせいだ」と念じながら、今日走れることに感謝して、すごく楽しいことをしていると、自分に言い聞かせて最後まで頑張って走って欲しい。

● ランニングギア

　ここではランニングギア（注2）の基本的な話と実際僕が試してみたものの感想を書いていく。

● ランニングシューズ

　ランニングは昔からお金のかからないスポーツと言われてきた。しかし高機能ウエアや高機能シューズが開発されて、意外とお金のかかるスポーツに変わってきている。シューズの重量は軽くなればなるほどランニングエコノミーを上げてくれる。またエネルギーリターンと言って、シューズのクッションで吸収された衝撃エネルギーがどれくらいバネのように戻ってくるかもランニングエコノミーに影響する。もうひとつ、衝撃吸収機能が小さいと、シューズは軽くなるがマラソンの終盤に腱や筋肉が疲労しやすくなり、逆にランニングエコノミーが落ちる。あまりトレーニングをしていなければ、少し重くても履いていて衝撃をあまり感じないシューズの方が速く走れる可能性が高い。練習で履いているシューズをそのまま使用するのも全然問題ないが、タイムを狙うとなるとやはり最新のカーボンプレートの入ったシューズを検討することになる。

　ランニングに必要なエネルギーはジャンプのためのエネルギーと脚を交互に入れ替えるエネルギーに使われる。脚を交互に入れ替えるためには脚が軽いほど良いから、シューズも軽ければ軽いほどエネルギー消費は少なくなる。一方ジャンプは着地の衝撃を吸収して飛ぶ訳で、人にはアキレス腱や 腸 脛靭帯に衝撃エネルギーを蓄える機構がある。伸びた靭帯が縮むことでバネみたいに飛ぶ訳だけど、何回も繰り返すと次第に疲労してバネの力は落ちてくる。この機構をシューズに助けてもらったら、もっとエネルギーロスなく走れるのではないかという考えで、多くのシューズメーカーが、バネみたいな作用を持つフォーム（シューズのクッション材料）の開発に凌ぎを削ってきた訳だ。

　時代が大きく代わったのは、ナイキがカーボンプレートの入った

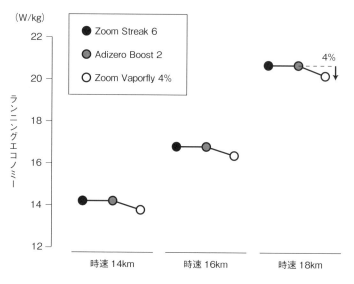

図5-1　Zoom Vaporfly 4％の性能

ズームヴェイパーフライ4％は他のシューズと比較してどの速度で走っても平均4％もランニングエコノミーが良くなることが示されている。Hoogkamer, W. et al., "A comparison of the energetic cost of running in marathon racing shoes". *Sports Med*, 2018,48(4):p.1009-2019 より改変。

ズームヴェイパーフライ4％（注3）を発表してからだ。ナイキが偉いのは、コロラド大学と共同で研究を行いその性能を発表していることだ（図5-1）。科学的に性能が立証され、実際に駅伝やマラソンで高記録が連発している。僕自身もこのシューズを履いてみたが、フルマラソンで7、8分くらい記録が伸びた印象がある。走った感じもトランポリンでジャンプしているような感覚ですごく楽しい。もちろん、いつもより速く走れるということは、それだけ股関節や体幹に負荷が掛かるということで普段から鍛えておかないと怪我のリスクは高くなるかもしれない。

● ランニングウエア

　ウエアに関しては化学繊維を使った高機能ウエアが数多く売られ
ている。季節によって重要な要素は代わってきて、夏では保水性が
良いものは汗で非常に重くなるので、出来るだけ薄い生地のものが
良い。冬でもレースでは意外に汗の量は多くなるので、真剣にタイ
ムを狙う時は、あまり厚手のものは避けた方が良い。また特に上半
身の腕や手は走っている時にそれほど動かさないので冷えていく。
手袋やアームカバーも準備しておいた方が良い。

● ランニングソックス

　ソックスは普段練習しているものを穿くのが良い。滑り止めが付
いていたり、アーチサポート機能（注4）など色々とうたっている
ものもあるが、それらの機能で速く走れることはなく、好きな物を
穿けば良いと思う。

● GPSウオッチ

　初めて買うのなら、一番安いものを買っても機能的にはほとんど
問題なく、ペースや距離などが測定出来る。心拍計が付いていない
時計を探す方が難しくなってきているが、手首で測るタイプはかな
り不正確なので注意してほしい。バッテリーの持続時間は最初のう
ちはどんな時計でも十分だが、24時間とか連続で走りたくなってき
たらその時に高機能なモデルに買い替えるのが良いと思う。

● 皮膚擦れ防止クリーム

　皮膚の擦れ対策は非常に重要だ。股擦れや足の裏のマメ、靴擦れ
や男性であれば乳首の擦れなど。一旦生じるとどんどん痛みは増し

てくる。乳首に関しては絆創膏を貼るのが一番手っ取り早い。その他の皮膚障害は、専用のクリームを塗っておくのが良い。僕自身はプロテクトJ1という商品を使用している。汗や雨で濡れた場合などに皮膚擦れはひどくなりやすい。その場合は股擦れしにくいインナーなどの活用を考える。

● 紫外線対策

日に焼けると炎症が生じ、ひどくなれば火傷と同じような状態になる。日焼けで済めば良いが、日本人では比較的少ないものの、皮膚癌のリスクは高くなる。顔や首周り、ウエアから直接出ている部分は塗ることをお勧めする。日焼け止め以外にも、サングラスの装着で将来、白内障になるリスクを減少出来る可能性がある。

● トレーニングの種類

フルマラソンに出る前には先ほど述べたようにある程度のトレーニングが必要になる。色々な練習メニューがあるが、主なものを紹介する。

● 持久走

図5－2を見て欲しい。運動強度50〜75％程度で、普通は一番長く行う練習になる。MICT（moderate intensity continuous training／注5）と呼ばれるが、この本では持久走と呼ぶ。

● LSD（Long slow distance）

明らかな定義はないが、一般的な持久走よりさらに強度を落としてゆっくり長く走る練習。科学的にはほとんど研究されておらず、

ゆっくり走ることに意味があるかは不明で、個人的には通常の持久走と同じような効果が得られると考えている。

● 閾値走

レースでは60分程度維持出来る速度で、20〜30分、一定のペースで走る練習。強度はおよそ80〜85％程度となる（図5−2）。

● ビルドアップ走

ゆっくりの持久走から始めて少しずつスピードを上げて、最後は閾値走程度のスピードまであげる。持久走に少しだけ閾値走の刺激を入れることが出来、徐々にスピードを上げることから怪我のリスクも少ない。

● タイムトライアル

20〜30分程度で終了するコースの全力走。全力走だが練習の一環として走る場合には出来るだけ一定の速度で行い、全力のラストスパートなどは行わない。全力を出し過ぎると、結局しばらく練習が出来なくなり走力の向上に役立たなくなる可能性がある。

● インターバルトレーニング

強い運動強度で一定時間走り、その後ゆっくり走るか完全な休憩を挟む。これを複数回繰り返す練習（図5−2）。運動強度や走行距離、休憩時間を変化させることで様々な効果を狙う。通常は走行距離がわかりやすい陸上のトラックやトレッドミルで行われることが多いが、河川敷や距離がわかる交通量が少ない安全な道路で行うことも出来る。良く行われるトレーニング法には次のようなものがある。

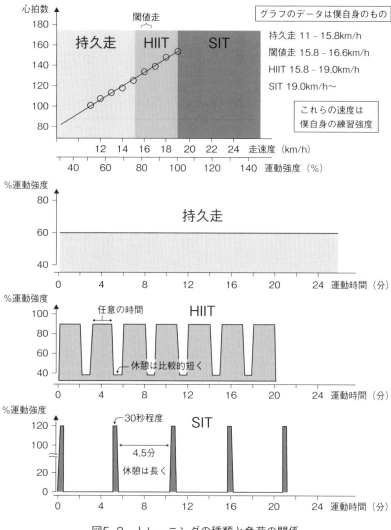

図5-2　トレーニングの種類と負荷の関係

　50～75％程度の運動強度で同じペースで走る運動を持久走またはMICT（moderate intensity continuous training）、75％程度以上の運動強度で、休憩を挟みながら繰り返すものをインターバルトレーニングという。インターバルトレーニングのうち、75～100％強度で行い、比較的短い休憩を挟むものをHIIT（high-intensity interval training）と呼ぶ。100％から全力の強度で30秒程度行う運動を4、5分の十分な休憩を挟んで繰り返すものをSIT（sprint interval training）と呼ぶ。図の運動強度と速度の関係は僕自身がトレッドミルで計測した実測値。

・HIIT（high-intensity interval training：高強度インターバルトレーニング）
75〜100％程度の運動強度で一定時間走り、その後決まった時間
ジョギングなどで繋ぐ。これを複数回繰り返す練習。走行時間が
2〜10分と長いものをlong-HIIT（ロングヒット）、30秒程度の短
いものをshort-HIIT（ショートヒット）と呼ぶ。

・SIT（sprint interval training：スプリントインターバルトレーニング）
HIITよりも速い、全力に近いスピードで30秒程度走る。その後4、
5分程度のジョギングまたは完全な休憩で回復をはかる。これを
複数回繰り返す練習。

● ファルトレク

　上記のインターバルトレーニングを芝生や野山などの不整地で行
う。距離や時間も自分の感覚で好きなように決定する。自然の中で
自分のペースで出来る練習になり、通常のインターバルトレーニン
グより楽しく出来る可能性がある。

● 坂道走

　フラットな道路や陸上トラックではなく、傾斜の付いた坂道で行
う練習。峠越えの道を使う峠走などがある。登りでは比較的ゆっく
りとした速度で心拍数を上げることが出来ることから、筋肉系の障
害のリスクを下げながら心拍数を上げる練習が可能となる。また下
りでは着地に必要な筋肉の強化に繋がる。

● ウインドスプリント

　50〜100m程度の短い距離をリラックスしてかなり全力に近い速
度で走る。足の回転を速くすることを心掛ける。神経の働きを向上

させてランニングエコノミーを高めることを期待した練習。

●プライオメトリックトレーニング

瞬発力やパワー向上の為の練習でランニングエコノミーが上昇する。足首や膝の伸長反射を鍛え、腱に効率よくエネルギーを貯めることが出来るようになる。様々な種目があるが、僕がよく行っているのは、10回連続の抱え込みジャンプで（後述）、同時に体幹と腹筋が鍛えられるのがメリットになる。うまく反射を使えないと安定して連続で飛ぶことが難しい。

● トレーニングで鍛えるべきところ

第4章の図4－5で示したようにフルマラソンなら乳酸性作業閾値とランニングエコノミーが重要であり、もう少し短い距離だと最大酸素摂取量の重要性が上がってくる。乳酸性作業閾値は最大酸素摂取量の増大とともにも上昇するから、結論的には最大酸素摂取量を出来るだけ上げて、さらに乳酸性作業閾値、そしてランニングエコノミーを上げていくことが重要になってくる。図5－3で示すように、まず最大酸素摂取量を上げようと思えば、心臓の機能を上げる必要がある。その上で、乳酸性作業閾値を上げていくためには、筋肉の機能改善が重要となってくる。さらに暑熱順化やランニングエコノミーの改善、脳機能の改善などするべきことは割と多い。

●心機能を改善させるには

心臓の機能は心拍数を除けば心臓の1回拍出量で決まる。心拍数は訓練で上昇することはないとされており、必然的にトレーニングの目的は1回拍出量を大きくすることになる。そして最大酸素摂取

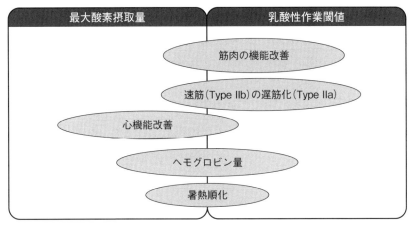

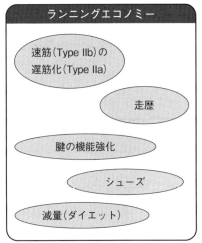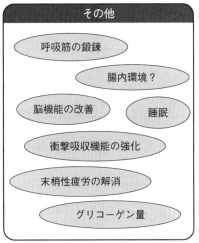

図5-3　走る速さに影響を及ぼす因子

　最大酸素摂取量、乳酸性作業閾値、ランニングエコノミーに影響を与えるものは上の図のようなものがある。その他にも呼吸筋の鍛錬など走る速さに影響を及ぼす因子は多数あり、自分の弱点に応じてそれぞれを鍛えてゆくことで、速く走れるようになる。

量は心臓の1回拍出量とほぼ正比例に増大する[1]。第4章の図4－9のように心臓はかなり低い脈拍（120前後）で、1回拍出量は最大になることから、適度な強度である50～75％運動強度の持久走でもかなり鍛えられる。もちろんもう少し強度を上げた閾値走などでも心機能は改善する。しかし十分トレーニングを行っているアスリートでは持久走を増やしても最大酸素摂取量は上昇しない可能性が高い[2]。現時点で最大酸素摂取量を最も効果的に上げるトレーニングはやはり最大酸素摂取量の強度（100％運動強度）に近い強度の練習とされている。必然的に長く走ることは不可能な強度であるから、HIITを行うことになる。90～100％といった高い強度で行うのが良いのか、75～90％くらいの比較的低い強度で行うのが良いのかは研究によって結論が一定していないが、強度を上げて走行距離が短くなると効果があまり得られないとされており、強度が高過ぎて回数が増やせない場合は少し強度を落としても全体の量が多くなるようにした方が効果的である可能性が高い。先ほど紹介したようにlong-HIITとshort-HIITと大まかに分類されているが、どれくらいの時間を走り、どれくらいの休憩をし、それぞれどれくらいの量をすれば良いのだろうか。

　Long-HIITの走る速度の基準としては80～100％強度となる[3]。僕の場合なら図5－2からわかるように16～19km/hの速度となる。トップアスリートを用いた研究では、100％強度で3～5分というのを4～6回繰り返すという恐しいメニューが用いられたりもしているが、僕にはきつ過ぎて2回くらいしか出来ない。間のリカバリーに関しては最善の時間というものは決まっていない。90％運動強度までなら、走行時間の半分程度で良いと思うので、4分走ったら2分ジョギングというのを繰り返す。走る距離を1kmとかに決

めておいて、どんな速度で走っても6分おきに走り始めるというのも簡便で、速く走るほどリカバリーは長くなる。さらに強度を上げて100％に近付けば、リカバリーの時間はもうすこし伸ばしても良い。回数に関しては多いほど身体への刺激が高くなるけれど、追い込み過ぎるのは良くないので、4〜8回程度行うのが良い。全体では25分から50分程度の練習となる。強度を下げる場合は繰り返し回数や時間はもっと増やしても構わない。

　Short-HIITに関して、速度は100％運動強度で行うのが一つの目安となる。30秒走って15秒ジョギングという組み合わせを10〜15回程度行い、これを1セッションとし（8〜12分程度）、3分ほどのジョギングを挟んでこのセッションをあと2回繰り返す。走る速度を全力で行うものはタバタトレーニング（注6）が有名でRepeated sprint training（RST）とも言われるが、あまりランニングの分野では研究されていない。Short-HIITとlong-HIITを比較している研究もあまり見られないが、同じ運動強度と量をこなす場合はshort-HIITの方が最大酸素摂取量の改善効果が高い可能性が指摘されている[4]。

　HIITは速度、持続時間、リカバリーの時間、繰り返し回数など組み合わせが無限にあるので、どのような方法が最適であるかをはっきりさせることは相当に難しい。また個人個人によっても、その反応はまちまちであるので、僕自身はlong-HIITとshort-HIITを交代で行うようにしたり、気分によって適当に選んでいる。

　心臓の機能は歳を取ってからはあまり向上しないとされており、僕自身もだらけた高校時代を送ったことを非常に後悔している。でもHIITなどで適切に練習すれば、歳を取っていてもそれなりに心機能は向上する。心臓の1回拍出量が増大しているかどうかは、安

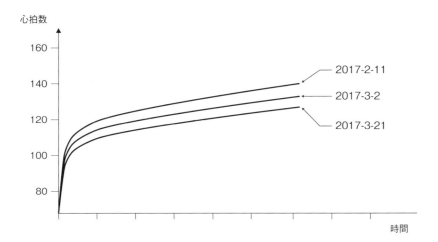

図5-4 同じ条件のトレッドミルで一定のペースでスピードアップした時の
心拍数（2017年のデータ）
トレーニングが進むに連れ、同じ強度でも心拍数が下がって来ているのがわかる。

静時の心拍数が下がること、そして同じ強度の練習で心拍数が低下
することで確認出来る（図5-4）。もちろん、体重が減ることでラ
ンニングエコノミーが改善しても、同じ運動強度で心拍数が低下す
る。ランニングエコノミーなのか心臓が強くなったのかは特別な検
査なしにはなかなかわからないが、比較的短期間で改善した場合は、
心臓が強くなったと考えて良いと思う。

● 筋肉の機能を改善させるためには

筋肉の機能で最も重要なことは、なんといっても筋肉内のミトコ
ンドリアの量と質になる。当然、筋肉の周囲の毛細血管の量とかも
大切だけれど、ミトコンドリアに焦点を絞ったトレーニングをして
いれば毛細血管の量も自然に増えてくる。まず重要なことはミトコ

ンドリアの量を増やすことになる。きつい練習をすれば増えそうな気がするけれど、驚くべきことに、ミトコンドリアの量は、練習の強度ではなく、量に比例する（図5－5）[5]。出来るだけ速く走った方がきついし、満足感も高いかもしれないが、ミトコンドリアの量を増やしたければやみくもに速く走るよりも、ゆっくりでも長くたくさん走る方が良い。無理に速く走って疲れが残り、次の日の練習に差し支えるようなら、持久走の時は気持ちのよいペースで走れば良いことになる。

　量とともに重要なのがミトコンドリアの質になってくる。質というのは、糖や脂肪を酸化する能力で、要するに同じ量のミトコンドリアで、どれだけたくさんのATPを作れるかということになる。図5－6に示すように質を高める効果が高い練習はSITのみであることがわかる。しかし注意して欲しいことはSITで改善してもその能力はせいぜい数％しか上がらないということだ。図5－5のようにミトコンドリアの量はがんばれば1.8倍つまり80％も増大する可能性がある訳だから、練習の優先事項は走行距離を増やすことになる。SITをする場合でも、ウォームアップやクールダウンである程度の距離をしっかり走ることが重要になってくる。

● 筋線維のタイプ変化

　マウスでは持久的運動によってType IIから遅筋であるType Iへの筋線維タイプの変換が認められている。人では、Type IIbからType IIaへの変換は示されているが、Type IIのタイプの線維がType Iになるかどうかは意見が分かれている。多くの研究がされている訳ではないが、Type IIbからIIaへの変換は速筋が働き始めるHIITレベルのトレーニングが重要である可能性が高い[6]。また

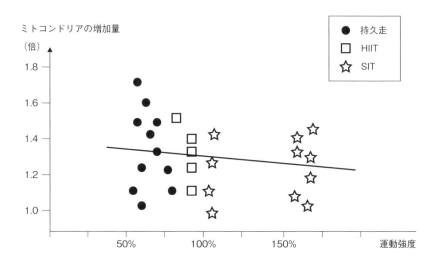

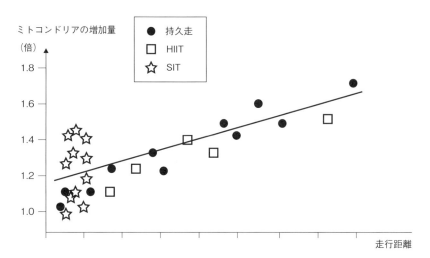

図5-5　ミトコンドリアの増加量に及ぼす練習強度と練習量

多くの研究の結果を並べてみると、運動強度とミトコンドリアの増加量には関連性はなく、ミトコンドリアの量は、主に走った距離に比例していた。Granata C. and Bishop D. "Training-induced changes in mitchondorial content and respiratory function in human skeletal muscle". *Sport Med*, 2018, 48(8):p.1809-1828 より改変。

ミトコンドリアの酸化能力の変化量

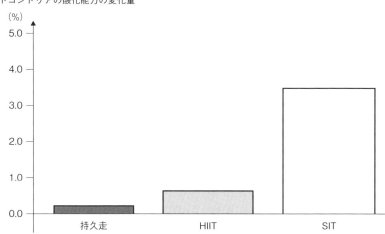

図5-6　ミトコンドリアの酸化能力に及ぼす練習

ミトコンドリアの質を大きく改善するのはSITであることがわかる。Granata C. and Bishop D. "Training-induced changes in mitchondorial content and respiratory function in human skeletal muscle". *Sport Med*, 2018, 48(8):p.1809-1828 より改変。

　長期間のHIITを行うことでType Ⅰ線維の割合が増加したという報告もある[7]。これが、Type ⅡからType Ⅰへの変換を意味するのか、Type Ⅰ線維の量が増加したためなのかはわからないが、速筋が働く速度での運動も大切であることがわかる。持久走のみでもある程度Type Ⅰ, Ⅱa線維の増加が得られるが、HIITも練習に取り入れる方が筋線維の変換が生じる可能性が高い。

● 衝撃吸収機能の強化

　特に初心者で問題となることが多く、レースで走っている最中から、大腿前面や鼠径部に着地で生じる痛みが出始め、ひどくなると全く走れなくなる。これらの痛みは伸長性収縮が起こる筋肉で出る

が、このような衝撃吸収機能は筋肉痛（遅発性筋肉痛）を引き起こすような運動を繰り返すことで鍛えられる。

　即ちレースの前に何回か筋肉痛になることが重要になってくる。遅発性筋肉痛と言われるように、強い練習やレースの翌日やそのまた翌日に最も痛くなることが多い。年齢を重ねるほど痛みが出るのが遅くなるという説もあるが、はっきりとは証明されていない。基本的には筋組織の炎症であり、筋肉痛が生じている時には最大筋力も低下する。炎症がひどい場合には、改善するのに、2〜4週程度もかかる場合があるので、レース1週間前に強い練習をすると本番に筋肉痛が残っており、失敗レースとなる可能性がある。

　衝撃吸収機能の強化のための練習はレース2週間前までに終わらせておくことが無難となる。衝撃吸収機能は鍛えたいけれど、筋肉痛の期間は出来るだけ短い方が良い。そこで遅発性筋肉痛を出来るだけ短時間で改善させるための方法が検討されてきた。筋肉のマッサージ[8]や筋肉の振動刺激[9]は、筋肉痛の改善に有効とされている。運動後の冷水と温水の交代浴も効果がありそうだ[10]。また運動後のBCAAの摂取にも筋肉痛を抑える働きがある[11]。しかし、運動前や後のストレッチは現時点で明らかな効果は無い[12]。

　実際どのような練習をすれば衝撃吸収能力が高くなるのだろうか。初心者のうちは、少し長い距離を走るだけでも、筋肉痛が出ることが多いから、長い距離を走れば良い。通常の練習くらいでは筋肉痛にならなくなってきたら、坂道の下りを走ってみよう。下りはブレーキをかけながら走るので、衝撃を吸収する筋肉をよく使う。ゆっくり走ってもブレーキはかかるが、ある程度の速度で走る方が吸収する衝撃は大きくなる。また急な坂道であればあるほど、ブレーキ力は大きくなり筋肉痛を生じる可能性は高くなる。走る距離

も長くなれば長いほど、筋肉痛は出やすくなる。これらを踏まえると、ある程度の距離を稼げる峠走が有効な手段となる。行き帰り8〜10kmずつ程度で10％程度（1kmで100m登る）の峠道があれば良い練習になる。筋トレ、特にレッグプレスマシン（注7）などのような種目は衝撃吸収能力を高めてくれるが、あまりやり過ぎて筋肥大を生じるとランニングエコノミーが悪化するので要注意だ。

● ランニングエコノミーの改善

　ランニングエコノミーを改善する最も簡単な方法は、余計な脂肪がある人は脂肪を減少させることである。例えば体重65kgの人が、筋肉量がそのままで60kgになったら（7.7％の減量）、理論的には7.7％速く走れることになる。フルマラソンを3時間で走る人なら理論上2時間46分で走れる。動物性の脂肪や揚げ物など高カロリーのものばかり食べていて、明らかにカロリーオーバーなら食事を変えた方が良いと思う。しかし健康的な食事をしているのであれば、食事量はそのままで、運動量を増やすことで、痩せる方が健康であり、タイムも良くなる。急激な絶食などで体重が落ちるのは、前にも書いたように糖分が水とともに身体から出て行っただけのことが多く、食べればすぐに体重は戻る。

　では、どのようなトレーニングでランニングエコノミーは改善するのだろうか。前にも述べたように、ランニングエコノミーは走った年数に応じて少しずつ改善する場合が多い。短期間の場合、HIITや閾値走などを行ってもランニングエコノミーはあまり改善しない。一方、高負荷の筋力トレーニング（4回から6回が限度となる負荷）でランニングエコノミーは改善する。これは神経から筋肉へ適切に信号を送る機能が改善されるからだと考えられている。ジ

ムなどでのレッグプレスマシンや高重量のバーベルを用いたスクワット（注8）などでランニングエコノミーは改善出来る。回数が10〜20回ほど出来るくらいの負荷に落とすと筋肥大が生じ、そうなるとランニングエコノミーを下げる可能性があるので負荷はかなり上げた方が良い。筋肥大を防ぐもう一つのコツは、トレーニング前に30分から40分程度のジョギングを行うことである。このような刺激は筋肥大を引き起こすような身体の機構を抑えてくれる働きがある。

　もう一つのトレーニングはプライオメトリックトレーニング（注9）といわれるトレーニングだ。筋肉を爆発的なスピードで動かすトレーニングのことで、パワーが増加し、さらに筋肉と腱の剛性が高くなる（硬くなる）ことで、ランニングエコノミーが改善すると考えられている。先ほどの抱え込みジャンプ以外にも、ボックスジャンプ、バウンディングなどの種目がある（図5−7）[13] [14]。

●脳の鍛え方

　はっきりとした鍛え方がある訳ではないけれど、苦しい練習をしっかりすることで脳は鍛えられていく。辛いことを乗り超えた分だけ脳も簡単には弱音を吐かなくなる。第4章でも述べたが、走っている時に頭を鍛えるストループテストなどを行うとランニングパフォーマンスが良くなるという報告もある[15]。またこれも述べたが、科学的にも「根性」は重要である。苦しい練習をした分だけ得られるものは大きくなる。

● 自分にとって最適なトレーニング

フルマラソンでタイムを目指す場合、最も重要な練習は持久走にな

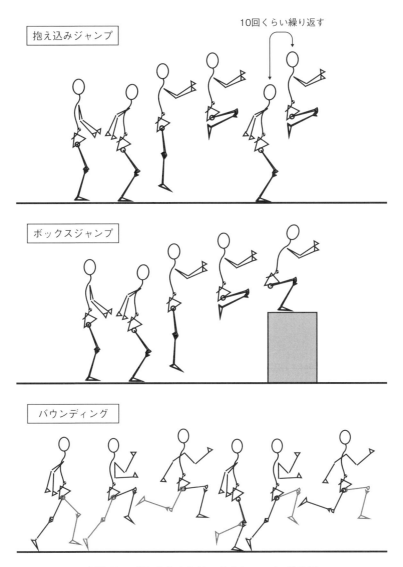

図5-7　プライオメトリックトレーニングの例

　抱え込みジャンプは同じ場所でジャンプを繰り返す。着地とジャンプのタイミングがうまく合わないとリズム良く出来ない。ボックスジャンプは出来るだけ高い台に飛び乗る。バウンディングは上に飛び上がるイメージで行い、慣れるまでは軽いジャンプで行う。これも着地が正確に出来ないと次のジャンプが飛べない。

る。ゆっくりでも良いから距離を走ることで、心臓もある程度鍛えられるし、なんといってもミトコンドリアの量が増えてくる。長く走れば腱も強くなり、ランニングエコノミーも良くなるし、筋肉の衝撃吸収能力も向上する。練習量が時間の都合でどうしても取れない場合には、閾値走より少し遅い速度で走ることもひとつの方法だ。ミトコンドリアの量には影響しなくても、ミトコンドリアの質や心臓の機能、そして筋線維のタイプ変換など、ゆっくり走るよりは効果が大きい可能性が高い。実際トップアスリートでも走行距離を少なくする代わりに、マラソンのレースペースで走る練習を増やしている人もいる[16]。少なくとも月間走行距離が200kmに満たないのであれば、インターバルトレーニングを増やすことよりも持久走を増やした方が速くなれる可能性は高い。

　走行距離をどんどん伸ばして月間走行距離が300〜400kmを超えてくると、怪我のリスクが上がってくる。すこし距離を減らして、その代わり、インターバルトレーニングを週1回ずつ行うなど1か月から2か月単位で、量と強度を変化させることは有効な方法である。ハーフマラソンや10kmのレースをうまく活用して練習にメリハリを付けるのは楽しいし、自分がどの程度速くなっているのかがわかる。

　レースを入れない場合には、僕自身は月に一度程度タイムトライアルをしている。ランニングSNSであるStravaではセグメントと言って、ある区間を走ると自動的にタイムが算出されて、その区間を走った人の中での順位を付けてくれる機能がある。セグメントは自分でも設定出来る。順位が上がると走るモチベーションにもなる。

　走行距離が重要なことは何度も書いてきたが、距離が増えれば増えるほど、走力の向上は得られにくくなってくる。やはり、心臓の機能やミトコンドリアの質を上げるために、閾値走やHIIT、SITなどの高

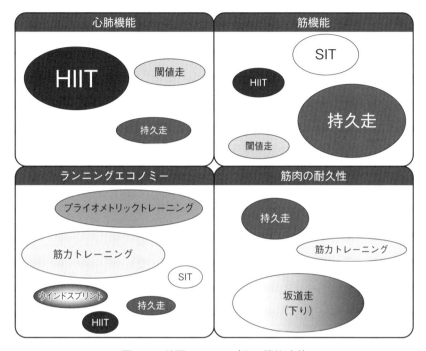

図5-8　練習メニューごとの機能改善

メインとなる練習メニューによって鍛えられるところを示している。大きく表示しているものほど、その機能の改善にとって重要である。

強度の練習が重要になってくる。それぞれ週に一度ずつ、練習距離の10〜15％程度これらの練習が出来るとさらに走力が上がる可能性が高い。図5－8に強化したい部分に必要な練習を載せてある。重要なものは大きく表示してあるのでこれを参考にトレーニングをして欲しい。

　残念なことに、トレーナビリティ（注10）と言ってどんな練習でもすごく効果がある人と効果があまり見られない人がいる。特にHIITではプログラムにもよるが全員に効果が出る訳ではなく、60％程度の人にしか効果がなかったという報告もある。long-HIIT よりも short-

HIITで効果が出る人もいるだろうし、閾値走で一番速くなるという人もいるだろう。年齢や、ランニング以外で行っているスポーツなどにも影響される。

　例えば僕が走り始めた頃は、たまにサッカーをしていた。サッカーの試合では30〜50m程度の距離を全力で走ることが繰り返されるので、SITは既に十分行っていることになる。この頃はインターバルトレーニングをしても全く速くならなかったけれど、距離を伸ばすだけでみるみる速くなった記憶がある。

　逆に最近は歳を取って、普段からあまり速く走れなくなってきた。最近はインターバルトレーニングを多くすることで、なんとかパフォーマンスを保てている気がする。自分にとってどの練習が最適なのかは自分の身体で色々試してもらうしかない。試行錯誤しながらやって欲しい。参考までに月間走行距離が300kmくらいまでのランナーのための練習メニューの一例を載せておくので参考にして欲しい（表5-1）。

● 世界トップレベルのトレーニング

　オリンピックレベルのトップアスリートは年間にマラソンに2回、ハーフマラソンに1回、そして5〜15kmのレースに3回程度出場している。春と秋のマラソンシーズンにレースがあり、通常レースが終了して2週間程度は完全オフか、ごく軽いトレーニングのみとなる。その後は次のマラソンレースに向けての練習が開始されるが、期間の前半は距離（練習量）を増加させることが中心になり、後半になると強度を重点的に上げることが多い。しかし、選手によってはレースの2週間前に最も練習量を増やす場合もあり、どのように練習を組み立てるかはコーチと選手の経験に基づいている。

表5-1　走行距離に応じた練習の例

	月間走行距離120km	月間走行距離200km	月間走行距離300km
月曜日	休み	休み	休み
火曜日	10km 持久走 （強度50－70%）	10km 持久走 （強度50－70%）	15km 持久走 （強度50－70%）
水曜日	5km 持久走 （強度50－70%）	10km 持久走 （強度50－70%） ウインドスプリント10本 抱え込みジャンプ10回	10km 持久走 （強度50－70%） ウインドスプリント10本 抱え込みジャンプ10回
木曜日	5km 持久走 （強度50－70%）	10km 持久走 （強度50－70%）	5km 持久走 （強度50－60%） ┌ long-HIIT 1km×5セット │ 強度80－90% │ short-HIIT 30秒－15秒レスト │ 強度80－90% │ SIT 30秒全力－5分レスト×6 └ セット いずれか
金曜日	休み	休み	10km 持久走（強度50－70%）
土曜日	2km 持久走 （強度50－60%） 3km 閾値走 （強度75－80%）	2km 持久走 （強度50－60%） 5km 閾値走 （強度80－85%）	2km 持久走（強度50－60%） 8km 閾値走（強度80－85%） ウインドスプリント10本 抱え込みジャンプ10回
日曜日	5km 持久走 （強度50－70%） ウインドスプリント10本 抱え込みジャンプ10回	15km 持久走 （強度50－70%）	20－30km 持久走 （強度50－70%）
	週30km 持久走 90% 閾値走 10%　HIIT 0%	週50km 持久走 90% 閾値走 10%　HIIT 0%	週75-85km 持久走 84% 閾値走 10%　HIIT 6%

　これは一例であって、色々と工夫して変えてもらったらいい。月間300kmを超えたら自分でメニューを作るのも練習の一環になる。

練習期間の間は、ずっと同じ練習を繰り返すのではなく、練習量と強度は半年のスパン、月のスパン、週のスパンで増減がみられる。多くのランニング障害が急激に練習量を増やす時に生じることが明らかとなっており、このように増減をうまく計画することで怪我の予防をすることが可能となる[16]。

　プライオメトリックトレーニングや体幹の筋力強化などの筋力トレーニングに関して、多くのケニアのトップアスリートは週に1回やるかやらないか程度らしい。不整地を走ることが多いことから自然と体幹が鍛えられるからかもしれない。アスリートによってはポーラ・ラドクリフのように、プライオメトリックトレーニングや筋力トレーニングを積極的に取り入れてランニングエコノミーを改善させている選手もいる。

　練習量に関して、一年間の走行時間はおよそ500時間から700時間と言われている。1か月に平均50時間程度となるので、1日に平均すると1.7時間程度とそれほど多くはない。もちろん練習での基本的な速度が速いので、平均的な練習での走行距離は週160から220km程度となる。日本人の実業団選手の方が遥かにたくさん走っている印象だ。興味深いことに、練習量を増やす時にはアスファルトでの練習はほとんどされず、多くが土などの不整地で行われる。硬い平坦なアスファルトでは怪我のリスクが上がり、練習量を増やしにくいため、土の上で練習量を増やすことが重要になってくる。そしてレースが近付くと、今度は衝撃に慣れるために、アスファルトやコンクリートでの練習量を増やしていく。最近ではシューズの機能が大きく改善したことで、膝から下の負担が減少し、練習量が伸びているという報告もある。

　表5－2にケニアのエリウド・キプチョゲ選手の練習内容を載せた[16]。通常の練習では走行距離の80％以上がキプチョゲ選手にとって

は非常に遅い3：50〜5：00/km程度のごくゆっくりとしたペースのランニングであり、強度の高い練習は週2回のみである。また1日2回の練習が基本となっている。僕自身も多く走る時は月に400kmくらいになることもあるけれど、8％の32kmもHIITやSITをしているかと言われれば、それほど多くはないので最近反省している。

　レースが近付くに連れて、通常はピーキング（コンディションを最高の状態に持ってゆくこと）と言われるように練習量を減らして疲れをとっていく作業に入る。練習量は2週間から3週間前から徐々に減らすことが多いとされているものの、7日から10日前になると急に練習量を落とすトップアスリートもいる。練習の量は減らすが、強さは減らさないことが重要で、強度の高い練習の割合は通常減らさない。

● 高地トレーニングと常圧低酸素トレーニング

　多くのケニア人アスリートが標高2400mのイテン（ケニアの地名）でトレーニングをしており、マラソンの聖地とも呼ばれている。ケニア人ランナーの成績が非常に良いことから高地でトレーニングをすることで運動能力が上がるのではと研究されてきたし、オリンピック前などにはアメリカのボルダーなどで多くの日本人アスリートが高地トレーニングを行っている。

　標高が上がると気圧が低下し、体内の酸素の圧力（分圧）が低下するため、最大酸素摂取量や乳酸性作業閾値は低下する。当然筋肉で使用出来る酸素も少なくなり速く走れなくなる。このような環境では、腎臓からエリスロポイエチン（注11）というタンパクが作られ、赤血球が増加する。赤血球が増加すれば、平地に降りて来れば最大酸素摂取量は増大する。厳しい環境でトレーニングをすれば速くなるという理論だが、そう簡単ではなくて、高地では酸素が少ないので練習の強

表5-2 エリウド・キプチョゲの1週間の典型的な練習メニュー

	通常の練習	マラソンレース前
月曜日	AM　16−21km 持久走（強度70%以下） 3:50−4:00/km PM　8−12km 持久走（強度60%以下） 4:30−5:00/km	21km 持久走（強度80%以下） 3:20/km 10km 持久走（強度70%以下） 4:00/km
火曜日	AM　3km ウォームアップ（強度70%以下） 15×1000m HIIT（強度80%−85% rest 90秒） 2:50−2:55/km PM　8−10km 持久走（強度60%以下）	3km ウォームアップ（強度70%以下） 1200m（3:25/km） long-HIIT 5×1000m（強度80% 2:55/km） Wind Sprint 3×300m（40−42秒）回復1分 Wind Sprint 2×200m（27秒）回復1分 休み
水曜日	AM　16−21km 持久走（強度70%以下） 3:50−4:00/km PM　8−12km 持久走（強度60%以下） 4:30−5:00/km	18km 持久走（強度70%以下） 3:55−4:00/km 11km 持久走（強度70%以下） 4:00/km
木曜日	AM　30−40km 持久走（強度75−80%程度） 3:00−3:25/km PM　8−12km 持久走（強度60%以下） 4:30−5:00/km	30−40km 持久走（強度70%以下） −3:40/km 休み
金曜日	AM　16−21km 持久走（強度70%以下） 3:50−4:00/km PM　8−12km 持久走（強度60%以下） 4:30−5:00/km	18km 持久走（強度70%以下） 3:50−3:55/km 10km 持久走（強度70%以下） −3:55/km
土曜日	AM　ファルトレク 50−65分（強度60−80%） long-HIIT（4×10分 回復2分）（強度90−99%） short-HIIT（25×1分 回復1分）（強度>100%） 上記のいずれか PM　8−12km 持久走（強度60%以下） 3:50−4:00/km	ファルトレク 85分（強度70%以下） short-HIIT（30×1分（2:45/km）回復1分） （強度85%） 休み
日曜日	AM　18−22km 持久走（強度70%以下） 3:50−4:00/km PM　休み	20km 持久走（強度70%以下） −3:50/km 休み
	週200−220km　持久走 82%　閾値走 10%　HIIT 8%	週185km　持久走 91%　閾値走 3%　HIIT 6%

　　強度80%以上の練習

　左は通常の練習で、右はレースが近付いてきた時の練習メニュー。Haugen, T. et al., "The Training Characteristics of World-Class Distance Runners: An Integration of Scientific Literature and Results-Proven Practice". *Sports Med Open*, 2022,8(2): Article 46 より改変。

度が下がってしまうという欠点がある。

　僕自身も医療支援でブータンの首都ティンプー（標高2450m）に３か月滞在したことがあるが、酸素が少なくフルマラソンのペースで１km走るだけでも相当きつかったことを覚えている。面白いことに、これだけ酸素が少なかったらさぞかし心拍数が上がると予想したのだけれど、最大心拍数は日本にいた時よりも下がってしまった。心臓は筋肉なので、多くの酸素を必要とする。心臓が自分で使う酸素も足りなくなるから心臓自体も動きにくくなるのかもしれない。このような観点から練習は低地で行い、生活は高地でするという "Live high-train low" という考えが提唱され、ケニアのランナーも強度を上げる練習では標高を下げるなどの工夫を行っている。実際に高地トレーニングがどれくらい効果があるかというのは科学的に証明することは難しい。高地と低地で別々で同じ練習をしてその効果を比べれば良いけれど、実験に参加する人が「あなたは高地トレーニング」と言われれば、うれしくなって頑張ってしまうだろうし、「あなたは低地で」と言われれば少しがっかりして、トレーニングに熱が入らないかもしれない。そういう訳でプラセボ効果（注12）やノセボ効果（注13）が排除出来ないので、このような研究はどれくらい正しいのかはっきりしないところがある。

　僕もブータンから日本に帰って来たら少し速くなっていた。でもそれが、高地のおかげで速くなったのか、たくさん走ったから速くなったのか全くわからない。少なくとも高地トレーニングはプラセボも含めて効果が出る人には合うトレーニングなのかもしれないが、時間と大金をかけるほどの効果は無いのかもしれない。

　最近、低酸素ルームや特殊なマスクをして走る設備がスポーツジムなどでも普及している。高地では酸素の割合（通常21％）は同じだが、

気圧自体が低いのに対し（低圧低酸素）、低酸素ルームなどは、気圧は同じだが、酸素の割合だけが21％より低くなる（常圧低酸素）。全く違う状態ではあるものの、身体で使うことの出来る酸素の量は同じように低下する。低圧低酸素でも常圧低酸素でも腎臓からのエリスロポイエチンの分泌は増加することがわかっており、血液中のヘモグロビンは少しずつ増えていく。しかしこの効果は一度や二度低酸素ルームに通うだけでは得られず、２週間から３週間持続的に低酸素にすることで初めて得られる。残念なことに、増加したヘモグロビンは何もしないとわずか２週間以内に減少して元に戻る。最近ではこの常圧低酸素の部屋を用いて、トレーニングは低地で、そして生活は常圧低酸素の部屋かそうでない部屋かをアスリート及び研究者両方に条件を隠して行うダブルブラインド、プラセボコントロール研究（注14）が行われた。結局どちらの部屋で暮らしても、トレーニング後の最大酸素摂取量やヘモグロビン量、運動能力に差は認められなかったことから[17]、Live high- train low もどれくらい効果があるかははっきりしない。またLive high- train lowの反対でLive low- train high（低地に住んでトレーニングは高地で）というコンセプトでも研究されており、この常圧低酸素ルームを用いてSITを行った研究もあるが、この研究でも低酸素トレーニングの有効性は示されなかった[18]。高地に住めば、高地でのパフォーマンスは順応によって改善されるが、低地に戻った時にも速くなるかは科学的には、はっきりしていない。

● ピーキングとカーボローディングとレース中の補給

　レースが近付いてくるとピーキングといって、レースにピークを合わせる作業に入る。練習量は通常の60％程度にまで減らしていく。強度は減らさないのが重要で、HIITなども本数を減らして行う方が良い。

練習量を減らせば少しずつ心臓や筋肉の機能は低下していくが、強度を減らさなければそれらの機能はある程度保たれる。逆に疲労がとれてくると、ランニングエコノミー、乳酸性作業閾値は上昇する。

　練習しないと心配になる人もいるかもしれないけれど、練習しないこともトレーニングの一環として考えて欲しい。疲れがとれただけで乳酸性作業閾値が上がることがあるのかと思われるかもしれないが、僕自身、自転車のCPXで測定した乳酸性作業閾値は、疲労がとれた状態で体重当たり32mℓという値だった。その1か月後に疲れた状態で測定した値は27mℓと16％も低下していた。疲労をとることの重要性をものすごく気付かされた出来事だった。

　いよいよレースが近付くと身体に糖質エネルギー（グリコーゲン）を蓄える時期になってくる。身体に大量の糖質を蓄える方法をカーボローディングと呼び、古典的には一度糖質を枯渇させてから補給するという面倒臭いことが推奨されていたが、最近ではレース前48時間で体重1kgあたり10〜12gの糖質の摂取が推奨されている。体重60kgだと600g程度の糖質を2日間で食べることになる。茶碗1杯の白米でおよそ糖質50gとなるので、1日3回食べるのなら毎食2杯ずつ食べる計算となる。いつもが茶碗1杯の人にとっては結構な量になる。

　もう一つ重要なことは、レース前は食物繊維を少し減らす方が良い。食物繊維は水溶性と非水溶性があり、前者は腸内細菌の餌になり、後者は大便の量を増してくれる。普段であれば腸内細菌は健康にとって非常に重要な働きをしているが、一時的に食物繊維を減らすことで便の量が減り、レース当日の体重減少と腹痛の予防が期待される。体重減少効果はおよそ500g程度とそれほど多くはない。レース前だけは、全粒粉や玄米など、食物繊維が多い食品は避けた方が良いかもしれない。食物繊維が少ない食べ物となると白米、精製小麦のパンやパスタ

などの糖質が候補になる。

　レース当日は1～4時間前に体重1kgあたり1～4g程度の糖質を摂ることが推奨されている。目安としてはおにぎり2個程度となる。そしてスタート直前にも糖質を摂取した方が良い。レース中は1時間あたり30～60gの糖質補給が推奨されており、カロリーにすると120～240kcalとなる。これは30分に一度小さなスポーツ用のジェルを摂る計算になる。レースの最後に摂取してもあまり意味がないので、レース開始後1時間あたりから30分から60分おきにゴール予測時刻の30分前までの間に摂取すれば良い。3時間が目標タイムなら、1時間後から開始して4本のジェルを携帯すれば十分だ。最後に体重当たり3～6mgのカフェインをレース前に摂ることで中枢性疲労を軽減し、レース結果を改善させる可能性がある。朝はエスプレッソが良いのかもしれないし、もちろんカフェイン入りのジェルを摂取しても良い[19]。

● トップレベルの選手に学ぶペーシング

　よくマラソンには30kmや35kmの壁があると言われる。元気に走っていたのに、30kmくらいでガクッと脚が動かなくなる。頑張っても、頑張っても力が出ないし、ストライドも小さくなる。このようにマラソン後半にスピードが落ちるのは、初心者であれば筋肉が衝撃に耐えられないことが大きいが、ある程度トレーニングをしている人にとっては、筋肉や腱の疲労によるランニングエコノミーの低下やグリコーゲン枯渇によるエネルギー不足などが考えられる。

　フルマラソンでは80%程度の運動強度で走ることが多く、内臓への血流が落ちているので、口から多くのエネルギーを補給することは難しい。僕自身は12～13回程度とフルマラソンの経験は多くはないが、そのうち半分くらいは後半に大きくペースを落としている。少なくと

も後半が前半より速かったことは一度も無い。このように多くの一般ランナーはマラソンの後半にガクッとスピードが落ちる（図5－9）。

　一方、世界記録の時の男女のペース配分はどうだったかというと、スタートして最初の5kmを終えると15kmくらいまでは一旦スピードは低下する。そして、その後は少しずつペースを上げていき、30kmあたりでレース全体の平均速度に達し、さらにゴールまで速度はゆっくりと上がり続ける（図5－9）。世界記録と自分は違うと思うかもしれないが、会心のレースの時は少なくとも後半のスピード低下は最小限だったはずだ。

　30kmも走ったら速度は落ちて当然と思われるかもしれないが、僕がウルトラマラソンやトレイルを走るようになってから、たまに練習で80km程度走ることがある。もちろんそれほど速いペースで走らないけれど、少なくとも40kmくらいまでに壁が来ることはほとんどなく、ペースが「がくっと」落ちるようなことはない。ゴールまでに壁が来るということは自分の能力以上に飛ばし過ぎているということである。多くの場合目標タイムを決めていると思う。4時間を切りたい、3時間を切りたいなど様々だけれど、フルマラソンにおいて前半に貯金をして後半粘るという作戦はかなりリスクが高い。例えば1km5分でフルマラソンを完走することを目標にした時、頑張って4分50秒のペースで走ると5分で走る時に比べてグリコーゲンを多く消費する。このペースを10km続けてもわずか100秒（1分40秒）しか貯金は出来ない。なんとかハーフまで頑張って3分貯金出来ても、グリコーゲンが尽きれば、後半のペースはあっという間に1km5分30秒とか6分に落ちる。わずか数kmで貯金はなくなってしまう。

　序盤は興奮しているから通常練習では感じたことがないくらい楽に速く走れる。5km走ったタイムが速過ぎたら、タイムを落とす勇気

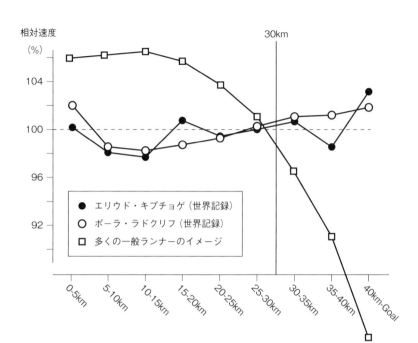

図5-9　トップアスリートと一般ランナーの5kmごとのペース配分

トップアスリートはレース展開にもよるがスタートして5km後は一旦ペースを落とし、その後はゴールに向かって少しずつペースを上げていくことで世界記録を出している。しかし、多くの一般ランナーはレース後半に大きくタイムが崩れることが多い。Diaz, J.J. et al. "Men vs. women world marathon records' pacing strategies from 1998 to 2018". *European Journal of Sport Science*, 2019 (19):p.1297-1302 より改変。

が必要だ。レース前にそのように考えていても多くの場合、なぜか「今日は調子が良い」とか、「このまま粘れる」とかあり得ないくらいポジティブに考えることがレース序盤では往々にしてある。

　前半より後半を速くした方が良いもう一つの理由は、運動時間が長くなるに連れて、脂肪の燃焼が高くなり、エネルギー効率が良くなるためである。そのため、後半にやや速度を上げる方が、全体としてグリコーゲンの消費を抑えられる可能性があり、結果的に全体としての

記録は高くなる。

● 練習の中断と再トレーニング

　フルマラソンを完走してすっかり満足して練習を止めてしまったらどうなるのだろうか。4〜6週間休むだけで、アスリートであれば最大酸素摂取量は20％程度減少するとされている[20]。感覚的にはゆっくり走ることは問題なくても、速い速度を持続することが出来なくなってくる。また衝撃を吸収する能力も大きく衰えてしまう。循環血液量も減少し、安静時心拍数は増大する。

　トレーニングを再開すると一度鍛えたところまではある程度速やかに回復することがわかっている。筋トレなどでも同じ現象が起き、マッスルメモリーなどと呼ばれている。昔取った杵柄ではないけれど、「大学で駅伝に出ていました」というような人は二十年から三十年運動していなくてもトレーニングを開始すればやはり速くなる。どこかで頑張って自分の最大値を上げておけば、しばらく休んでもまた速くなれるということだ。

コラム
理想のトレーニングQ&A ・・・・・・・・・・・・・・・・

Q1 1日二度練習するのは？

A1 長い距離を走る練習が嫌で二つに分けることはお勧め出来ないが距離を増やす場合、2回に分けることにデメリットはほぼ無い。実際多くのトップアスリートが1日2回の練習を基本としている。2回行うメリットとして、午前中に1〜2時間の持久走、午後にHIITを行う場合、午前の練習で筋肉のグリコーゲ

ンが使われて、それが回復せずに行う方が、ミトコンドリアの量や質を向上させる転写因子であるPGC1αの量が増えることがわかっている[21]。

Q2 トレッドミルでの練習は？

A2 トレッドミルが外で走るのと同じ運動なのかどうかは以前より議論されてきたが、基本的には大きな差がないと考えられている。例えば動いているベルトがいつも使っているような1m×2m程度の大きさでなくて1km四方くらいの大きさであると考えたら、その上で走ってもベルトが動いていることさえわからないのではないだろうか。地球も回転しており表面も動いている訳だから地球は大きなトレッドミルである。実際、トレッドミルの利点は天候に左右されないこと、速度が調整出来ること、機種によっては任意の角度に出来ること、通常は床が柔らかいことなどとなる。

　逆にデメリットは、風の抵抗がないので、ロードで走るよりも速く走れること、トレッドミルばっかりしていると、微妙な凹凸や硬さのあるロードでは長い距離を走ると脚が耐えられなくなる可能性などがある。風の抵抗を考慮したければ、0.5〜1％の傾斜を付けると、ほぼ外でのランニングと同じエネルギー消費になるとされている。僕自身はトレッドミルが結構好きで、同じ条件で走った時の心拍数をチェックすることで心臓の機能の推測が出来るし、最大心拍数もすこしずつ速度を上げて走ることで計測出来る。HIITを行う時も時間と速度を調整しやすいので重宝している。SITだけは、トレッドミルの速度の限界があるのですこし難しい。いずれにしてもトレッドミル

はそれだけでは外で走るレースには対応出来ないけれど、時々使うにはとても良い練習器具だと思う。

Q3 トレイルランニングをすると速くなる？

A3 トレイルランニングは山道などの不整地を登ったり下ったりするので、脚の筋力が付くなどのメリットがあるかもしれない。しかし、足元がフラットではないので、速く走ることは難しく、通常のランニングよりも下腿の筋肉を使うこともあり、ランニングエコノミーは低下する可能性がある。登りで追い込めば最大酸素摂取量は上げることが出来るかもしれないが、多くの場合登りでは歩いていることが多く、時間の割にトレーニング効率は悪い。基本的にマラソンが速くなりたければ、どちらかといえばフラットな地面で練習するべきであり、トレイルランニングに時間を割くことでマラソンが速くなることはない。

Q4 クロストレーニングは有効か？

A4 ランニングで速くなろうと思えば、その競技で頑張って練習するのが最も速くなる。クロストレーニングには水泳や自転車などが利用されるが、トレーニングの量が多過ぎて怪我のリスクがある場合の代替手段として使う場合、怪我をしていてランニングが出来ない場合などでは有効である。特に自転車は脚の使い方が坂道を登る時のランニングと非常に似ており、有効な代替練習手段になり得るが、自転車では通常衝撃がないため、マラソンを走れる衝撃吸収能力は全く得られない。

Q5 レースでの水分補給は？

A5 以前は喉が乾く前に水分を補給することが推奨されていたが、現在は無理に水を飲むことで低ナトリウム血症（注15）になるリスクがあることがわかっており、飲みたくなれば飲めば良い。詳しくは第6章「水分と塩分補給」参照。

Q6 朝のトレーニングの前に食事はするべきか？

A6 朝起きたらジョギングをする人も多いと思う。少し食べてから走った方が良いのか空腹が良いのかだけれど、1日2回の練習の項目で述べたように、筋肉のグリコーゲンが枯渇している方が、筋肉のミトコンドリアを増やす刺激が増加する。また同様にグリコーゲンが枯渇していると、脂肪を燃焼する酵素などの活性が増加する可能性がある。極端に長い距離を走らないのであれば何も食事を取らずに走ることは理にかなっている。水だけはしっかり飲んで走り始めよう。

Q7 レースの前の準備運動（アップ）はどのようにすべきか？

A7 短距離のレースになるほどレース前のアップは重要になってくる。当然100mのような競技では最初から全開で走れるように筋肉と身体をあたため、最大限動くようにしておかないといけない。一方マラソンは長時間比較的ゆっくり走る訳で、スタート直後に怪我をするリスクも少なくアップの重要性は短距離の競技と比べると低い。特にスタートしてすぐは脂肪の燃焼がまだ高まっていないので、頑張るとグリコーゲンを浪費してしまう。最初の5km程度をアップと考えて走っても良い。決まったアップの方法というのはないけれど、以下に僕自身がしてい

ることを紹介する。

1、ごく軽いジョギングを5〜10分程度。頑張るのはエネルギーの無駄遣いで身体があたたまる最も遅い速度で良い。

2、股関節や膝関節の軽いストレッチ。じっくり30秒掛けてストレッチをすると筋肉のバネが失われタイムは遅くなるので、動的ストレッチといわれるように筋肉をある程度動かしながらストレッチする。

3、ランジ（注16）を数回行い、股関節の動的ストレッチと股関節周囲の筋肉に刺激を入れる

4、その場ジャンプを適度に行う。膝や股関節などを出来るだけ使わないで足首のバネだけで飛ぶイメージを持つ。ランニングエコノミーを良くするためのジャンプである。その後2、3回、30m程度のウインドスプリントを軽く行う。

5、スタートまでは、全身の軽いストレッチと、このジャンプを繰り返し行いながら待つ。

注1　カーボローディング　食事による糖質摂取によって、肝臓や筋肉に多くのグリコーゲンを貯蔵すること。特にレース前に行われることが多く、糖質の摂取量やタイミングなどに関して研究されている。

注2　ランニングギア　何もなくてもランニングは出来るけれど、楽しく速く快適に走るための道具。

注3　ズームヴァイパーフライ4％　ナイキが開発したランニングシューズ。これまでトップランナーが履くのは軽い薄底のシューズという概念を根底から覆した厚底のシューズ。高記録が連発したことから、シューズの厚さがルールで規制されるようになった。

注4　アーチサポート機能　足に"土踏まず"があるように縦方向にも横方向にも石橋のようなアーチ構造があり、その構造により適切な衝撃吸収が可能となっている。

長距離を走る時にこの構造をサポートする機能。

注5　MICT（moderate intensity continuous training）　それほど高くない一定の強度
　　　（50〜75%）で走る練習。最も基本的な練習。自覚強度としては息が切れずに話が
　　　出来るようなペースであり、息が切れる場合はペースが速過ぎる。

注6　タバタトレーニング　立命館大学の田畑泉教授が考えた高強度インターバルト
　　　レーニングの方法でタバタプロトコルとも呼ばれる。全力の運動20秒と10秒間の
　　　休憩を1ラウンドとし、これを8回繰り返す。1998年の長野五輪で金メダルを獲
　　　得したスピードスケートの清水宏保選手が行ったトレーニングとして注目された。

注7　レッグプレス　膝と股関節を伸ばす筋力を鍛えるトレーニングマシン。

注8　スクワット　腰を伸ばして立った状態から膝と股関節を90度ずつ程度まで曲げ、
　　　また伸び上がるトレーニング。バーベルで負荷をかけることも出来る。

注9　プライオメトリックトレーニング　筋肉を速い速度で動かせるようにするための
　　　トレーニングで、パワーを増大させることを目的としている。

注10　トレーナビリティー　トレーニングに対応して適応する身体の能力。トレーニン
　　　グによって筋肉がすぐに大きくなる人もいればそうでない人もいる。

注11　エリスロポイエチン　腎臓で作られるタンパク質で赤血球の産生を促すホルモン。
　　　一時ドーピングで使用された。

注12　プラセボ効果　科学的に効果がないと考えられる薬や運動方法などに効果がある
　　　と思い込むことで、実際に効果が得られること。

注13　ノセボ効果　プラセボ効果とは逆に、「効果がない」または「悪化する」などと思
　　　い込むことで、実際に悪い影響を生じること。

注14　ダブルブラインド、プラセボコントロール研究　例えば薬の効果を調べる研究に
　　　おいて、プラセボ効果やノセボ効果を生じないように、被験者と研究者両方に、
　　　本物の薬と偽の薬のどちらを摂取しているのかわからないようにして行う研究。

注15　低ナトリウム血症　血液中のナトリウムの濃度が下がること。通常は腎臓からの
　　　排泄や再吸収で濃度はコントロールされている。水を飲むと、当然血液は薄まり、
　　　ナトリウム濃度は低下する。特に走って多くのナトリウムが塩として失われてい
　　　る時、多量の水を飲むとナトリウム濃度が低下し、最悪の場合死に至る。

注16　ランジ　立った状態から大きく足を前に出して、腰を落とすトレーニング。前に
　　　出した足は膝と股関節が90度程度になり、残った足は可能な限り後方に伸ばされる。
　　　左右交互に行う。前方に進みながら行う方法や後方に進む方法など様々な種目が
　　　考案されている。

148

第6章

フルマラソンの向こう側

大好きだったinov-8 X-TALON 190。トレイルのレースはほとんどこれで出場していた。

● 僕がトレイルを始めた訳

神戸で出会ったⅠ先輩に誘われてロードを走り始め、サブ3も達成した頃、今度はⅠ先輩に「鯖街道ウルトラマラソン」というのに出てみないかと誘われた。

鯖街道というのは昔、福井の小浜で獲れた鯖を京都に運んでいたと言われている道で、いくつかのルートがあるが、レースでは小浜と京都を結ぶ最短距離を走る。小浜を出発し、まず標高800mほどの根来坂峠を越え、針畑川に沿って久多まで南下する。その後、八丁平というやはり標高800mを超える湿原や、花背峠を越えて、京都の鞍馬に下り、賀茂川沿いを出町柳まで走るという80km弱のコースだ。途中で三か所程度、舗装されていないトレイルを通過する。

「出ます」と二つ返事で返してから、「これは山道を走る練習をしておかないといけないなあ」と思い始めた。とりあえず日本のトレイルランナーの第一人者であった鏑木毅（注1）さんの『トレイルランナー鏑木毅』っていう本を買ってみた。レースで使うシューズやバックパックがあることを知り、早速買いに行ったことを覚えている。初めて買ったシューズはモントレイルのマウンテンマゾヒストⅡというシューズだった。快適なシューズだけれど、今から考えたら重くてレースには向いていない。

神戸はすぐ近くに六甲山があり、調べるとたくさんのコースがあることがわかった。スマートフォンのアプリで山の中で自分の位置がわかるという便利なものを見付けて、初めて六甲山に行った。「山道って走って良いんだ」とか思いながら登って行くけれど、登りはきつ過ぎて全然走れなかったが、下りはスキーみたいで面白い。忍者にでもなった気分で急な斜面を降りて行くのは本当に楽しかった。山に行くと時間が早回しのように過ぎて楽し過ぎることを知ってから、休みの

日はもっぱら六甲山に登ってばかりになってしまった。鯖街道のレースは大きな荷物を背負い、重いマウンテンマゾヒストを履いて行ったらＩ先輩には「そんな装備いらんよ」と一蹴されたけれど、結局それで走ることにした。フルマラソンを超える距離を走るのは初めてで、50kmを過ぎる頃から脚はどんどん重くなり、鞍馬に着いた頃にはほとんど走れない状態になるというほろ苦いものだったけれど、なんとか完走することが出来た。Ｉ先輩には１時間以上も離されたけれど初めてのロングレースを完走出来て素直に嬉しかった。

　ちょうどそのころ、NHKスペシャルの再放送で「激走モンブラン」をたまたま見る機会があった。モンブランの周囲を170km近くも走るUTMB（注2）と言われる世界のトップアスリートが集まるレースだが、そのあまりに美しい景色に目を奪われた。六甲山も楽しいけれど、山頂付近には道路が通り、車が走り、お店が並んでいてお世辞にも雄大な景色とは言えない。いつかUTMBの景色を見に行きたいと強く心に思ったのと同時に、UTMBに参加することが目標になった日でもあった。山の景色の雄大さを初めて知るとともに、テレビで見た光景の衝撃が大き過ぎたようで、２日後にはネット検索で辿り着いた徳島の「剣山」を登っていた。剣山からの景色は本当に美しく、別世界に来たような感覚に捉われたのを覚えている。一眼レフで写真を撮りながら天国にでもいるような気分で縦走していたら、雨が降り始めガスが出始めた。予定よりも進むのが遅く、あたりはどんどん暗くなってゆく。時折、断末魔の叫び声のような動物の甲高い鳴き声に驚きながら必死で予定ルートを進み、真っ暗になったのと同時に山道を抜け出すことが出来た。何の知識もなく山に入って、ほとんど遭難という目に遭い、大反省しながらヘッドライトを買いに行った。

　しばらくは六甲山で遊んでいることが多かったが、トレイルレース

に出るようになったのは、さらに２年後のことになる。小さな短い
レースに二度ほど出てから、悩んだあげく思い切って申し込んだ初め
てのロングレースは「OSJ 氷ノ山山系トレイルレース」だった。
80kmほどのコースで、山深い中国山地の「氷ノ山」周辺の山を越え
ていく。前日の受付に来ている人が全員自分より強く見え、スタート
して急な坂道をみんなが走っていくのに驚愕しながらも自分のペース
で進んで行った。後半になると、ものすごい数の人が落ちてくるのを
抜かすことが出来て、最終的に12位という予想外の順位でゴール出来
たことや、途中で多くのランナーと知り合いになれたことで、マラソ
ンと違う面白さに目覚めていった。ここから四年掛けて夢であった
UTMBも完走することが出来た。

　ウルトラの世界というのはロードであれトレイルであれ、自分の足
で信じられなくなるくらい遠くまで行けるということが、実感出来て
本当に面白い。古代の人が新しい世界を目指して移り住んでいったよ
うなロマンを感じる。熊野古道（注3）など日本には多くのロングト
レイルがあり、自分の足で只々どこまでも行ってみたい。もちろん
レースでは知り合いに会えるし、順位が良かったりするとモチベー
ションが上がる。ウルトラのレースの良いところは、単に足が速い人
が勝つとは限らないところにある。マラソンで持ちタイムが３時間30
分の人が３時間で走る人に勝つ確率はこの上なく低い。でもトレイル
では足が遅い人が勝つことがしばしば起こる。もちろん足が速いにこ
したことはないが、「下りの強さ」、「故障をしない」、「ペース配分」、「途
中の補給」、「胃腸の強さ」、「眠気との戦い」、「精神力」などと、足の
速さだけでない、様々な要素が普通のマラソンよりもはるかに重要な
要素として絡んでくる。それぞれの選手がそれぞれの強みを生かして
勝負出来るというところも非常に楽しい。だからとても公平な競技だ

と思うし、マラソンよりも活躍する選手の年齢が高いことも特徴の一つだ。

　「どうしてそんな辛くてきついことをするのだろう？」というのが普通の人の素朴な疑問だと思う。100kmを超えるような旅はレースであるなしに関わらず、フルマラソンを走ることよりも何倍も辛い。いつも予想をはるかに超える痛みや辛さがやってくる。それでもそれに向けて挑戦してみたいというのは、何か人の本能に根ざしているような気もするし、少し中毒性があるのかもしれない。少なくとも寝ずに走り続けることは健康には決して良くないとは思うけれど、今のところその魅力からは逃れられそうにない。走れる間はいつまでも、大自然に包まれる喜びを感じながら遠くに走って行きたいと思う。

● 初めてのウルトラマラソン

　フルマラソンを超える距離を一般的にはウルトラマラソンと呼ぶが、ここでは最もメジャーな100kmのロードレースを中心に、またウルトラ特有の「ランニングギア」のことなども語っていく。

● 必要な装備

・シューズ：距離が長くなるからと言って特殊なシューズが必要になる訳ではないが、長い距離で大きな問題となってくるのが着地衝撃になる。ランニング初心者の頃に痛くなった箇所が、長い距離を走ると再燃、また痛くなってくることが多い。レースの後半になるに連れて脚のバネはなくなり、ベタベタとしたランニングエコノミーの悪い走り方になってしまう。軽くて薄いシューズでは後半に衝撃に耐えられなくなることが多く、少し重くても衝撃吸収に優れているシューズの方が結局速く走れる可能性が高い。トップレベル

になると最近のカーボン入り厚底シューズを履いている人が多い。フルマラソンと同様に股関節周囲への衝撃は増加するので、十分なトレーニングが必要となる。

・ウエストポーチや軽量のザック：平坦で有名な「サロマ湖100kmウルトラマラソン」では累積標高（D／注4）が300m（D＋300m）程度だが、多くのウルトラマラソンは累積標高が1000〜3000m程度となる。単純に計算しても体重60kgで7000kcal以上のエネルギーが必要となり、そのうち5割程度を糖質の代謝に頼るとしても3500kcal程度の糖質が必要となる。身体に蓄えられている糖質2000kcalを除いた1500〜2000kcal程度はレース中に摂取しないといけない。ウルトラのレースになると途中にエイドがたくさん設置されているものの、食べやすい糖質が置いていない場合もあり、ある程度自分で持っていかなければならない。通常、ジェルなどが中心になるが、それらをしまう小さなウエストポーチやザックがあった方が良い。トレイルランニング用のパンツにはウエストに多くの荷物を入れられるようなものもあり、持参する食料が少なければ何も持たずに走ることも可能だ。

・帽子やサングラス：ウルトラマラソンはフルマラソンの大会と比較して、暖かい季節に行われることが多い。速度が相対的にゆっくりだから、少し暑くても走ることが出来る。最近の温暖化の影響もあり、レース中に30度を超えることも珍しくない。ランニング用のキャップには首に布が掛かるようになっているものがあり、本当に暑い日には直射日光が首に当たることを防ぐとともに、濡らして被るとかなりの冷却効果が期待出来る。見掛けはあまり格好の良いも

のではないがレースでは役に立つ。また当然眼を守るサングラスは
装着した方が良い。

・その他：スマートフォンは写真を撮る時や、途中でリタイアした
時に有用なので持って走る人も多い。もちろん何を持って走っても
構わないので、天候によっては防寒具やレインコートを持っても良
い。ウルトラマラソンをしている人は変わった人も多く、焼肉用の
コンロと網と肉を持って走り、途中で焼肉休憩をする人さえいる。
色々な楽しみ方があることを再認識させられる。

● ウルトラマラソンを完走するための条件

　多くの大会の制限時間は14時間に設定されている。平均すると
１kmが８分24秒となるが、エイドの時間などを考えれば１km８
分程度で走らないといけない。フルマラソンをこのペースで走ると
５時間35分になる。ある程度練習しているランナーであれば、ウル
トラマラソンのペースはフルマラソンと比較して1.13から1.26倍遅
いペースとなる。練習不足も考慮してフルマラソンのペースの1.3
倍で計算すると、フルマラソンのペースは１km６分10秒となり、
完走タイムは４時間20分となる。このことから最低でもフルマラソ
ンを４時間30分くらいで走れることが100km完走の最低条件にな
りそうだ。アップダウンが多いコースではもう少し早く走れること
が必要になるかもしれない。

　もう一つの条件はゆっくりでも長く走り続けられる耐久性がある
ことだ。しかしゆっくりでも長く走れば、衝撃から筋肉の炎症が起
こり、痛みと疲労で走れなくなってくる。衝撃の耐久性を上げるた
めにはレース前に筋肉痛になるような練習が重要だけど、僕の経験

ではランニングエコノミーと同じく耐衝撃性は生涯の走行距離に比例して強くなる。

　初めてのウルトラマラソンに臨む時には、少なくとも4、50km程度のランニング経験が3回ぐらいはあった方が良い。練習不足以外にウルトラマラソンが完走出来ない要因として、「高齢」、「女性」、「ランニング初心者」、「レース経験の少なさ」、「なんらかのアレルギーを有している」、というものが報告されている[1]。逆に初めてのウルトラで完走出来なくても、レースに出ていれば、そのうち完走出来る可能性はどんどん上がってゆくことになる。

● 初めてのトレイルランニング
● 必要な装備
・シューズ：小学校の時の遠足などで山道を歩いたことのある人は多いと思う。普通の体操服とシューズで歩いているはずで、トレイルランニングだからといって、特別な装備が必要な訳ではない。僕が六甲山に走りに行った時も最初は普通のランニングシューズで行っていたし、今でも雨上がりなど特別な時を除けばランニングシューズで山に行くことが多い。　日本アルプスを富山湾から駿河湾まで縦断するTJAR（注5）をランニングシューズで完走している選手もいる。初めて山に行く時は、とりあえずいつも履いているランニングシューズで問題ないことが多い。下りが滑ることが多いから、シューズのソールは少し「ぶつぶつ」が付いた滑りにくいものの方が良い。

　山が楽しくなってきて本格的に始めようと思ったら、トレイルランニング用のシューズを買ってみよう。普通のランニングシューズに比べて、ソールにスパイクのようなラグ（突起）が付いており、

滑りにくくなっている。泥の多いトレイルではラグが大きいのもの
が良いが、岩などが多いトレイルでは逆に滑りやすくなり、ラグが
浅くて数が多い方がグリップは良くなる。またトレイル用のシュー
ズは全体が補強されており、破れにくくなっているが、その分通常
のランニングシューズよりは少し重いことが多い。サイズの選択は
難しいが、下りで足の爪にシューズが当たると爪が死ぬので、足の
真ん中から後にかけての横幅はぴったりで、足の指にはかなり余裕
がある方が良い。

・バックパック：走ることに最適化したモデルが、多くのメーカー
から販売されている。最近は上半身にぴったりフィットするベスト
型のモデルが人気だ。選択のポイントは色々あるが、最も重要なこ
とは走った時に揺れないことである。通常胸ポケットに水のボトル
を入れて走る。身体にフィットしないとこれが揺れてかなり走りに
くいので、買いに行く時は、水を入れたボトルを持ってお店の中で
少し走ってみるか、知り合いなどに貸してもらうなどして慎重に選
んだ方が良い。もう一つは、ボトル以外のポケットの数と容量で、
100kmくらいまでのレースなら通常バックパックを下ろすことは
あまりないので、ジェルなどよく取り出すものをしまっておける大
きなスペースが前側にあった方が良い。バックパックの背中側のス
ペースはレース中に取り出す回数が少ないレインウエアや、ライト、
救急セットなどをしまう。レースは距離が長くなるほど、持ってい
なければならない必携装備が増えてくる。長いレースでは通常12ℓ
くらいの容量が必要となるが、短いレースでは3〜5ℓ程度の容量
で問題無いことが多い。もちろん楽しくゆっくり行く予定の場合は、
好きな食べ物などをいっぱい詰めこんで行っても良いので、もう少

し容量が必要となるかもしれない。最初に買うバックパックは容量が10〜12ℓ程度のものが一番汎用性があるのではと思う。

・ウォーターボトル：柔らかいソフトボトルと、硬いハードボトルの二種類がある。柔らかいものは、水が減るとボトル自体が小さくなるので、走っても空気と混ざる音がしないし、揺れも少ない。デメリットは、バックパックへの出し入れが若干やりにくく面倒臭いことと、たまに破れることがあり、レース中に破れるといらいらする。ハードボトルの利点は、ボトルの出し入れがしやすいこと、そして、机の上などに自立するので、デキストリンやポカリスエットの素などの粉状のものを水に溶かす時に非常に入れやすく、溶かしやすい。デメリットは、水分が少ないとボトルの中で水が動き回って音がうるさいし、ボトル自体がソフトボトルよりやや重い。

・GPSと地図：山に行く時にGPSウオッチ、スマートフォンと地図はシューズより大切になる。よく知っている人に連れて行ってもらう場合は大丈夫かもしれないが、初めて行く山では、必ず事前にルートを計画し、そのルートをGPSウオッチやスマートフォンに入れていくことをお勧めする。僕自身も山に行くようになって随分経つが、初めての山では必ずルートを作成して、GPSウオッチに入れている。ルートの作成方法も色々あるが、僕は「ヤマレコ」というサイトをよく利用している。このサイトは行きたい山を選ぶと、有名なルートの多くが事前に登録されており、それらのルートを順番に選択していくだけで予定ルートが作成出来る。どれくらいの時間が掛かるかもある程度わかり、標高図も事前に確認出来る（図6−1）。
　作成したルートはGPX形式（注6）でダウンロード可能であり、

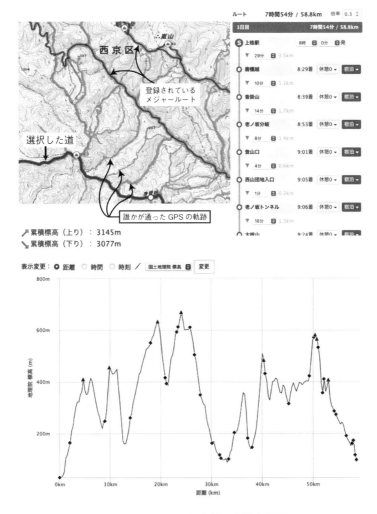

図6-1　「ヤマレコ」を用いた登山計画

　株式会社ヤマレコが運営しているサイトで、登山計画を作成することが出来る。利用している
人のGPS記録が登録されているため、左上の画面のように、人が通った道には軌跡が描かれ、太
い線ほどポピュラーな登山道であることがわかる。メジャーな登山道を選んでいくと簡単にルー
トが作成出来、右上のようにスケジュール表まで作ってくれる。どれくらいの速度で進むかも右
上の倍率で調整出来る。計画が終了すれば、標高図も参照することが出来て（下）、ルートをダ
ウンロードして自分のGPSウオッチやアプリに入れれば完了である。

GPSウオッチやアプリで使用出来る。GPSウオッチを利用するためには、ルートナビゲーション機能が付いていないといけない。少し値段は張るが、自分の現在位置が予定ルートの上にあるかを常に確認することが出来るので山に行く場合には買うことをお勧めする。同じくスマートフォンでも地図とルートを表示して自分の位置が確認出来るアプリがあり、有名なものはGeographica（注7）で僕も愛用している。GPSは携帯の電波が無くても使用可能だが、地図情報は事前にダウンロードしておかないといけないので、山に着いてから電波がなくて「地図が見えない」と焦らないようにしておこう。よく登山の本などでは、必ず地図と磁石を持っていくように書いてある。山の地図は25000分の1の国土地理院の地図が基本となっており、等高線から自分がいる場所が谷なのか尾根なのかなど色々な情報がわかるようになっている。しかし初心者を含め、大部分の登山者にとって、地図と磁石で自分の位置を把握することはほぼ不可能に近い。予定通りに進むことが出来ない場合などにエスケープルート（注8）の確認や、地図の全体像を把握することが重要なので、地図は必ず持っておくべきだが、GPSウオッチやスマートフォンよりも重要度は下がる。

・ライト：僕も初めての剣山で遭難しかけた訳だが、ライトは必須である。どれだけ行き慣れた山で短時間だと思っても、転倒して骨折して動けなくなることもあり、少なくとも一晩過ごせるライトはいつも持参した方が良い。初めのうちは夜間に走ることは無いと思うので、それほど高いモデルを買う必要はない。多くのライトが明るさを売りにしている。よく350ルーメン（注9）18時間とか表示してある。通常、表示の明るさが保たれるのはわずか15分から30分

程度であることが多く、その後は次第に暗くなっていく。経過時間に伴ってどのように明るさが変化するかしっかりと表示されているものを選ぶことが重要なことと、明るさの持続時間は最終的に電池の容量でほぼ決まることを知っておいて欲しい。この電池容量を比較して決めるのも良いと思う。電池も充電式、乾電池式と二種類あり、機種によってはどちらも使用可能な場合がある。充電式でも一般に市販されている充電池を使用するものと、メーカー独自規格のものと二種類ある。すべて一長一短があるが、本格的な山やレースではライトを最低二つは持っていく必要があるため、同じ種類の電池が使えるものが便利だ。ライトを二つも、と思われるかもしれないが、天気が荒れた場合などに山岳地帯で夜を迎えた場合、ライトが点灯しないことはかなり死に近付くことを意味する。ライトがほぼ必要ないと考えられる時には必ずライト一つ、そして必要となる可能性が高い時には二つのライトを持参した方が良い。

・レインウエア：暑くても水さえあれば死ぬ危険は少ないが、低体温症になると死はすぐそこにやってくる。雨で使うことはもちろんだが、保温のためにも非常に重要な装備となる。真夏でも体力がなくなった時に動けなくなると、夜間に低体温症になることは十分に考えられる。ゴアテックス製（注10）など、きちっと防水性と透湿性（注11）があるレインウエアはいつも携帯しておいた方が良い。最近ではかなり軽量化されて、上下合わせても200g程度の物が手に入るので、暑い時期の低い山であればこれくらいのものでも良い。

・サバイバルシートと防寒具：エマージェンシーシートとも言われるが、薄いフィルム状のシートにアルミが蒸着してあり、身体に

巻き付けて使用する。山でビバーク（野営／注12）しないといけない状況や非常に寒い場合などかなり保温効果がある。寒い時に最も重要なことはウエアが乾いていることになるが、緊急事態であれば濡れたウエアの上にシートを巻き付け、その上からレインウエアを羽織ることで、熱が逃げることをかなり抑えられる。同様に、フリース素材などの防寒具は寒い時期には持参した方が良い。ダウンのウエアは暖かいが、濡れると保温性は極端に低下するため、通常は化繊のものを持って行った方が無難である。また頭と手を温めることは非常に重要であり、寒い時期にはニットの帽子と手袋は必須で、手袋もウールのものと防水のものを重ねるとかなり保温性が高くなる。

・テント：簡易型のテントであるツエルトや簡易型の寝袋であるシュラフカバーなど遭難やビバーク時にあれば良いものは、他にもたくさんあるが、多くのものを持っていくことが安全であるとは限らない。多くのものを持てば重量が重くなり、当然スピードは遅くなり疲労も強くなる。どれくらいの装備を持って山に行くかは、自分の体力と経験で自然とわかってくるが、荷物は極力軽くなるように考えた方が良い。アルプスなど高山に行くほどツエルトなどの装備の重要性は高くなる。

・食料と水分：エネルギーが切れて動けなくなると困るので、ある程度は携帯すべきかと思う。糖質が中心のものであればなんでも良い。おにぎりでもどら焼きでも好きなものを持っていこう。夏場は特に水分が重要になってくる。途中で川や自動販売機で補給が可能かは事前に調べておこう。川の水は寄生虫のリスクが高いので、少

なくとも簡易型の浄水器を通して飲んだ方が良い。北海道ではエキ
ノコックスという寄生虫が高確率で存在し、感染すると肝臓などに
大きな嚢胞を作る。切除が完全でなければ再発と手術を繰り返すこ
とになる。最近では愛知県で発生したという話もあり、生の水を飲
むことはかなりのリスクを伴う。

・救急セット：実際山で怪我をして役に立つものはほとんどない。
上肢の骨折であれば、我慢すれば下山は可能であるし、下肢の骨折
であれば、どう頑張っても救助を要請する可能性が高い。皮膚の裂
創などは、持っている水でよく洗えば通常出血はそのうち止まる。
動脈が切れて血が吹き出しているような場合は、吹き出している部
分をピンポイントに圧迫する必要があり、脚や腕を紐で縛ったりす
るのは良くない。結局、痒み止めや絆創膏、痛み止めや胃薬など必
要なものを持っていくくらいで良い。

・山岳保険：海外旅行で保険に入るのと同じで山に行く場合は必要
となる。救助とセットのココヘリなど、各社から販売されている。

・その他：山に行く時は、登山届けを出そう。少なくとも、登山ポ
ストが設置してあるような山では必ず出すべきであり、遭難した時
に迅速に捜索してもらえる可能性がある。近所の小さな山に行くの
に登山届けを出す人はほぼいないが、家族には必ず行き先とルート
を伝えて、紙に書いて残しておくべきである。

● 道に迷った時
　僕自身、ルートをGPSで確認しているにも関わらず、小さなも

のであれば、何十回と道に迷っている。山に行けば常に道に迷う可能性があるのだということは知っておいて欲しい。

・道に迷ったかどうかの判断：一般的な登山道から外れているかどうかの判断は早ければ早いほど良く、進めば進むほど自分の位置や向きはわからなくなってしまう。「何かおかしい」と思えるかどうかだけれど、いくつかポイントがあって、「蜘蛛の巣が多くなる」、「下草が増える」、「土が柔らかい」、「トレイルが傾いている」、「岩や橋などみんなが通る場所にも関わらず苔が付いている」などである。どれも人があまり通っていないサインになるので、このようなサインに気付いたらGPSですぐに現在地を確認した方が良い。

・暗くなってきたにも関わらず、ペースが遅く下山出来ない場合：まずライトとGPSがあれば、落ち着いてゆっくり降りればよい。焦ると転倒して骨折ということもあるので、ゆっくり慎重に行動する。GPSがなければ、夜間は容易に道を見失う。何十回と行っているような慣れ親しんだ山でさえ、夜間では道に迷うこともしばしばある。その場合は、明るくなるまでビバークすることが望ましい。ライトがなければ当然、その場でビバークすることになる。完全に暗くなる前に、風が当たらない暖かい場所を探してビバークするしかない。

・日中に、自分の位置が全くわからなくなった場合：GPSを持っている場合は、来た道を引き返すことが重要になる。目的の方角がわかっているからと言って、その方向に闇雲に進むことは避けた方が良い。GPSウオッチであれば、元来た道を引き返すという機能が付

いていることが多いので、それに従っても良い。GPSも持っておらず、元来た道もよくわからない場合、通常は上に向かって登る。登るのはしんどいと思うかもしれないが、登れば必ず尾根（注13）に出る。尾根には登山道が付いていることが多く、通常谷に比べて、安全であることが多い。また尾根はヘリコプターから発見されやすいという利点もあるし、携帯電話の電波も繋がりやすい。疲れている時に登るのがしんどいからと、下に降りると、必ず谷に行き着く。谷には川が流れている訳で、登山道でなければ、滑落の危険が常に付きまとうし、どこかで必ず、非常に急な斜面に出くわす可能性が高い。そういう場所に入り込むと、身動きが取れなくなり、最終的には谷底や滝に滑落してしまう。水が必要な時に一時的に谷に降りることは構わないが、川を伝って行けばいつか下界に降りられるだろうという考えは決して持ってはいけない。また谷は空から視認しづらく、救助が遅れる可能性が高い。

● 雷の時

　アルプスなどの高い山で森林限界を超える場所は非常に美しい景色が見られるので、ぜひ行ってほしいと思う。ただこのような高い山では夏場の夕方になると非常に高い確率で雷に襲われる。事前に雷の予報を知っておくことが重要になってくるが、雷雲が発生した場合には、出来るだけ早く、避難小屋に逃げ込むか、高度を下げることが重要になる。ゴロゴロと聞こえてきたら、まずは地図を確認して小屋の位置とエスケープルートを確認。雷は積乱雲同士、または地面との間に電気が流れる現象であり、雲に近い標高の高い所に落ちやすい。木がない所では、少しでも身をかがめた方が良い。

　落雷が始まって避難小屋が近くに無い場合は、安全に降りられる

のであれば、登山道を外れてでも尾根を避けて一時的に標高を下げた方が良い。樹林帯まで降りれば、雷に打たれる可能性は低くなるが、高い木の側は木に落ちた電気が飛んでくることがあり、離れた方が良い。当然大雨にも見舞われるので、雷が鳴り始めたら、レインウエアは上下とも着用して濡れることは極力避ける。急激な気温の降下を伴うこともあり、濡れると命取りになる。雨が強くなる前に、ゴアテックスなどの防水性のあるシュラフカバーやツエルトの中にいつでも避難出来るよう準備しておいた方が良い。

● 強いウルトラランナーになるために

ウルトラマラソンやトレイルに関する研究はマラソンを速く走る研究に比べるとはるかに少ない。また平坦なロードをわずか2時間程度で走る競技であるマラソンに比べて、ウルトラではパフォーマンスに影響する因子の数が遥かに多いため、科学的にまだまだわからないことだらけだ。少なくとも距離が長くなればなるほど、歳を取ってからの方が速くなる。

例えばトラック競技の5000mとかであれば二十代でピークを迎えるが、24時間走では四十三歳頃、6日間走では四十四歳頃がピークというデータがある [2]。特に大人になってからランニングを始めた人は、もっと歳を取ってから自己ベストを迎えることも珍しくない。僕も四十九歳だが、人生で一番速くなっている気がする。

この本ではある程度科学的にわかっていることを書いているが、ウルトラの世界ではわかっていないことだらけであり、常識に捉われないトレーニングが凄いブレークスルーを生み出す可能性もあり、高齢だからとか、自分の走力はこんなものだとか決め付けずにどんどん挑戦して欲しい。

●速さと強さを決めるもの

　距離が長く、登りも下りもあることが多いウルトラのレースはま
ず長時間走れることが前提となる。そのためには、筋肉や腱が長時
間の衝撃に耐えられることが最低条件となる。また、長時間動き続
けるためには当然エネルギーが必要となるが、糖分に関しては外か
ら補給をしないと足りなくなる。そこで、胃腸が丈夫でレース中に
たくさん食べられることが重要になってくるし、消費エネルギーが
少ない方（ランニングエコノミーが良い）が、食べる量も少なくてす
むので速く走れることになる。

　もちろん、筋肉のミトコンドリアの機能と数が高いほど速いのは
当然で、フルマラソンが速い方がウルトラでも速い。糖を節約する
という意味では、脂肪の燃焼割合が高いほどやはり食べる量が少な
くてすむ。脂肪の燃焼は男性よりも女性で優れており、距離が長い
ほど、男女のタイム差は縮まる傾向にある。最大酸素摂取量を決め
る心臓の機能は長い距離になるほど重要性は下がる。比較的平坦な
同じ周回コースを回って、50km、80km、160kmのレースを行った
という壮大な実験で、最大酸素摂取量がタイムに関与するのは
50kmと80kmまでで160kmでは関与しなかったと報告されている[3]。
またトレッドミルで80km走らせるという過酷な実験があり、最大
酸素摂取量とタイムには相関が見られず、この実験では、ランニン
グエコノミーと走っている時の運動強度（%VO$_2$max）がタイムを決
める大きな因子だった[4]。

　走っている時の運動強度は、どれだけ頑張って走ったかという指
標になる。フルマラソンであれば、75〜86％程度の運動強度で走る
とされているが[5]、最大酸素摂取量が少し低いランナーでも、長い
距離を高い強度で走り切ることが出来れば少しくらい最大酸素摂取

量が高いランナーよりも速く走れることになる。ウルトラの場合は高い運動強度を持続出来る能力が重要である可能性が高い。ランニングの持続時間と平均運動強度の関係が研究されていて、大まかには図6-2の実線のような関係になるとされている[6]。実際に、僕が最後まで頑張って走れたレースのタイムと平均運動強度を同じグラフに描いてみると、かなり綺麗な傾向が見て取れる。この結果だけみると、僕自身は短い距離ではあまり頑張れないけれど、長い距離では頑張れるタイプなのかもしれない。どれくらい頑張って走れるのかというのは、おそらく中枢性疲労に耐える能力や、補給の適切さなど多くの要因によって左右されそうなので、個人個人でかなり異なる可能性がある。ある程度レースの経験を積んで、自分でこのようなグラフを書いてみれば、目標のレースをどれくらいで走れるかの目安になる。

　山岳レースでは比較的フラットなレースとは違った要素が出てくる。75kmの山岳レース（D + 3930m）の研究によると、レースタイムは最大酸素摂取量の時の走速度（100%運動強度での速度）、実際走っている時の運動強度（頑張り度）、膝の伸展筋力に大きく影響されていた[7]。この結果からみると、走力や、どれだけ頑張れるかはやはり重要な因子であるが、山の下りを安定して速く走れるための膝伸展筋力が重要であることがわかる。これらの筋肉は衝撃に耐える筋肉でもあるけれど、通常フルマラソンのタイムは、ハムストリング（膝を屈曲させる）の筋力が高いほど速くなり、大腿四頭筋（膝を伸展させる）が強いほどタイムは遅くなるとされており、膝伸展筋力に関しては全く逆の結果となっている。フルマラソンの記録に差があっても山のレースでは必ずしもマラソンが速い方が勝つとは限らない。

運動強度（%VO₂max）

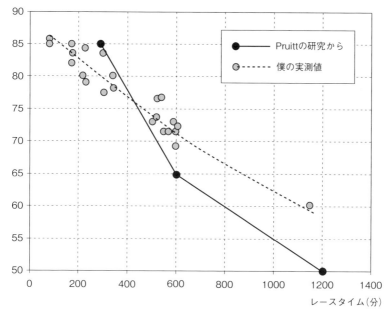

図6-2　走行時間に応じた運動強度の目安

走行時間が長くなるほど、平均の運動強度は低下する。図の実線がPruittの研究データでグレーの丸と破線は僕自身のデータを示している。Pruitt, K.A. and Hill, J.M. "Optimal pacing and carbohydrate intake strategies for ultramarathons". *Eur J Appl Physiol*, 2017, 117(12): p.2527-2545 より改変。

　ウルトラの最大の試練はやはり「きつさ」にあると思う。人にもよるが、ウルトラではフルマラソンよりも何倍も「きつく」感じ、それが何倍も長く続くのが普通である。夜間の眠気、脚の重さ、疲労感などの中枢性疲労をいかに乗り切るかが大きな課題となってくる。面白いことに、経験を積めばつむほど、その「きつさ」は減少する。僕が初めて走ったロードの100kmウルトラマラソンは何回棄権したいと思ったかわからないほどきつかった。でも回数を重ねていくに連れて、止めたいと思う回数や強さも減ってきた。純粋に

脚が強くなったというのもあるかもしれないが、頭が「これくらいの運動なら大丈夫だ」と納得してくれて中枢性疲労が低下しているのが一番大きいのではないかと思う。実際に世界ランキングトップ100位以内のウルトラランナーに精神力や自己効力感（注14）の強さのテストを行ったところ、プロのサッカー選手やテニス選手と比べても明らかに高い値を示しており、トップランナーは精神力が非常に高いことがわかるし、速くなろうと思えば、精神力（頭）を鍛えることが重要になってくる[8]。普段からウルトラのレースで頭を鍛えれば、仕事や生活での苦難も乗り越えやすくなるというおまけも付くかもしれない。

　長いレースになればなるほど、疲労や胃腸障害などが積み重なる。ウルトラのレースでリタイア（DNF）となる最大の理由はレース中の吐き気と嘔吐である。僕自身は「上州武尊スカイビュートレイル」という122kmのレースで初めてそれを体験した。この吐き気というのは割と突然やって来て、一気に身体に力が入らなくなるし、スピードは落ちるし、補給を受け付けなくなってしまう。イメージ的には食中毒で下痢や嘔吐をしている時に走るイメージで、走り続けることは容易ではない。この時はなんとか、だましだましゴール出来たものの、これまでに100kmを超えるレースのほとんどでこの吐き気や嘔吐を経験しているし、実際途中で棄権したことも３回ある。多くのランナーがこの吐き気や嘔吐に苦しめられ、食事を受け付けなくなってしまうものの、人によっては多少食欲が落ちる程度でほとんど問題ないランナーもいるので、このあたりも強さを決める大きな要因である。

　このように強くて速いウルトラランナーを決める要素はフルマラソンと比べても数多くあり、それぞれの問題に対応出来て初めて強

いウルトラランナーになることが出来る。

● **トレーニングの組み立て方**

　超長距離（160km以上）では明確なデータはないが、それ以下の距離ではやはりフルマラソンが速いほど速く走れる可能性が高い。そういう意味で行くと、フルマラソンを速く走るトレーニングは重要であり、ウルトラでもHIITやSITなどの高強度トレーニングはした方が良い。また練習で一度に走る最大距離がパフォーマンスに影響することは様々な研究でわかっているため、たまには一度に50〜80km程度は走る方が良い。僕のまわりにも練習で100〜200km走るかなり変態ランナーもいるが、少なくともそういう人はかなり速い。それだけ長い距離を練習で走れるというのは身体が丈夫であるという証でもある。僕の経験上、生涯ランニング距離が長いほど（ランニング歴が長い）、その時に多少練習していなくても長い距離を走った時の身体へのダメージは少ない。しかし、走歴が浅い場合には、怪我をしたり、しばらく練習が出来ないほどのダメージが残る場合があるので、少しずつ走行距離を伸ばした方が良い。一般的には月間走行距離の六分の一程度であれば一度に走っても問題ないとされているが、かなり個人差がある。またトレイルよりもロードの方が足へのダメージは大きいし、気温が高いほど疲労は長く残る。

　膝の伸展筋力が山岳のウルトラレースではかなり重要な要素になってくるので、この部分は鍛えなくてはならない。ジムで、負荷をかけたスクワットやレッグプレスを行うのも有効だけれど、僕自身は非常に急な山の登りと下りが有効だと思っている。30%程度の斜度（1kmで300m）の山道を、登りは早歩きで、下りは出来るだけ速度を上げて降りる。ここまで急になると、登りではハムストリ

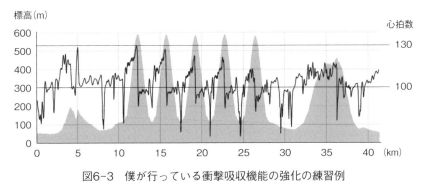

図6-3　僕が行っている衝撃吸収機能の強化の練習例

コースの途中にある1.52kmで465m登る平均斜度30.5%の音羽山の西尾根を5往復している。心拍数もゆっくりだけれど、脚の筋肉を鍛えるのには最適である。かなり精神的にも辛い練習になるので、脳も同時に鍛えられるのかもしれない。

ングだけでなく膝伸展筋力（大腿四頭筋）をかなり使うし、下腿のひらめ筋の強化にもなる。また下りはブレーキ動作の連続となり、大腿四頭筋とひらめ筋などの衝撃吸収能力が鍛えられる。このグラフは僕が最近行った山でのトレーニングになる（図6‐3）。目標となるレースが、ロードのウルトラや平坦なものでは、峠走の下りを速く走る練習でも十分に鍛えられるが、山岳レースを予定している場合には、このような練習が有効だと思う。

　またウルトラでは夜間走をしないと行けないことがしばしばあるため、ヘッドライトで山道を走る練習もしなくてはならない。初めて夜間走をする時は、身近でかなり行き慣れた山にした方が良い。漆黒の闇の中に足を踏み入れると恐怖が襲ってくるので、初めは誰かに連れて行ってもらう方が無難だ。走っている途中でエネルギーを補給する練習もしておかないといけない。

●登り下りに必要なエネルギー

　山岳レースでの難易度を決める時に、例えば171km, D＋8300m
のレースなら、171kmに登りの8.3kmの9倍を掛け算した値(74.7km)
を足して245.7kmというのを用いることがある（10倍することもある）。
もし平坦なレースであれば245.7km走るのと同じくらいのエネル
ギーが必要になりますよ、という意味で、簡易的に計算出来るので、
よく使用されている。もちろん、走る場合と歩く場合でも消費エネ
ルギーは変わるし、坂道でも凹凸のない斜面と岩だらけの斜面では
必要なエネルギーは大きく変わってくる。

　実際に、トレッドミルを使ってエネルギーがどれくらい必要か計
測する研究はかなり昔から行われていて、それらの研究から平均的
なエネルギー消費量を示したのが図6－4になる[9]。このグラフは
水平な道を走る時のエネルギーを1とした時に、傾斜に応じてどれ
くらいのエネルギーが必要になるか示したもので、10％の坂道（1km
で100mの登り）でおよそ1.7倍に、15％の登りでおよそ2.1倍になる。

　必要なエネルギーは傾斜が急になるほど大きくなり、20％の傾斜
では平坦な時の2.6倍、30％の傾斜（普通の登山道では最も急な斜面）
では3.7倍のエネルギー消費になる。このあたりから計算すると、
普通の山であれば、登り分の必要エネルギーは平地の9倍ではなく
て8倍くらいで計算するのが妥当なのかもしれない。

　登りに必要なエネルギーの相対値はかなり個人差が大きいことも
わかっているため、僕自身も、トレッドミルで様々な角度とスピー
ドで走った時の心拍数から必要エネルギーを計算してみた（図6－
4の白丸）。だいたいこのグラフと一致していることがわかるし、も
しかしたら僕は平均より登りが得意（経済的に登れている）なのかも
しれない。登る練習を繰り返すと、破線で示すように、必要エネル

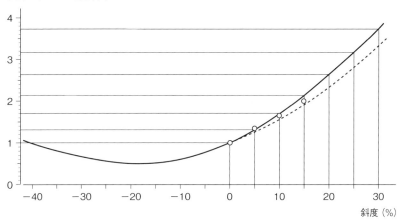

必要エネルギー（相対値）

斜度（%）

図6-4　斜面を走る時に必要なエネルギーの概算

　水平な地面を走る時に必要なエネルギーを1とした時に、斜度によって必要なエネルギーが示されている。例えば30%の登りであればおよそ平坦な時の3.7倍程度のエネルギーが必要となることがわかる。平坦な1kmを5分のペースで走る場合、30%の坂道を同じ負荷で走れば3.7倍の18分30秒掛かることを示している。図の中の白丸は僕がトレッドミルで走って測定したものになるが、だいたい同じような結果となった。トレーニングをすると破線で示すように、登りで必要なエネルギーが少なくなるかどうかはわかっていない。Vernillo, G. et al., "Biomechanics and Physiology of Uphill and Downhill Running". *Sports Med*, 2017,47(4): p.615-629 より改変。

ギーが減少するのかは全くわかっていないが、個人差が大きいということは、練習で速くなる可能性も高いということだと信じて登る練習を頑張っている。

　下りに関しては、図のように15〜20%の下りで最もエネルギー消費が小さくなることがわかっているが、20%の下りなんて、衝撃が強過ぎてゆっくりしか走れないのが実情で、僕自身は3〜5%くらいの下りが最も速く走れるように思う。必要エネルギーと実際に快適と感じる傾斜は別物のようだ。

● 荷物の重さと運び方

　山に行く場合は、登山でもレースでもバックパックなどを背負っ
て走ることになる。例えば60kgの体重の人が3kgの重さのバック
パックを背負うということは5％体重が増えることと同じで、理論
的には必要エネルギーが5％増加して、走る速度も5％低下するこ
とになる。バックパックを背負う時には前と後が同じくらいの重さ
になるようにするのが望ましくて、バックの重心と身体の重心が近
い方が経済的に走れる。荷物はバックパックでなくても、ウエスト
ポーチや、水だけなら手に持って走ることも出来る。1kgの荷物を、
バックパックと、ウエストポーチと、手で持って走るので、ランニ
ングエコノミーに差が出るかという実験では全く差が見られなかっ
た[10]。

　ウエストポーチは背中に風が通って涼しいことと、肩がこらない
利点があるけれど、走っているうちにすぐに上にあがってきてしま
うという欠点がある。どちらが良いかは結局好き好きで、どちらを
選んでも理論上は同じ速さで走れることになる。少なくとも、荷物
は重ければ重いほど、余計なエネルギーを必要として遅くなるし、
重くなるほど荷物の揺れの影響が大きくなり、さらに速度は落ちる。
レースでは可能な限り荷物は少なくした方が良い。

● ポールの使用

　ヨーロッパのレースでは、ポールを持って走っている人をよく見
掛ける。日本では、トレイルを荒らすからとポールが禁止されてい
ることが多いので、あまり使用している人を見掛けないが、うまく
利用するとかなり有効な武器になる。ポールは主に登りで使用する。
下りは急で危ない箇所などでは邪魔になることもあるが、脚の衝撃

を少し弱めてくれる。登りではどれくらいポールに頼るかによるけれど、体重計にポールを乗せて測定した結果からは、体重の5〜10％くらいを軽くする効果があるように思う。ポールを使えば、今まで脚で100出していた力を脚で92、上半身で8くらいに分散することが出来る。脚の疲労は少なくなるけれど、消費エネルギーは少なくなることはなく、理論上はポールの重さ分だけやや増えることになる。

　ポールを使う時、曲げた肘を伸ばすように使用している人をよく見掛けるが、これは上腕三頭筋という小さな筋肉を使用するのであまり良く無い。走ることで例えたら、必死で膝の曲げ伸ばしをしているようなやり方になる。使うべき筋肉は体幹に近い肩から背中にかけての広背筋や大円筋といった大きな筋肉であり、肘の角度はあまり変えずに、肩の付け根から動かすイメージで身体を引き上げていく。

　付け焼き刃で使用するとあっという間に、上半身が疲れてポールを持っているだけという状態になりかねないので、普段からポールで練習するなり、定期的に懸垂するなどして鍛えておくと、ポールは非常に有効な武器になる。ポールはカーボンの軽量なものが販売されているが、剪断力に非常に弱く、ちょっと岩の間に挟まるだけで折れてしまう。少し重量は重くなるが、最近は軽量で強度の高いアルミニウム合金製のものがあり、それだと途中で折れるリスクは低くなる。

● 登りと下りの進み方
　ロードのレースでは急な登りでもせいぜい12％くらいなので、疲れていなければ走れることが多い。山では30％、40％なんて登りも

ある。ここでは主にトレイルでのレースに焦点を当ててはいるが、ロードでの考え方も同じなので参考にして欲しい。

・登りのペース：登りで頑張り過ぎる人が多いように思う。トレイルレースでは最初に登りがあることが多いが、ものすごい勢いで登りを飛ばしてあっという間にへろへろになり落ちてくる人のなんと多いことか。

　図6－4でわかるように、例えば14%程度の傾斜であれば水平なところと比べてエネルギーが2倍必要となるため、本来なら少なくとも半分の速度にしないといけない。それなのに、なんとなく平坦なところを走るのと近い速さで走ってしまい、あっという間に疲れ切ってしまう。

　ではゆっくりであれば長く走れるかというとそう単純ではない。平坦な道ならゆっくり1時間から2時間走り続けることはそれほど問題ないのに、山の斜面や急な峠道を1時間走り続けるのは例えゆっくりであっても、相当きつい。なぜ、坂道を走り続けることはこれほどきついのだろうか。登りで走るのと、水平に走るのでは身体の動かし方がかなり違う。詳しくは図6－5を見て欲しい。

　例えば14%の斜面を平坦な所を走るのと同じエネルギー負荷で走った場合、ざっと計算して地面を下に蹴る力は水平の時と比べて2倍程度にもなる。これは身体全体で必要なエネルギーは同じだとしても、登りでは脚を入れ替えるエネルギーが少なくすむ代わりに、上に身体を持ち上げるエネルギーが飛躍的に多くなることを意味している。斜度に応じてゆっくり走っていても、ジャンプと身体を持ち上げることに使われる筋肉への負担はかなり大きく、ミトコンドリアで作られるエネルギーだけでは賄えず、解糖系がどんどん動き、

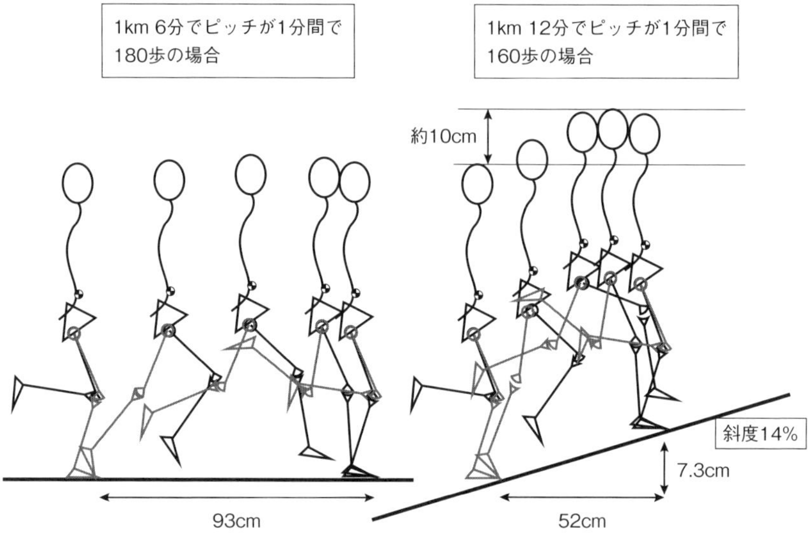

図6-5　平地と登りを走る時の身体の動きの違い

　登りでも着地して膝や股関節が曲がって衝撃を吸収した時に重心は足の真上に来ないといけない。左は１km６分のペースで平地を走っている場合で右は、同じ強度で14%の登りを走る時で、ペースは１km12分になる。平地でのピッチを１分間に180歩とするとストライドは93cmとなる。登りでは通常ピッチが少し下がるので、仮にピッチが160歩とすると、ストライドの水平距離が52cmとなる。14%の斜面だとその間に7.3cm登ることになる。平地で５cm程度上下動があるけれど、斜面だと少なくとも一歩に付き10cmくらいは身体を持ち上げないといけない。

乳酸が溜まるような負荷になっていることが十分考えられる。要するに登りでは心拍数がそれほど上がっていなくても、身体を持ち上げるための特定の筋肉だけに過大な負荷を掛けており、長く走り続けることが出来ない。当然走力によっても、走り続けられる斜度は異なり、走力が高い人であれば、かなり急な斜面でも比較的問題なく走り続けることが出来るし、走力がなければ、10%程度の登りでも厳しくなってくる。

・登りの走り方：斜面を走る時には今述べたように身体をどんどん持ち上げないといけない。また登りは平地と比べて、身体が宙に浮いている時間が短くなる。平地を走っている時と同じような意識だと、前に振り出された足が戻ってくる前に地面に着地してしまうため、意識しないと重心よりもかなり前に足が着地しがちだ。登りを走る時には、同じ所で足踏みをしているくらいの意識、または足を重心より後に着地するような意識が重要で、それくらいで正しく重心の真下に近い所に着地が出来る。スピードが遅いからといって焦って前に着地しないようにして欲しい。

　走っている時の姿勢に関しては、平地の時と変わらず、上半身は重力方向に真っ直ぐ垂直であることが望ましい。頭から糸で上向きに引っ張られているような感じで走ればよく、登りだからと言って特殊なフォームになることはない。

・登りを歩く：長いレースになればなるほど、登りは歩いた方が良い。これは走るとジャンプや身体を持ち上げるための筋肉を酷使してしまうこと以外にも理由があり、斜度が急になると、走るよりも歩いた方がエネルギーの節約になるからである。トレッドミルを使った実験では斜度が18％を超えると同じ速度でも歩く方が走るよりも省エネになる（図6－6）[11]。ジムなどに置いてあるトレッドミルは通常15の傾斜が付けられることが多い。およそ15％の斜度を身体で感じておいて、それよりも斜度がキツくなれば歩く方がエネルギー消費は少なくなると覚えておくとよい。

　歩く場合の注意点としては、走る時と同じで後に蹴らないことが重要だ。後に蹴って進むと、腓腹筋を酷使するため、下腿が太くなる。下腿が太くなると、歩くのは速くなるかもしれないが、ランニ

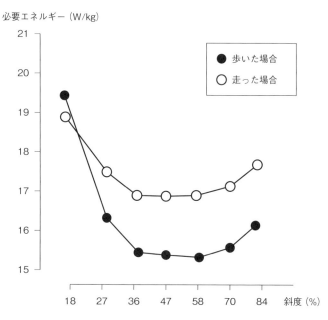

必要エネルギー（W/kg）

図6-6　同じ垂直速度で走る時と歩く時のエネルギー消費量

垂直方向の速度を１時間で1260mと設定し、トレッドミルに傾斜を付けて歩いた場合と走った場合のエネルギーを比較すると、斜度が18%を超えると歩く方が省エネであった。Giovanelli, N. et al., "Energetics of vertical kilometer foot races; is steeper cheaper?". *J Appl Physiol* (1985), 2016,120(3):p.370-375 より改変。

ングエコノミーが悪化し、走るのは遅くなる。登りを歩く時も、足を前に出すことを意識し、後の足で蹴って身体を持ち上げるのではなく、着地した足の股関節を伸ばす意識で身体を持ち上げる。上半身をやや被せることで、前方に置いた足の上に出来るだけすばやく重心を移し、股関節を伸ばしていく。意識としては足が前に着地すると同時に身体の重心が足の上にあるくらいにすると良い。大股になればなるほど重心をさらに前に進める必要があり、股関節を曲げて上半身を前に被せる形となる。股関節が曲がることでハムストリ

ングが伸び、伸びた筋肉はより大きな力を発揮する。このような歩き方はパワーウオークと呼ばれ、かなり速く歩けるが、頑張り過ぎると当然ハムストリングや背筋が疲労してくる。ストライドを小さくするほど、上半身の傾きは小さくなり、スピードは落ちるが楽に進める。ゆっくり行く時は上半身をまっすぐに出来る速度で歩こう。

・登りの速さの目安：登りは斜度にもよるが、どれだけ垂直方向に進むかを速さの目安にする。山では1時間あたりに登れる標高が1000mというのが一つの目安で、1時間この速度を保てれば、レースでもまずまず上位に入れる可能性がある。一般的に普通の人がハイキングで山を登る時が、1時間あたり300〜400m程度である。ヨーロッパでは「スカイランニング」と言われるレースが人気で、2000m以上の険しい山岳地帯でタイムを競う。その中のカテゴリーの一つでバーティカルと呼ばれる斜度20％以上の登りを垂直方向に1000m登るレースがあり、トップレベルのランナーであれば1時間に1800mを超える速度で登る。

・下りの走り方：特に考えなくても走れるようなロードや林道の下りであれば、普通に走る訳だが、長い下りを飛ばし過ぎると、着地衝撃を吸収する筋肉に負担を掛け過ぎることになる。着地衝撃は大腿前面やひらめ筋以外にも、お尻の筋肉や、腹筋まで用いて吸収する。短い距離のレースや十分に鍛えている自信がある時にはそれなりに飛ばしたらよいが、そうでない時には、楽に走れる程度の速度で走るのが無難だ。

　当然心拍数も大きく下がり、僕自身も100kmくらいのレースでは55〜65％くらいの強度で走っている。同じ速度で走る場合、下向

きに加速した身体をストライドごとにブレーキを掛ける訳で、ストライドは大きくなるほど衝撃が増える。意識してピッチを増やすことで、衝撃の大きさを小さくすることが出来るので、長いレースでは少し意識をしてピッチを増やす方が良い。走っている時の身体の傾きは斜面に垂直にと書いている本もあるが、これは比較的短い距離をかなりのスピードで飛ばす場合で、風の抵抗が大きくなり結果的に身体のバランスが斜面に垂直にしても釣り合っているだけである。そこまでスピードを出さない場合は、身体の傾きは重力の方向に一致するので水平な道路を走っている時と同じになる。

　一方、急で滑りやすいトレイルでは、気を付けることがたくさんある。まず、滑るのが恐くて、つい下を向きがちになるが、頭を前に曲げると（首が前に曲がると）それに連動して背中や腰も曲がり気味になる。このような姿勢はバランスも悪く、うまく走れなくなるし、下手をすると腰の椎間板を痛めてしまう。下を見る時は、首は真っ直ぐ伸ばしたままで、目線だけを下に向けて走らないといけない。また、足元ばっかり見てしまうと先のトレイルの状況が把握出来ずに、スピードが極端に遅くなる。少し先と足元を交互に見る練習を日頃からしておこう。足元がずるっと滑ると、つい腰が後に引けて「へっぴり腰」になってしまう。出来るだけスピードを落とそうとして、自然に足は重心よりも前に着地する。重心の前に着地すればするほど、足の向きは斜面に対して斜めになり、足は滑りやすくなる。また恐怖感があると、自然に足の前側の筋肉が緊張で硬くなる（ブレーキの筋肉）。すると膝が伸びっぱなしになって、足を柔らかく使うことが出来ず、やはり滑りやすくなる。恐い時ほど、意識的に膝の曲げを深くすることで少しはうまく降りることが出来る。最終的には恐怖感を取り除くことが重要で、下りはある程度経験を

積んで慣れていかないといけない。

　実際出来るだけ滑らないようにするためには、ブレーキを小さくすればよい。ブレーキを小さくして、ゆっくり降りるためには、ブレーキの回数を増やしてあげればよく、そのためには、極端にピッチを増やせば良い。僕自身の記録を見てみると、急な下りではピッチが240くらいになっていることもある。240というのは1秒で4回、足を着いているということで、これくらいちょこちょこと細かく走れば、重心の近くに着地することが出来、滑りにくくなる。

　どれほど、細かく走っても滑ることは良くある。泥でつるつるであったり、硬い地面の上が砂地であったりすると滑る訳だが、危なくない場合は、逆に滑って降りるのも解決法になる。シューズを短いスキーだと思って滑っていく。膝をしっかり曲げ、軽く股関節も曲げて上半身は前傾するけれど、背骨はしっかり伸ばす。この辺はスキーと同じで、「習うより慣れろ」だけど、上手な人の後にくっ付いて走っていくのも良い練習になる。

　最後に衝撃を吸収する筋肉の最大筋力やパワーが大きいことも重要で、これらが大きければ大きいほど、正確に衝撃を吸収出来る。第5章で説明したボックスジャンプや、少し高い所から飛び降りる練習、ジムでのレッグプレスやスクワットなども効果がある。

● レースにおけるペース戦略

・100kmロードウルトラマラソン：フルマラソンでのペース戦略は第5章で書いたように前半も後半もほぼ同じイーブンペースが理想的で、世界記録では後半になるに連れて少しずつペースが上がっていくという衝撃の事実をお伝えした。100kmも走れば当然筋肉や腱に疲労が溜まり、ランニングエコノミーも低下してくるので、

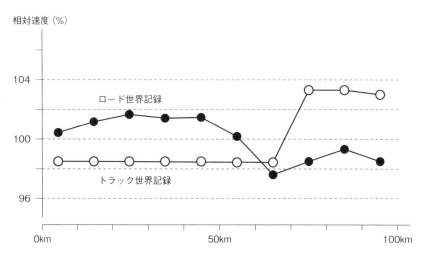

図6-7　100kmウルトラマラソン世界記録のペース配分

ロード世界記録は2018年「サロマ湖100kmウルトラマラソン」の風見尚選手で6時間9分12秒、
トラック世界記録は2022年ベルリンのワールドチャンピオンシップでのリトアニアのアレクサン
ドル・ソロキン選手で6時間5分41秒である。風見選手は後半ややペースが落ちているものの、
10kmのラップでわずかに1分程度の落ち込みでしかない。ソロキン選手は70kmから脅威のペー
スアップを行っている。

同じエネルギー消費で走っても少しずつペースは落ちていくはずで
ある。このようにゆるやかにペースが落ちていく走り方が最も速い
のかどうかの検証は難しいが、100kmウルトラマラソンのロード
とトラックの男子の世界記録では後半にかけてもほとんどペースが
落ちていないことがわかる（図6‐7）。
　女子の世界記録は、マラソン日本代表でもあった安倍友恵選手が
2000年の「サロマ湖100kmウルトラマラソン」で記録した6時間
33分11秒であり、ペース配分の詳細なデータは見付けられなかった
が、ほぼ1km4分のイーブンペースであったとされている。トッ
プレベルの選手だからイーブンペースで走れるという意見もあるか

表6-1　フルマラソンの記録に対応する100kmウルトラマラソンのペースと
完走予測タイム

フルマラソンの 記録 （時間：分）	フルマラソンの ペース （分'秒）	ウルトラマラソンの 予測ペース （分'秒）	ウルトラマラソンの 予測タイム （時間：分）
2:30	3' 33	4' 01 － 4' 28	6:41 － 7:27
2:45	3' 54	4' 25 － 4' 55	7:21 － 8:12
3:00	4' 15	4' 49 － 5' 22	8:02 － 8:57
3:15	4' 37	5' 13 － 5' 49	8:42 － 9:42
3:30	4' 58	5' 37 － 6' 16	9:22 － 10:27
4:00	5' 41	6' 25 － 7' 10	10:42 － 11:56
4:30	6' 23	7' 13 － 8' 03	12:03 － 13:26

もしれないが、市民ランナーもフルマラソンと同じく、イーブンペースを目指す方が自己記録の出る確率が高くなる。しかし現実にはフルマラソンが３時間程度のランナーでさえも、最初の１kmを４分そこそこで走りながら、後半の１kmは６分も７分も掛かっているということが多いのではないだろうか。

　ではどれくらいのペースで走り出すのが良いのだろうか。女子世界記録の安倍選手は同じ頃のフルマラソンの記録が２時間28分と記録されている。100kmが６時間33分11秒であるから、フルマラソンよりも2.66倍の時間が掛かっている。ロード100km世界記録保持者の風見尚選手も同じように計算すると2.69倍という値が出てくる。このように考えると、100kmのタイムはトップレベルの選手で、フルマラソンの2.7倍程度、アマチュアレベルでは３倍程度までの時間を目標とするのが良いかと思う。そうすると、フルマラソン３時

間であれば9時間、また4時間であれば12時間がひとまずの目標となる。1kmのペースで考えると、フルマラソンのペースの1.13倍（トップレベル）〜1.26倍程度が目安となり、フルマラソンのペースが1km5分であれば、100kmの目標ペースは5分40秒から6分20秒程度となる。どれほど自信があっても、フルマラソンのペースの1.13倍より速く走ることはお勧めしない。表6−1にフルマラソンの記録と100kmウルトラマラソンのペース配分と予測ゴールタイムを記載している。フルマラソンが3時間なのに1km4分30秒のペースで飛び出すことは避けた方が良いことがよくわかる。

　ウルトラマラソンはサロマ湖100kmのような平坦なコースは少なく、通常かなりのアップダウンを伴うことが多い。実際のレースでは坂道になっても多くのランナーがそれほど速度を落とさずに走っている。僕自身はかなりイーブンペースを心掛けているし、心拍数が上がらないように調整すると、坂道はかなりゆっくり登ることになるが、最初のうちはかなり多くのランナーにすごい勢いで抜かれる。最初はこんなに遅くて大丈夫かと心配になるが、ロードであれば20kmもしないうちに、自分の登る一定のペースの方が他のランナーよりも速くなるし、トレイルであれば数kmも走れば多くのランナーを抜かすことが出来る。コースで坂が多い場合には時間が掛かっても焦ってペースを上げないように注意した方が良い。

・ロングトレイル：ロードと違って、いったいどれくらいの時間が掛かるのかがわかりにくいところが一番の問題点となる。同じコースで既にレースが行われている場合は過去のリザルトを確認すればおおよその参考にはなって、ある程度ゴールタイムが予測出来ると思う。タイムがわかれば、図6−2を参考にして、だいたいどれく

らいの運動強度で走れば良いかがわかるし、僕の場合みたいに、自分のデータが溜まってくるとかなり正確に目標の運動強度がわかる。もちろん、練習不足の時は、さらに運動強度を落とした方が良いし、かなり練習をつめた時には、狙った運動強度より少し速く走っても、途中で落とすことも出来る。トレイルの場合もイーブンペースの戦略が良いのだろうか。ウエスタンステイツ100マイルエンデュランスランの100マイルのレース展開が解析されていて、優勝した選手はほぼイーブンペースで走っている[12]。

　UTMBでもタイムの記録が残っているので、大まかに前半83km（D＋5333）と後半88km（D＋4533）と分けてみると、2016年優勝のフランスのルドヴィック・ポムレ選手は前半10時間57分で後半11時間3分。2011年のスペインのキリアン・ジョルネ選手は前半9時間32分、後半10時間2分とほぼイーブンペースで走っている。やはりトレイルでも、イーブンペースで最後までしっかり走り切れた時に良いタイムが出る可能性が高い。

・超長距離レース：データがあるのは24時間走くらいまでになるが、24時間だと優勝するランナーはイーブンペースで走っている。さらに長い時間が掛かるレースだと少しずつペースは落ちていくが、出来る限り落ち込みが少ない方が結果的には速く走れる可能性が高い。「兎と亀の競争」の亀みたいに、ゆっくりでも一定のスピードで着実に進む方が速くゴール出来そうである。

● 水分と塩分補給

　「喉が渇いた時にはもう遅い」と言うキャッチフレーズを信じて、定期的に水分を摂取しているランナーも多いのではないだろうか。

また熱中症、足つりの防止のために、市販のサプリや塩を摂取することも多いと思う。第4章で書いたように、暑い日には1時間で1ℓ以上の汗をかき、1ℓの汗で4g程度の塩分を失う。僕自身も塩分が減れば、循環血液量（注15）が減って、パフォーマンスが落ちるのではと考えて、積極的に塩を摂取していた時期もあった。

　国によって事情は異なるかもしれないが、1970年頃まで、アスリートは試合中に水分を摂取しない方が良いといわれていたらしい[13]。何人かのオリンピックレベルのマラソンランナーが、レース中には一滴の水も食事も摂らないことを推奨していた。

　しかし水分を摂取しないことで一部のアスリートは血液中のナトリウム濃度が高くなる高ナトリウム血症になると報告され、アメリカ陸軍が「水分は戦術兵器である」と発表した影響もあり、1975年になるとアメリカスポーツ医学会は「脱水は熱中症に繋がる犯罪的愚かさである」というメッセージを出し、「アスリートは飲めるだけ水分を摂取するべきである」と推奨した[14]。これが「喉が渇いた時にはもう遅い」というキャッチフレーズが出来た経緯である。喉が渇くことがないように飲み続け、体重が低下しないようにするというのが当時の最新の運動生理学であった。

　その後、血中ナトリウム濃度が運動中に低下する低ナトリウム血症によるアスリートの死亡が報告されるようになり、2007年にアメリカスポーツ医学会は水分補給の量を、体重が2％以上減少しない程度にするというメッセージに変更した。このように過去を紐解いていくと、水分や摂取の考えはころころ変わっていて、何が正しいのかさっぱりわからない。今後も正しいことは変化するかもしれないが、最新の研究成果を紹介していこう。

・低ナトリウム血症の原因と症状

　暑い日に運動すると汗をかき、血液中の塩分（主にナトリウム）はどんどん失われる。第4章で述べたように暑熱順化が起こることで失う塩分は減少するが、それでも大量の塩分が失われる。汗は血液よりも塩分濃度が薄いので、残った血液は濃縮され、水分を摂取しなければ高ナトリウム血症に傾く。

　ここで、水やスポーツドリンクを大量に飲むと、急激に腸から水分が吸収され、血液は希釈される。たくさん飲めば飲むほど、血液は薄まって、血液のナトリウム濃度は急速に低下する。スポーツドリンクは塩分が入っているから大丈夫ではないかと思われるかもしれないが、一般的なスポーツドリンクのナトリウム濃度は血液のナトリウム濃度の7分の1程度でしかない。もし血液と同じナトリウム濃度のスポーツドリンクを作ったらしょっぱすぎて全然売れないし、塩分濃度の高い水は吸収が非常に遅い。

　僕が大学でサッカーをしていた頃、真夏に大きな大会があり、死ぬほど暑かった思い出がある。ハーフタイムには冷えたスポーツドリンクを一気に飲んでいた。不思議なことに、後半が始まる頃になるといつも気分が悪くなり、良くグラウンドで嘔吐していた。敵からも「大丈夫ですか」と言われながらも、数分経つといつも良くなるので、気にもしていなかったが、今から考えると急激な水分摂取に伴う低ナトリウム血症であり、あまり褒められた状態ではなかったようだ。このようにスポーツで生じる低ナトリウム血症は水分の多量摂取によって生じることがほとんどだ。ナトリウム濃度が低下していくと僕が経験したような、吐き気や嘔吐以外にも頭痛が生じ、悪化すると、脳浮腫、痙攣、意識消失、そして死亡する。レース中にエイドで喉が渇いて水分を取る時も、一気に飲むのではなく、少

しずつ時間を掛けて飲んだ方が良い。

・どのような人が低ナトリウム血症になりやすいのか

　色々な研究から、「女性」、「痩せている人」、「あまり練習していない人」、「レースタイムが遅い人」、「消炎鎮痛剤の内服」などが危険因子であることがわかっている。身体が小さく細い人ほど循環血液量が少なく、環境の影響を受けやすいのかもしれない。またあまり練習していない人ほど、汗の塩分濃度が濃くなる傾向にあることや、体内の環境を保つ能力も劣っている可能性があるようだ。消炎鎮痛剤（痛み止め）は結構多くのランナーが使用していると思う。消炎鎮痛剤は尿の量を減らすことで、水分の排泄を阻害し、結果的に低ナトリウム血症になると考えられている。一般的に走った後に体重が増えている場合は低ナトリウムになっている可能性があり、水分の取り過ぎを疑った方が良い。エリートランナーではフルマラソンで３〜５kgの体重減少があるとされている。フルマラソンやウルトラマラソンのレースでは体重が減少しているランナーの方がフィニッシュタイムが良いことがわかっており、過剰な水分摂取は止めた方が良い。

・塩分摂取で低ナトリウム血症は防げるのか

　いくつかの研究で塩分の摂取量がパフォーマンスや血中ナトリウム濃度に影響するかが調べられている。チリのパタゴニアで行われた80kmのレースで、ランナーは２〜８gの塩分を摂取していたが、塩分摂取量はゴールタイムや、血中ナトリウム濃度に全く影響しなかった[15]。またウエスタンステイツ100マイルエンデュランスランでの調査でも、ランナーは2.5gから38gの塩分を摂取していたが、

塩分摂取量は、レース中の嘔気、嘔吐、レース後の血中ナトリウム濃度、足つりなどに全く影響を及ぼさなかった。塩分を摂取しても低ナトリウム血症を防げる訳ではない。

・エリートランナーはどれくらいの水分と塩分を摂取しているのか

　2019年にフランスで行われた24時間マラソンのワールドチャンピオンシップでランナー十二人がどれくらいの水分や塩分を摂取しているのかが詳細に調べられている。このレースは24時間でどれくらい走れるかを競う競技で、成績はトップが272kmで、大部分のランナーが200km以上を走っている。その時の気温は日中が25度で夜間が12度であり、1周1491mの周回コースで行われた。

　周回コースなので、ランナーはいつでも好きなだけ食べたり飲んだりすることが可能な状況である。糖が多く入っているような液体も含めて摂取された全水分は、24時間で9ℓから30ℓ、平均16ℓであった。1時間あたりにすると700mℓほどの量になる。一方塩分は多くのランナーが6〜40g程度の摂取であったが、一部のランナーは意図的に摂取しているためか100〜150gと非常に多く、平均すると50g程度となった。塩分量や水分摂取量と成績には全く相関は見られなかった。レース終了後の検査では、一部のランナーに軽度の低ナトリウム血症がみられたが、塩分と水分摂取量との明らかな相関は認められなかった[16]。

・飲みたい時にのみ、食べたい時に食べる

　低ナトリウム血症発生の予防に最も効果があるのは十分なトレーニングであり、そこを疎かにしてはいけない。十分なトレーニングが出来ていると仮定した場合、30時間程度までの持続時間である

レース（100マイルや24時間走）なら、喉が渇いた時に水分を摂取すれば良く、脱水を予防するために過剰に水を飲んだり、わざわざ塩を舐めたりする必要はなさそうである。特に身体の小さいランナーや、練習不足のランナーは水分の取り過ぎには注意した方が良い。逆に塩分は多く摂取しても特に問題はないので、塩辛いものが欲しくなれば遠慮せずに食べれば良い。レース後には体重が減少しているのが普通であり、パフォーマンスも上がる。

100マイルを超えるような超長距離レースの水分と塩分摂取の取り方についての科学的な研究はほとんど行われていないが、レーススピードが遅いほど汗の量も減り、身体の機能は保たれやすくなるので、飲みたい時に飲み、塩辛いものが欲しくなれば食べるといった対策で大きな間違いはない。

● レース中の補給の考え方

第4章でも述べたように、走る時に重要なエネルギーは糖分となる。長時間のレースになればなるほど、脂肪分解が促進するので、脂肪ももちろん重要ではあるけれど、脂肪が通常枯渇しないのに対して、糖はすぐに枯渇する。こう考えると、レース中に最も摂取しないといけないものは糖になってくる。走っていると筋肉が多かれ少なかれ壊れていくし、タンパク質やアミノ酸も摂るべきでないかと思われるかもしれない。残念ながら、タンパク質をいくら摂取しても、ダメージを受けた筋肉がレース中に回復することはなく、タンパク質からわずかに糖も作られるが、糖の摂取に比べるとその重要性ははるかに低い。脂肪に関しては内臓脂肪や皮下脂肪にほぼ無尽蔵に蓄えられているので、レース中に摂取する意味はほとんど無さそうだ。ただし、レース中の脂肪分解の割合を少しでも増やすこ

とでグリコーゲンを節約出来る可能性があることから、レース前に中鎖脂肪酸（注16）などを摂取し、血液中の脂肪酸の濃度を上げることでレース前半から脂肪分解を少しでも増やすという戦略はない訳では無いが、現時点でそのような試みでレースのパフォーマンスが上がるという報告はされていない。ともかくレース中の補給は糖質が最も重要となる。

・レースで必要な糖質摂取量

　レース中にどれくらい糖質を補給すれば良いのだろうか。フルマラソンであれば、エリートランナーであってもわずかに補給するくらいであり、せいぜい300〜400kcal程度と思われる（第5章「ピーキングとカーボローディングとレース中の補給」参照）。100kmウルトラマラソンであれば、体重60kgで6500kcal程度必要となるが、およそ50〜60％程度は脂肪分解で賄われるため、糖質としては3000kcal程度必要となる。身体に貯蔵されている分の1500〜2000kcal使用するとして、1000〜1500kcal程度補給すれば充分であるが、7〜10時間で走ると考えると1時間150kcal程度の補給が必要となる。100マイル（D＋8000m）のトレイルレースであれば、必要なカロリーが24000kcalとなる。糖質で9600kcal必要としても、普通は約8000kcalの糖質摂取が必要となり、100km程度のウルトラマラソンと比べても必要なカロリーが格段に違うことがわかる。

　24時間程度でゴールすると考えても、1時間に333kcalと格段に多くの糖質が必要となる。実際にウエスタンステイツ100マイルエンデュランスランで優勝するようなアスリート3人がレース中にどれくらいの食事を摂取したかを調査したところ、炭水化物としては朝食で70g（280kcal）、レース中は1時間あたり平均71gの糖質

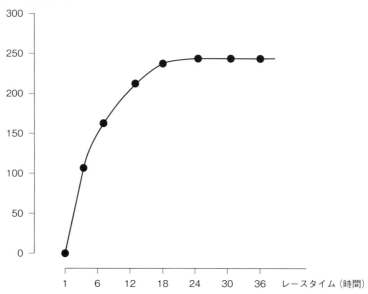

糖質の必要量 (kcal/h)

図6-8　レースタイムに応じた1時間あたりの糖質摂取量の目安
　短時間のレースであれば、筋肉や肝臓で蓄えられた糖質で十分賄える。フルマラソン程度の距離を超えると、蓄えている糖質のみでは足りなくなってくるため、少しずつ必要摂取量が多くなっていく。12時間から18時間を超えてくると摂取した糖質の分だけ走れるという状態になるが、消化出来る限界があるため、食べ過ぎることは出来ない。36時間程度であれば、脂肪はわざわざ摂取しなくても体内の貯蔵量で十分である。

（284kcal）を補給していた[17]。

　トップアスリートでなければ1時間あたりに必要なカロリーは低下していくが、同様に脂肪分解も低下していくので、やはり同じくらいは糖質を摂取した方が良いことになる。これは30分に1度ジェルを摂取するくらいの計算となり、100kmのレースの2倍は食べないといけないことになる。レース中に、より多くのカロリーを摂取出来れば出来るほど速く走れることが多くの研究で示されてい

る[16] [18]。そういう選手は最後まで元気だからたくさん食べられる
のか、たくさん食べたから元気なのかはわからないけれど、100km
くらいまでのレースならそこそこ走れても、100マイルが、からき
しダメな人は、補給量を少し考え直しても良いのかもしれない。食
べたら食べただけ速くなるかというとそういうことはなく、人が１
時間あたりに吸収出来る糖質は70〜100g程度と言われているが、
実際に筋肉で使われる食事由来の糖質は１時間あたり最大で60〜
70g（240〜280kcal）らしい[19]。食べ過ぎても逆に腹痛などの問題を
引き起こす可能性がある。ジェルであれば平均して１時間に２個く
らいが良さそうである。100マイルレースと同じくらいの強度と思
われる24時間マラソンのワールドチャンピオンシップでも、上位の
選手は１時間あたり70〜80g程度の糖質を摂取していた[16]。

　僕は100マイルのレースの成績は本当に良くないし、リタイア
（DNF）も多い。思い起こすと100kmでも100マイルでも１時間あた
り同じ程度しか食べていなかった。今度の100マイルレースでは
しっかり食べてどれくらいで走れるか今から楽しみである。図６−
８に体重65kg程度のランナーのレースタイムに応じた糖質の摂取
量の目安を載せておく。体重が重ければもう少し必要で、少なけれ
ばここまで必要ではない。

・どんな糖質を摂取するべきか

　糖にはグルコースやフルクトース（注17）のような単糖類と、そ
れらが連なったデキストリンなどがある。理論上は、グルコースと
フルクトースのように違った種類の糖を摂取することで、筋肉に取
り込まれて燃やされる糖質の量は少し多くなるので、ジェルによっ
ては、その効果をうたっているものもある。実際にはそれほど大き

な差はないので、グルコースだけのジェルでも問題はない。基本的に強度の高い運動中はグリコーゲンがどんどん消費されており、糖質はどんどん食べるべきであり、消化が速い糖質を摂取して問題ない。ジェルの成分で「吸収がゆっくりの糖質」が入っています、という宣伝文句があるけれど、運動中はインスリンの分泌は抑えられており、運動強度が低い場合を除いては、グルコースなどの吸収の速い糖を摂ることに問題はない。デキストリンの腸からの吸収はグルコースと大差はないが、甘さを抑えることが出来、またジェルの浸透圧を下げて胃の通過を早くしてくれる可能性があり、よく使われている。

　最近話題のMaurten（モルテン）社のジェルはエリウド・キプチョゲやキリアン・ジョルネが使用していることでも有名になっており、ペクチン（注18）とアルギン酸ナトリウム（注19）を含むジェルが胃酸の作用でゲル状になることで胃の通過が良くなり、パフォーマンスを上げると宣伝している。このモルテンのジェルと、普通のジェルに違いがあるのかどうか、いくつかの研究が行われているが、モルテンのジェルの方が胃腸障害がやや起こりにくいという結果があるものの、より速く走れる可能性はあまり高くなさそうである[20][21][22]。細かい差はあるものの、多くの市販のジェルや補給食はどれも糖質の量に見合った効果があると考えて良い。色々試してみて、疲れた時にでも摂取出来る美味しい補給食を探して欲しい。

・100マイルを超えるレースの場合の補給
　超長距離での最適な補給計画に関してはほとんど研究されていない。48時間を超えるレースであれば、平均運動強度も50％を切ってくる訳で、睡眠も必要になってくる。エネルギーは多くが脂肪の燃

焼で賄われることになり、運動強度が下がる分、内臓への血流も保たれる。時間が長くなるほど、消費カロリーと同じ程度のカロリーを摂取することが求められ、脂肪と糖質の摂取割合は通常の食事に近いものになってくると考えられる。食事としては糖質のみのジェルよりも格段に美味しくなるので食べやすくなるかもしれない。毎日走り続けるのなら、最終的には食べられる量が1日に走れる量を決めそうで、1日に5000kcal摂取出来るのであれば、体重60kgとした場合、基礎代謝を除いて、60kmくらい走れる計算になる。

● ローカーボダイエット（低炭水化物食）で速くなれるか

　理論的には普段の食事から炭水化物をかなり減らし、脂肪分解を高めておけば、ロングレースで脂肪の代謝をメインに走ることが出来そうではあるし、そうなると持参する食料を減らし、エイドでの滞在時間も減らせるのでタイムの短縮が可能となる。また、日頃のトレーニングによって脂肪代謝は向上することがわかっていて、速いランナーは脂肪代謝の割合が高いし、何回も述べるが、女性は男性よりも脂肪代謝の割合が多い。実際に100マイルの世界記録（11時間19分13秒）ホルダーであるアメリカのザック・ビターは普段の食事で炭水化物をほとんど摂取しないことで有名だし、ほかにも、ケトジェニックダイエット（注20）と言われる低炭水化物食で有名なアスリートがいる。一方で、世界のトップウルトラランナーの多くは、炭水化物を摂取していても速い訳で、食事を変えることでさらに速くなるのかはあまり良くわかっていない。

　ウルトラのトップアスリートで普段から低炭水化物食（1日平均82g）の十人と高炭水化物食（1日平均486g）の十人に100kmレースの強度と同じくらいの64％の運動強度で3時間走ってもらった実験

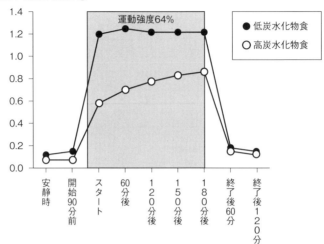

1分間の脂肪代謝量（g）

運動強度64%

● 低炭水化物食
○ 高炭水化物食

安静時／開始90分前／スタート／60分後／120分後／150分後／180分後／終了後60分／終了後120分

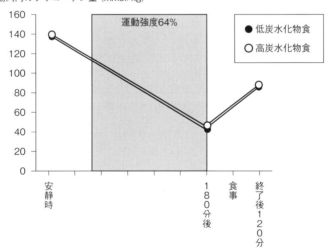

筋肉内のグリコーゲン量（mmol/kg）

運動強度64%

● 低炭水化物食
○ 高炭水化物食

安静時／180分後／食事／終了後120分

図6-9　低炭水化物食のランナーと高炭水化物食のランナーの運動時の代謝特性

　日頃から低炭水化物食のランナーは運動直後から脂肪の燃焼が非常に大きいのに対し、高炭水化物食のランナーは時間とともに脂肪の燃焼は増えていくものの燃焼量は低い値に留まる。しかし、筋肉内のグリコーゲン量は運動前も運動後も両群で差が見られなかった。運動後に食事（低炭水化物食ランナーは低炭水化物食）を摂ると同じように筋肉内グリコーゲンが回復しているのも興味深い。Volek J.S. et al. "Metabolic characteristics of keto-adapted ultra-endurance runners". *Metabolism*, 2016,65(3):p.100-110 より改変。

がある [23]。低炭水化物食のランナーは、走り始めてすぐに脂肪の分解が始まり、１時間あたり650kcalのエネルギーを脂肪から得ることが出来、これは必要エネルギーの88％にも達していた。それに対して高炭水化物食のランナーでは、時間とともに脂肪の分解は大きくなるものの、最大でも必要エネルギーの60％程度でしかなかった（図6‐9）。当然、グリコーゲンの代謝量は高炭水化物食のランナーで圧倒的に多かった。ここまでの結果だと、低炭水化物食のランナーはグリコーゲンを節約出来るから、圧倒的にロングレースで強くなりそうだけど、意外なことに、筋肉内のグリコーゲン量を測定してみると、運動後のグリコーゲン量は低炭水化物食のランナーでも高炭水化物食のランナーと同じ程度減少していた（図6‐9）。運動でグリコーゲンを使っていないのにも関わらず筋肉内のグリコーゲンが減少している理由ははっきりわからないが、脂肪分解で必要なオキサロ酢酸（注21）の生成にグリコーゲンが使われているのではと推測されている。この現象は十人のランナー全てで起こっており、脂肪代謝が増えたからといって筋肉のグリコーゲンが節約出来るという単純な話ではなさそうだ。

　多くのウルトラランナーが低炭水化物食に取り組んでいるが、実際にそれで速くなるという明らかな事実はこれまでのところ証明されていない。100マイルまでのレースでのパフォーマンスは先ほど述べたように、レース中に摂取した炭水化物量が多いほど良くなることは明らかとなっており、少なくともレースのような強度の高い運動でのパフォーマンスはレース中の炭水化物の摂取量に大きく影響を受けそうである。

　一方、筋肉のミトコンドリアを増やし、その質を高めるためには、筋肉に大きな負担を掛けることが必要となる。筋肉がその負担に順

応しようとして生じる現象であるから、練習ではより筋肉内のグリ
コーゲン量が低下した状態で行うことで、ミトコンドリアを増やす
シグナルや脂肪分解を促進するシグナルが増強する。このことから、
練習前や練習中の炭水化物の摂取量を出来るだけ減らすことは、強
く速くなるための戦略として理にかなっている。

　このように、練習では炭水化物を減らし、レースでは炭水化物を
増やす「train-low, compete-high」という概念で僕もトレーニング
していて、それなりに効果はあるような気がしている。実際に練習
時にグリコーゲンを枯渇させることで速くなることを証明している
研究を一つ紹介しておこう（図6-10）[24]。この研究では二つのグ
ループに午前中1時間の持久走（運動強度65％）と午後のインター
バルトレーニングを行ってもらう。二つのグループで異なるのは、
食事の炭水化物摂取のタイミングで、片方のグループは朝の持久走
の前、昼、そしてインターバルトレーニング後に摂取してもらう。
一方もう片方のグループはインターバルトレーニング後の炭水化物
を0にすることで、インターバルトレーニングで枯渇した糖が補給
されない状態で睡眠をとり、さらに朝の持久走を行ってから糖質を
たっぷり摂取してもらう（糖が低い状態で睡眠をとるのでSleep lowと呼
ばれる）。因みに1日の炭水化物の摂取量は同じになっている。

　3週間のトレーニングで、Sleep lowのグループは10kmタイムト
ライアルの記録が著しく向上し、体重は変わらなかったものの、体
脂肪が減少していた。もちろん30kmとか40kmのように長い距離
を走れば、糖が枯渇して同じような状況を作れる訳で、距離を走れ
ば走るほど速くなるのは明らかだけど、食事のタイミングをうまく
コントロールすることで、トレーニング量をそこまで増やさなくて
も効率的に速く走れる可能性がある。

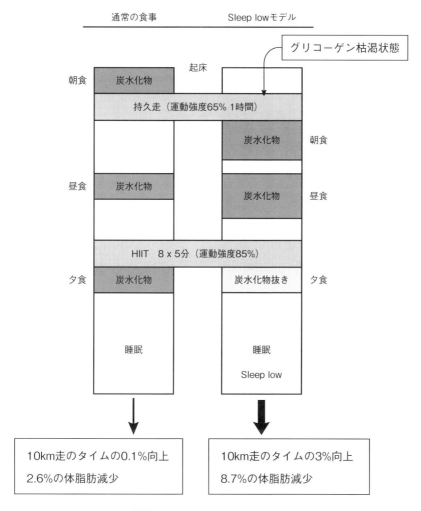

通常の食事　　　　　　Sleep lowモデル

グリコーゲン枯渇状態

| 起床 |
| 朝食 | 炭水化物 |
| 持久走（運動強度65%　1時間） |
炭水化物	朝食
昼食	炭水化物
炭水化物	昼食
HIIT　8 x 5分（運動強度85%）
夕食	炭水化物
炭水化物抜き	夕食
睡眠
睡眠
Sleep low

10km走のタイムの0.1%向上
2.6%の体脂肪減少

10km走のタイムの3%向上
8.7%の体脂肪減少

図6-10　糖質摂取の時間を変化させた時の練習効果

　最大酸素摂取量が58程度のアスリートを集めて行われた実験で、通常の食事の群では、朝食後と昼食後にそれぞれ持久走とHIITを行ってもらう。一方、もう一つのグループは、HIIT後の食事の炭水化物を抜き、朝食は持久走の後に摂ってもらう。このように、HIITで枯渇した糖を補給せずに睡眠をとって（Sleep low）さらに朝食前に持久走を行ったグループでは、通常の食事のグループに比べて3週間後に10km走のタイムの向上や体脂肪の大きな減少がみられた。Marquet, L.A. et al., "Enhanced Endurance Performance by Periodization of Carbohydrate Intake: 'Sleep Low' Strategy". Medicine and Science in Sports and Exercise, 2016, 48(4): p.663-672 より改変。

個人的には、極端な低炭水化物食は食物繊維やその他の微量元素の摂取量の低下に繋がりやすく、長期間行うと健康を害する可能性が高いのではと考えている。デンプン量の多い野菜（芋など）も食べないような極端な低炭水化物食ではなく、野菜中心で、精製されたデンプン（白米や通常のパン、パスタなど）量を減らすような適度な低炭水化物食と運動が健康にもパフォーマンスにも良い影響を与えるのではないだろうか。

インタビュー トップランナーの頭の中
西村広和選手——四十五歳までは速く走れる

<small>にしむらひろかず</small>
西村広和選手。大津市の青山中央公園にて。
2019年「信越五岳トレイルランニングレース110km」優勝、2019年「IZU TRAIL Journey」優勝、2021年「OSJ KAMI100」優勝、そして2022年「ULTRA-TRAIL Mt. FUJI（UTMF165k）」優勝。

——世界選手権の日本代表にも選ばれて、敵なしの様相の西村さんですが、トレイルを走り出したきっかけや、これまで走ってこられ

た理由はなんですか？

西村　トレイルを始めたきっかけは、日本百名山を軽い荷物で早く回れる、というのがスタートでした。走ることが続いているのは、単純にロードを走っているだけでも、それが楽しいからです。

——陸上部だったのですか？　子どもの頃から足は早かった？

西村　小学校三年生から中学二年生まで野球をしていました。足は小学生の頃は速かったのですが。中学生の時は背が伸びるのが遅くて、他の生徒にどんどん抜かれてゆきました。

——特別陸上部で走っていたのではなかった西村さんは、若い頃からエリートランナーという訳ではなくて、2012年UTMF88位、2013年UTMF123位と今では考えられないような成績でした（十分速いですが）。いったいどんな練習で強くなってきたのですか？

西村　練習の基本はいつも30km走ですね。

——どれくらいのペースで走るのですか？また月間どれくらい走っていますか？

西村　今は1km4分を切っていますが、始めた頃は4分くらいを目標にしていました。意識的に速く走ろうと思って4分を切っているのではなく、自然と走力が付いて4分を切ってきた、というのが実情ですが、今後はあえて切っていこうと思っています。月平均は450kmくらいでしょうか。

——30km走で月450kmということは最低でも週3回は30kmを走っている訳ですね。西村さんにとって、この30km

表6-2　ボルグスケール

20	
19	非常にきつい
18	
17	かなりきつい
16	
15	きつい
14	
13	ややきつい
12	
11	楽である
10	
9	かなり楽である

スウェーデンのGunnar Borg博士が考案した主観的運動強度スケール。

走というのはどれくらいの強度、きつさ、なんですか？　ボルグ
スケール（表6‐2）で答えてもらって良いですか？

西村　強度は夏と冬で感覚は大きく違いますが、夏の暑い時には「か
なりきつい」の下の16くらいと感じることが多いですね。冬場は
「ややきつい」と「楽」の間の12くらいだと思います。

――30km走の間にもトレイルを取り入れていると伺いましたが、ト
レイルでの強度はどんな感じなのですか？

西村　練習もレースも基本的には同じ強度で走っています。ただ練習
だと、競う相手もいないのでそこまで頑張れない、途中で止めて
しまう、といったことはよくあります。強度的には14ぐらいだと
思います。

――ということは、30km走もレースペースで毎回走っている訳ですね。
では100kmとか100マイルのレースでのきつさはどれくらいなん
でしょうか。

西村　100kmくらいのレースでは「ややきつい13」くらいで入り、落
ち着いてきたらそこから終盤までは少し強度を下げて12くらいで
走っている感じです。そしてゴールが近付いてきたら13くらいに
上げていく感じですね。100マイルだと楽なペースで入るので11
くらいです。それからゆっくりと強度が上がって12くらいで、
ずっとゴールまで行く感じです。

――100マイルの強度が最後までややきつい程度とは恐れ入りました。
僕なんて18とか19になっている気がするので、西村さんがもっと
頑張ったらとてつもなく速く走れてしまうのではと期待してしま
います。ところで、100kmを超えるようなレースでは、眠気とか、
吐き気とか疲れとか色々起こると思うのですが、レースで一番き
ついと感じることはなんですか？

西村　100km以上というと、信越五岳トレイルランニングレース・
　　OSJ KAMI100・UTMFぐらいしかないのですが、特にきついと
　　いうことはなかったです。100km未満のレースで感じることは、
　　やはりコースレイアウトで、登りがずっと続くとか、そういった
　　ところは少しきついと感じます。今のところ、吐き気とか例に上
　　げてもらったようなトラブルは経験したことがないですね。

──本当に恐れ入るほど強いですね。僕なんか長いレースになると、
　　もう止めたいとかメンタルもだいぶきついことがありますが、そ
　　のあたりいかがですか？　また弱点とかありますか？

西村　コースの登りが続くとかで、やはりきつくなることはあります
　　ので、「ここはみんなしんどい」とか、「やがて終わりが来る」と
　　か、そういったメンタル面のテンションが下がらないように努力
　　しています。弱点はやはり、登りのメンタルと抜かされた時に巻
　　き返すぞ、という強い気持ちが弱いように感じますね。

──レースで万が一西村さんを捉えたら、一気に抜き去るのが良い作
　　戦かもしれませんね（笑）。ところでロングレースでどれくらい
　　補給しますか。

西村　信越110kmだとハチミツ補給食・ハニーアクションエナジー
　　（80kcal）を８本とエイドの果物、シャリ玉（小さなおにぎり）３個
　　くらいです。UTMFだと実際の摂取量はハニーアクション15本、
　　飲む羊羹・ANDO_（100kcal）２本、クリームパン２個（370kcal）、
　　エイドの田舎雑炊２杯（150kcal）、吉田うどん（200kcal）です。
　　あとは水分でコーラやメダリストなどですね。弱点は補給が下手、
　　というのがありますね（笑）。

──ということは、信越ではせいぜい1000kcal、UTMFでも2500kcal
　　くらいですね。推奨量の半分くらいで走れるということは相当脂

肪の燃焼が良いのかもしれないですね。短いレースではどんな感じですか。

西村　1時間あたりに、といったことはせず、ちょっと力が落ちてきたな、とか疲れてきたな、など自分の身体の感覚で補給が必要と感じた時に摂取する感じです。大体スタートして2時間くらいは、カロリー摂取はしていないです。水分量はかなり多くて、毎回エイドで1ℓのボトルが空になります。足りないと感じたら、エイドごとに水分補給をし、ボトルは常に満タンにします。水分は、ミネラル補給が出来るものと、経口補水液が多いです。

──ふだんの食事で気を付けたりすることはありますか。またレース前にカーボローディングはしますか？

西村　食事に気を使っていることはありません。お酒もお菓子も、甘いものも辛いものも何でも気にせず食べます。カーボローディングは昔してましたが、結局炭水化物を減らす時期にもお菓子とか食べちゃうので、カーボにならなくて止めました。

──西村さんも四十歳と、もう若くはないですが（笑）、今後の目標を教えて下さい。

西村　ここ一、二年でどんなレースでもいいので、海外レースで優勝したいですね。四十五歳くらいまでは速くなれるのではと思っています。走ること自体楽しいので、その気持ちが続く限り走っていたいですね。ある程度歳を取っても若い選手に混じって、今の同世代のランナーとともに総合でトップ争いをしていたいです。

──最後に読者のみなさんにメッセージをお願いします。

西村　トレイルランニングのみならず、「走ることは楽しい」と思って、これまでやってきました。遊びながら、特にすごい努力といったことはせずに、気が付けばどんどん速くなったと思っています。

怪我や病気をせず、健康第一で、楽しむという気持ちをずっと持ってやり続けたいと思います。みなさん、また遊びに行きましょう！

――レースペースの30km走を週3回やり続けるなんていう研究は世界中で誰もやっていないし、だいたい出来る人がほとんどいないと思います。常識を超えた密度の高い練習が西村さんの強さの秘訣ですね。西村さん、ありがとうございました。

丹羽薫選手――五十歳で表彰台

丹羽薫 選手。スイス・ツェルマットにて。2016年「UTMB」8位、2017年「UTMB」4位、2018年「ULTRA-TRAIL Mt.FUJI」2位、2019年「Oman by UTMB®」優勝、2019「Tor des Géants 357km」5位、2021年「ULTRA-TRAIL Mt.FUJI」優勝、2022年「球磨川リバイバルトレイル100マイル」優勝。

――世界の丹羽さんにお越し頂きました。

　　実は遅咲きの丹羽さんですが、まずトレイルを走るようになったきっかけを教えて下さい。

丹羽　知り合いに、トレイルランニングという野山を走るスポーツに

ついて教えてもらい、連れて行ってもらいました。その時しんど
いとか苦しいといったネガティブな印象はなく、ただすごく爽快
でした。冬場にバックカントリースキーをしているので、その登
りのトレーニングにもちょうどいいし、愛犬と一緒に楽しめるス
ポーツなので最高だと思いました。

——ロードのマラソンから入った僕と違って最初から楽しかったので
すね。ここまで続けてくることが出来た理由は？

丹羽　愛犬の散歩がてら一緒に山を走っていましたが、だんだんレー
スに出たりしているうちに、競技として面白くなってきて、また
自分が長い距離に適性があることがわかってきて、よりのめりこ
んでいきました。自分の足ですごく遠くまで行けたり、海外では
国境を越えたりも出来るところにロマンを感じて続けています。

——確かに山は国境があってないようなものですね。これだけ長距離
が速い理由ですけど、小さい頃から走っていたのですか？

丹羽　子どもの頃から何らかのスポーツをしていました。ポートボー
ルに始まり、ソフトボールや柔道、セーリング、乗馬、スキーと、
全く走ることとは関係ないスポーツが多かったです。昔から長距
離は速かった方ですが、短距離は遅かったですね。でもその頃の
長距離って1.5kmとか2km程度で、今では超短距離に感じます。

——走ることとは関係のないスポーツばかりで、なんでこんなに速く
なったんでしょうね。山ばっかり走っているからですか？

丹羽　山ばっかりじゃなくて、あえてロードを走る時もありますよ。
登る筋肉は疲れているけど、身体を動かしたい時とか、犬の散歩
に行かなきゃいけない時は大体ロードです。あとフォームが崩れ
てきて、いいフォームを落とし込みたい時もロードを走ります。

——確かに登ってばかりいると、登りたくなくなる時はありますよね。

　丹羽さんといえば100マイルレースが主戦場ですが、レース前にはどれくらい、またどんな練習をしているのですか？

丹羽　最も練習量が多くなるのは、レース2〜4週間前ですね。大体週200km程度走ります。レースのコースプロファイルによって、それにあった内容の走りをします。アップダウンが多く、足場が悪い所が多いコースで急登が多かったりすると、走るよりも早く歩く練習が多くなったりもします。

——週200kmですか。山中心で200kmということはロードだと300kmとかいうレベルですね。レース前にはここから調整が入ると思うのですが、練習量はどんな感じで減らすのですか。

丹羽　レースの2週間前くらいまでは週150から200kmのペースですけど、そこから1週間前にかけてだいたい30％くらいの距離に減らしていきます。レース直前は一番走っている時の10％くらいの距離まで落とす感じですね。

——練習で走っている距離はわかりましたが、どれくらいの強度で練習している感じですか？（ボルグスケールで答えてもらっています）

丹羽　前の質問でもありましたが、ターゲットレースによって内容が変わります。急登や足場が悪いコースが多い場合、時間が掛かるけど走る割合は少なくなるので、それを意識して12ぐらいでトレーニングします。ポイント練習として山で少し追い込む時は14ぐらい。UTMBではスピードも必要になるので、13から14ぐらいでトレーニングしています。ポイント練習では16ぐらいです。

——普段の練習は有酸素レベルの強度が中心で、極端に追い込むことはないんですね。距離はすごいですけど、それほど追い込んだ練習はしていないのが印象的でした。レースではどんな強度で走っているのですか？

丹羽　レースの開始直後はちょっときついかなというスケールでいくと、12から13くらいです。しばらくは12くらいの楽なペースで進んで行きますが、100kmくらいになると少しきつくなって13くらいになります。後半の140とか150kmくらいになると15くらいのきつさになり、順位を競っている時は、ゴールにかけてさらにきつくなることもありますね。

——やはり後半にかけてすこしずつきつさが増してくるみたいですが、それでも15くらいと、まだだいぶ余裕がある感じなんですね。

　　　僕はロングレースになると胃腸障害に悩まされていますが、丹羽さんがレース中に最もきついことはなんですか。

丹羽　眠気です。眠気が来ると無意識にペースがものすごく落ちるし、いろんなところが痛いと感じます。頭もぼーっとして、冷静な判断力がなくなったり、ネガティブな気持ちになったりもします。

——お話を聞く限り中枢性疲労ですね。対処方法は？

丹羽　カフェインを投入します。でも切れる時に反動もあるし、だんだん効かなくなるので、最初のうちは音楽を聴いたり、周囲のランナーと話したり、歌を歌ったりしてごまかします。それでも手に負えなくなってきたらガラナ（ムクロジ科のガラナの実から抽出したエキス）の錠剤をのんだり、コーヒーを飲んだり、コーラを飲んだりします。それでも効かなくなってきたら、カフェインのカプセルを飲んだり、レッドブル（エネルギードリンク）を飲みます。レッドブルは３時間ぐらいで効果が切れてきて反動が来るので、あまり早く使わないようにしてます。

——歌、聞いてみたいですね（笑）。ガラナって南米の先住民族が摂取している植物の種ですよね。なにか効きそうです。食事に関してですけど、レース中どれくらいカロリー摂取していますか？

丹羽　１時間あたり100kcal強摂取しています。後半意識して増やす
　　　ようにしています。

──少し少ない気もしますが、丹羽さんは体重が比較的軽いので、後
　　半増えればちょうど良いのかもしれませんね。

丹羽　OVERSTIMS.Sというフランスの会社のドリンクに混ぜるパウ
　　　ダーも使っていて、これにはBCAAや電解質、ビタミンＣやＢ
　　　も入っています。さらにこれにＬグルタミンの粉を溶かしていま
　　　す。あと10kmおきに乳酸値の上昇を抑える働きがある「カツサ
　　　プ」というサプリメントを摂取します。また３時間おきに「ここ
　　　でジョミ」という抗酸化作用の強い成分の入ったジェルも飲んで
　　　います。

　　　　またサポートが来てくれるエイドでは大塚製薬のボディメンテ
　　　ゼリーを食べるようにしています。ホエイプロテインやBCAA
　　　や乳酸菌が摂取出来ます。暑い時間帯は電解質や乳酸菌が入った、
　　　大塚製薬のボディメンテドリンクも飲むようにしています。それ
　　　から普段飲んでいるビタミン剤や鉄剤、カルシウムなどのサプリ
　　　メントは、普段通りレース中も飲むようにしています。

──色々と細かい戦略があるのですね。科学的根拠はおいておいても、
　　色々試してみるのは楽しいですし、モチベーションも上がります
　　よね。鉄剤をレース中に飲む人は世界でも丹羽さんだけかもしれ
　　ませんね（笑）。

　　　　レース中のこだわりを聞かせて頂きましたが、日常の食事にも
　　　こだわりがありますか？　またカーボローディングはしますか？

丹羽　普段の食事ではバランスよく食べることを心掛けています。お
　　　野菜をたっぷり食べます。貧血になりやすいので、ヘム鉄（タン
　　　パク質・グロビンと、赤血球のヘモグロビンを構成）を多く含むもの（レ

211

バーや赤身の肉・魚等）を食べたり、たんぱく質が不足しないように気を付けています。

　カーボローディングは特にしません。レース前日の朝か昼ぐらいまで普段通り食べて、前日の昼か夜ぐらいから、お腹にガスが溜まる食物繊維の多い食材は摂らないようにしています。あと、アレルギーもあるので、アレルギー物質を含むものはレースが近くなったら絶対食べないようにしています。食べられるものが限られてくるので、自然と炭水化物メインの食事になっていますが、特にカーボローディングを意識している訳ではないです。

――直前に練習量を大きく減らして炭水化物中心の食事にすれば、自然とグリコーゲンが貯まっているような気がしますね。ところで、僕も四十九歳になり、回復の遅さや老化を感じますが、四十七歳となった丹羽さんはいかがですか？

丹羽　やはり故障すると治りにくかったりとか、疲れてすぐ眠くなったりとか、スピードを維持するのが難しかったりとか色々ありますね。それを乗り越えるために、若い時の記憶に捉われずに、無理をしないことを心掛けています。三年前とかに出来ていたことが同じように出来るとは思わないようにしています。筋肉痛とかにはあまりならなくなっているので、疲労感をダイレクトに感じにくくなっていて、オーバートレーニングになりやすかったりします。だから余計に気を付けていますが、どうしてもトレーニングし過ぎてしまう日もあるので、翌日は軽めにしたり休んだりして、代わりに自転車に乗ったり、マシントレーニングをしたり、スキーをすることもあります。

　また、パワーが落ちてスピードを上げるのが年齢とともに難しくなっているので、効率的なフォームで走るよう心掛け、トレー

ニングの際も絶えずフォームを意識して走っています。また、バランス感覚や体幹力も衰えていくので、体幹トレーニングを欠かさず、山に行って不整地を走ることも欠かさないようにしています。テレマークスキーをしていますが、非常に不安定なので、楽しみながら体幹トレーニングになっていいなと思っています。

——加齢による変化を素直に受け留めて、きちっとトレーニングしているところがすごいですね。自分のことをこれだけ正確に分析出来ている丹羽さんにも弱点とかありますか。

丹羽　絶対的なスピードの遅さと、競争心の無さでしょうか。

　　　でもこれは、後半の重要な局面では弱点になりますが、レース序盤では飛ばし過ぎることがないので強みにもなります。後半競っている状況が長く続いても、「なにくそ〜」とならずに、「もう負けてもいいかな」と思う時が結構あります。そんな弱点をカバーしてくれているのが、いろいろな人たちの応援であったりします。みんなが応援してくれているから頑張ろう、なんとか勝とうと自分をプッシュ出来ます。自分のためにはあまり頑張れないのが弱点ですかね。

——世界の丹羽さんでもそんな弱気なところがあるのですね。少し安心しました（笑）。

　　　最後に今後の目標と、読者へのメッセージをお願いします。

丹羽　既に四十七歳になって、あと一、二年で五十歳になります。こまで来たら、五十歳までは世界の表彰台に立っていたいなと思い始めました。100マイル以上のレースも好きですし、スピードが落ちてきたら100マイル以上のレースに移行すればいいので。十年とかもっと先のことは全然わかりません。私はずっといろいろな形で山を楽しんでいたいんです。競技としてレースで表彰台

を狙って戦うのは精神も消耗します。だから十年後にはもうそういうスタイルではやっていないかなと思います。でも、山スキーやスピードハイクなど、楽しみながら長く山と関わっていけたらなと思います。後はレースプロデューサーとして、日本で世界レベルのレースを開催していくのが目標ですね。

　トレイルランニングを競技として高いレベルで続けていくのは、大変なこともありますが、他のスポーツに比べたら、割と年齢が高くても何とかなります。また、アクティビティとして楽しむに当たっては、「生涯スポーツ」に近いかもしれません。そして私がそうであったように、トレイルランニングを通して、食生活が良くなったり、生活リズムが整ったりして、健康的なライフスタイルになる人も多いと思います。いい空気を吸って、いい景色を見て、仲間とわいわい楽しめるスポーツなので、精神的にもとてもプラスだと感じています。

　多くの人がトレイルランニングによって、クオリティーオブライフがアップすることを願っています。

──いつまでも楽しく山と関わっていきたいというのは本当に共感出来ますし、副次的に健康にもなるし、良いことづくめですね。丹羽さん、ありがとうございました。

注1　鏑木毅　プロのトレイルランナー。1968年、群馬県桐生市に生まれる。県立桐生高校から早稲田大学に進学。在学中は「早稲田大学競走部」に在籍。怪我のため、ランナーの道を断念、群馬県庁に就職。二十八歳の時、「山田昇記念杯登山競争大会」に出場。初出場で初優勝を果たす。以後トレイルランナーとして活躍。2009年からプロに。

注2　UTMB（ウルトラトレイル・デュ・モンブラン）　フランスのシャモニモンブラ

ンで開催されるトレイルランニングの大会。2003年に始まり、フランス、イタリア、スイスにまたがるモンブラン周囲の山岳地帯を走る。距離によって5つのカテゴリーに分かれているが、最も人気が高いのが、170km累積標高10000mのレースで、世界中からトップアスリートが参加する。

注3　熊野古道　和歌山県の熊野本宮大社に繋がる参拝路（いくつかのコースがある）で、世界遺産として登録されている。有名なものに、高野山からの小辺路、田辺からの中辺路、また修行の道である大峰奥駈道がある。

注4　累積標高　出発地から目的地までの、全ての登った標高差を合計したものが登りの累積標高であり、下りを全て合計したものが下りの累積標高になる。標高差を示すフランス語（Dénivelé）の頭文字を取って登りは「D＋」下りは「D－」と表示される。

注5　TJAR（Trans Japan Alps Race）　岩瀬幹生によって始められた、富山湾から駿河湾まで日本アルプスを縦断する415km（D＋26662m）のレース。当初より二年に一度行われているが、NHKで紹介されてから人気が上昇し、レースに参加するだけでも予選会や厳しい試験を通過しなければならない。ルールは年によって変化はあるものの、これまでの最速は2016年大会での4日と23時間52分で、望月将悟選手によって達成されているが、2022年に土井陵によって破られた（4日と17時間33分）。

注6　GPX形式　GPSで扱うデータ形式の一つ。座標やその繋がりなどが記録されている。

注7　Geographica　登山用のGPS対応アプリで、iPhoneでもAndroidでも使える。松本圭司さんが開発したアプリで基本機能は無料で使うことが出来る。ルート（GPXデータ）を入れておけば、25000分の1の地図上にルートと現在地が表示されるため、遭難を防ぐことが出来る。

注8　エスケープルート　予定通り進めない場合や体調不良の場合などに、目的地と違う場所に下山するためのルート。

注9　ルーメン　定義はかなり難しいが、ライトから出る光の量を示す単位。200ルーメン程度あれば、ある程度普通に山道を走ることが可能で、速度が遅くなる登りではもう少し暗くても問題はない。逆に下りは速度が上がるので、明るいほど速く走れる。

注10　ゴアテックス　アメリカのWLゴア＆アソシエイツ社が製造販売する膜状の素材で、水を通さないが水蒸気を通す程度の微細な穴が無数に存在する。レインウエアだけでなく、医療材料としても用いられる。

注11　防水性と透湿性　レインウエアは水を通さない能力（防水性）と水蒸気を通す能力（透湿性）の両方が高いことが求められる。それぞれ測定方法が決められており、

レインウエアにはその数値が記載されている。例えば登山に必要な防水性は耐水圧20000mm以上とされている。

注12　ビバーク　登山などで行動がうまくいかず、予定せずに山中で一夜を明かすこと。

注13　尾根　谷と谷の間にある盛り上がった部分が尾根で、山頂からみると尾根は無数に枝分かれし、地上に向かう。逆に地上から尾根を伝っていくと、別の尾根と合流しながら最後は山頂に着く。緩やかな斜面では尾根がわかりにくい場合があり迷いやすい。下山の時には上記のように尾根が分岐するため、誤った尾根に入るなどして迷いやすい。

注14　自己効力感　目標を達成するための能力を自分が持っていると認識すること。

注15　循環血液量　血管の中にある血液の総量で、少なくなると心臓に戻る血液が少なくなり、心臓からの1回拍出量が低下し、血圧も下がる。

注16　中鎖脂肪酸　一般的な脂肪酸よりも分子の長さが短く、腸から吸収後に直接肝臓で代謝されるため、一般的な脂肪酸よりも速く分解されてエネルギーになる。

注17　フルクトース　果糖といわれ、ブドウ糖と呼ばれるグルコースと少しだけ構造が違う。非常に甘く、肝臓で素早く代謝される。運動時以外に大量に摂取すると、肝障害や中性脂肪の増加などが生じ、身体にはあまり良くない。

注18　ペクチン　りんごなどに含まれる多糖類で食品業界では増粘多糖類として使用され、食品にとろみを付ける。人の腸では分解されず、腸内細菌による分解を受ける食物繊維の一つ。

注19　アルギン酸ナトリウム　海藻から抽出される多糖類でペクチンと同じく腸内細菌によって分解される食物繊維の一つ。水を含みやすくゲル状になる性質がある。

注20　ケトジェニックダイエット　炭水化物を極端に減らし、必要なカロリーを脂肪とタンパク質で補う食事。脂肪分解によって血中のケトン濃度が上昇する。この食事の是非は置いておいて、飢餓状態に近い体内環境となる。

注21　オキサロ酢酸　糖が解糖系で代謝されてピルビン酸になり、主にそこから生成される。脂肪が分解されてもミトコンドリアでの代謝ではオキサロ酢酸が必要となるため、全く糖質を摂取しないと人は生きていけないと考えられている。

第7章

ランニング障害と加齢

Salomon S/LAB PULSAR。軽量なのに衝撃吸収も良く、最近愛用している。

● レース中の障害

● 胃腸障害

　100kmを超えるようなレースになると、嘔気や嘔吐、下痢など様々な胃腸障害が起こる。僕自身も、いつも嘔気・嘔吐には悩まされ続けている。こればっかりは気力では乗り越えられない。

　実際、ロングレースでは胃や腸管からの出血はしばしばあるとされているが、胃酸の分泌を抑えるヒスタミンH2受容体の拮抗薬（注1）を飲むことで100マイルレースでの出血が87.5％から11％に減少したという報告がされている[1]。この研究ではこの薬によって嘔気や嘔吐が減少したが、パフォーマンスには影響は出なかったらしい。また胃酸分泌をさらに強く抑えるプロトンポンプ阻害薬（注2）に関しても246kmのスパルタスロン（注3）のレースで消化管出血を抑制することが出来たことが報告されている[2]。

　図7-1に示すように、山岳のレースでの低酸素環境、そして頑張り過ぎ、また気温の上昇などにより、胃腸の血流量は低下する。血流量が低下すると腸の粘膜が障害され、活性酸素の増加や炎症の増加が生じ、そして腸粘膜の透過性が高くなる。透過性が高くなると、普段は通過出来ないような腸の細菌などが血液中に流れ込んでしまい身体に強い免疫反応が生じる。

　これらの現象が起こると、自覚症状としては嘔気や嘔吐が引き起こされる[3]。睡眠不足や痛み止めの使用は胃腸障害を悪化させるし、経験上これらの症状は夜間にひどくなることが多い。画期的な解決法はまだないが、消化管出血は先に述べたような薬（市販薬ではガスター）で予防が出来る。またヨーグルトなどのプロバイオティクス（注4）を普段から摂取することで、症状が出にくくなるという研究もあるし[4]、グルタミン（注5）の摂取に効果があるという研究

　もある [5]。僕自身は、食べなければあまり胃腸障害が起きないのではと思っていたのだけど、実は食べた方が胃腸障害は減る [6]。おそらく食べることで強制的に胃腸への血流を増やすことになり、間接的に胃腸を守っているのではないだろうか。気分が悪くなってきて、食べられなくなると、さらに症状が悪化し、余計に食べれなくなるという悪循環に落ち入る。普段の練習でたくさん食べる練習をするガットトレーニング（Gut training）もある程度の効果があるとされている。

　長いレースでは補給の目安量である1時間に200〜300kcal（ジェルで2個程度）を摂ることで胃腸障害も抑えられる可能性がある。血流を増やすといえば、第3章で書いたように、下腿のコンプレッションウエアの使用で胃腸障害が減るという報告もあるので胃腸障害に悩んでいる方は試す価値がある [7]。

　第6章の「初めてのウルトラマラソン」で述べたように、何らかのアレルギー疾患がある人はレースの完走を難しくするという結果が出ている。もしかしたら、普通の人よりも腸の粘膜の炎症が強く起こり、嘔気などがひどくなりやすいのかもしれない。花粉症などのアレルギーがあるような人は、普段使っているアレルギー薬に効果が期待出来る。

　他の市販の胃薬はどうだろうか。オウバク（キハダ）（注6）などの生薬が入っているような薬（正露丸、陀羅尼助、大正漢方胃腸薬など）は腸の炎症を抑えるベルベリン（注7）を含んでおり [8]、もしかしたら効果があるかもしれない。僕もたまに「陀羅尼助丸」を飲んで走ったりもしているが、同時にガスターも飲んでいるから生薬に効果があるのかどうかは検証が難しい。

　嘔吐を繰り返して全く動けなくなったらどうすれば良いだろう。

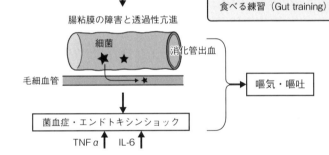

図7-1 胃腸障害の原因と対策

　低酸素や高い運動強度、高温下での運動では胃腸への血流が低下する。その結果、腸の粘膜は障害され、炎症を起こし、さらに粘膜の透過性が亢進することで、菌血症（血流中に細菌が存在する状態）やエンドトキシンショック（細菌による全身性の炎症性反応）を引き起こし、血液中のTNFαやIL-6といったサイトカインが上昇、嘔気や嘔吐が生じる。

　身体に悪いので、嘔吐が続く場合はリタイヤ（DNF）を勧めるが、どうしても完走したい場合は暖かくして横になり、出来れば睡眠をとることが一番だと思う。関門に間に合わなければ無理だけれど、2〜3時間横になればある程度は回復する。

● 足のつり

　基本的に足がつるのはつった筋肉をそれだけ酷使したという証である。練習ではなかなかつらないのに、レースでつるのはそれだけ頑張っていると褒めてあげて良い訳だが、実際足がつり出すと走るのもままならなくなってしまう。足がつる原因は色々言われているが、はっきりとはわかっていない。通常は神経の命令に従って動く筋肉が、過剰反応を起こしているような状態で、必要がないのに筋収縮が起こっている状態である。脱水や電解質バランスの異常なども原因になるとされているが、足がつった時に調べても多くのランナーの電解質は正常であり、水分や塩を摂取しても足のつりが予防出来ることはない。足がつりやすいかどうかはコラーゲンの遺伝子など何らかの遺伝子と関連がありそうで[9]、レース直前に疲労が残っている場合や、頑張り過ぎると起こる [10]。

　マグネシウムが欠乏すると足がつることがある。ジェルなどでマグネシウムが入っていることをうたっているものもある。多くの研究の結果、残念ながら健康な人がマグネシウムを摂取しても足つりを防止する効果は全くない[11]。足つりを予防する良い方法があるのだろうか。運動前のストレッチは効果が無いとされている [12]。

　高齢や、腰が悪いと夜中に足がつる。患者さんに芍薬甘草湯を処方すると非常に効果が高い[13]。レース前や途中に服用して足のつりが予防出来るか科学的な証明はされていないが、十分効果がある可能性はあり、よくつる人は試してみる価値はある。この前、山を一緒に走っていた友人の足がつり、芍薬甘草湯を内服したらすぐに治ってしまった。僕自身、芍薬甘草湯はまだ試していないが、足がつっても気にせず走り続けることが多い。スピードはゆっくりになり、かなり痛いけれど、そのうち収まってくる。止まってストレッ

チすると一瞬良くなるが、走るとすぐつるから気にせず走り続けることにしている。実際はかなり痛いから一度、芍薬甘草湯を試してみようと思う。

●痛み

　痛み止めは主にNSAIDs（注8）と呼ばれるものと、アセトアミノフェン（注9）、そしてトラマドール（注10）やモルヒネなどの麻薬系の薬がある。

　NSAIDsには色々な種類があるけれど有名なのはロキソニンやイブプロフェンといったものになる。残念ながらNSAIDsは胃腸障害を悪化させ、腎障害のリスクにもなる。ただ、ウルトラトレイルでのゴールタイムはNSAIDsをたくさん飲んでいる人の方が速かったという報告もある。

　2021年よりUTMBはすべてのNSAIDsとトラマドールを禁止薬物としている。他の大会では禁止されていないが、僕自身も痛み止めの服用は腎不全や横紋筋融解症（注11）のリスクとなり、あまりお勧めはしない。現在UTMBで許されている唯一の痛み止めはアセトアミノフェンとなっている。自分で試してみたことはないのではっきりとはわからないけれど、小児や高齢の人、腎臓が悪い人にも比較的安全に使用出来るので、手術の後の鎮痛にもよく使用される。レースでの使用の一つの選択肢ではある。

●障害の原因
●走り過ぎ

　下肢の筋肉の肉離れやアキレス腱炎、足の裏が痛くなる足底腱膜炎などランナーは様々なランニング障害（怪我）に悩まされること

がある。特にランニング初心者ほど色々なところが痛くなり、ランニング障害に悩む。普通は走っているうちに身体は丈夫になってきて怪我は減る。しかし怪我もなく走り続けている人もいれば、すぐにどこかが痛くなって走れなくなる人もいる。少なくとも身体の丈夫さはかなり個人差が大きく、怪我をしないことは大きな能力であり、両親からの大きな贈り物である。

　走り過ぎるとランニング障害が増えるだろうか。少なくとも、週に一度以下とか週に1時間以内など、ランニング頻度が極めて低いことがランニング障害のリスクを高めていることはわかっている。逆に1週間に30kmから40km以上走ると、この場合もランニング障害が増える[14] [15]。結局週2、3回定期的に走っている普通の人が一番怪我をしにくい。

　また週あたりのランニング距離を急に30％以上増やすと怪我が増えるという報告もあるので[16]、距離を伸ばすのは慎重にした方が良い。走っていると楽しくなって毎月レースに出る人もいるし、僕の周りには全国を飛び回って月に2、3回レースに出ている人もいる。マラソンに関しては年6回以上レースに出ている人はそうでない人に比べて怪我が多いとされている。あまり頑張り過ぎると怪我が増える可能性が高い。

● 体重

　習慣的に走っている人であれば、体重が重くても怪我のリスクが上がることはない。ただし、ランニングを新たに開始する場合は、体重が重いとランニング障害を起こしやすいというデータもあるので、すこしづつ距離を伸ばすように注意した方がよいだろう。逆に女性で極端に体重が軽いと疲労骨折のリスクは上がる[17]。確かに

体重が軽いとタイムは良くなる傾向にはあるが、痩せ過ぎるとどこかでパフォーマンスは悪化して怪我のリスクだけが増える。

● 年齢

　長年ランニングを続けて高齢になると骨や靭帯が弱くなってきて怪我が増えそうな気がするが、実はそういうことはなく、歳を取ったらからといってランニング量を減らしたり止める必要は全くない。どちらかと言えば高齢になるほど怪我が減るという報告まである。

● シューズ

　ずっと同じシューズで練習していると、だんだんソールが削れてくる。走り方によっては外側や内側のソールがすり減って少し傾いた状態になることもある。古いシューズを履き続けると怪我が増えるのだろうか。いくつかの研究があるが、結論的には新しいシューズでも古いシューズでも怪我のリスクはほとんど変わらないことがわかっている。

● 練習の種類

　インターバルトレーニング（急走と休息を組み合わせて行うトレーニング）などで怪我が増えるイメージを持つランナーは多いと思う。高強度の練習では膝周囲の怪我が減る一方でアキレス腱炎など下腿の障害が増えるという報告がある[15]。しかし一方で、強度を上げた場合と、量を増やした場合でランニング障害の種類も率も差がなかったという報告もある[18]。インターバルトレーニングで特別怪我が増える訳ではなさそうだが、身体が温まっていない時に急にスピードを出すと、ハムストリングの肉離れなども生じるので、しっ

かりと筋肉を温めてから行うことが重要になってくる。

● ランニング障害の予防

● ほどほどに走る

　ランニング障害を効率的に予防することは可能だろうか。残念ながら運動前のストレッチ、特別なインソールや足型に合わせたシューズなど、いずれも怪我を防ぐ効果はない[19]。下手をすれば怪我が増えるという報告まである[15]。初めてマラソンに挑戦する人たちに、体幹や股関節周囲の筋力強化をすることで怪我が防げるかという研究が行われたが、怪我のリスクが下がることもマラソンのタイムが良くなることもなかった[20]。裸足で走るベアフットランニングも流行っているが、ランニング障害を予防する効果は証明されていない[21]。

　結局、ほどほどに走るのが健康にもランニング障害の予防にも一番良いことはわかっているのだけれど、僕も含めて一部のランナーはなんとしてでも速くなってやろうと思って走っている。交差点を渡れば渡るほど交通事故に遭う確率が上がるのと同じで、走れば走るほど怪我をするリスクは高くなる。骨、筋肉や腱は走れば走るほど、小さな損傷が加わっていく。通常はそこから回復することで少し強くなり、足も速くなる訳だが、回復の時間がないと怪我に繋がる。

　回復で最も重要なことは第4章でも述べたように睡眠である。寝る時間を削って走っても、怪我をすれば元も子もない。もう一つ僕が重要だと思っていることは怪我を事前に察知する能力だ。疲れ過ぎている時に無理をしない。微妙な違和感を感じた時に無理をしない。「このまま走ると怪我に繋がるかもしれない」——そういう感

覚が、何回も痛い思いをするとだんだん備わってくる。

　僕自身は腸脛靭帯炎（4か月）、下腿の肉離れ（半年）、アキレス腱炎（一年）、足底腱膜炎（半年）、足の靭帯損傷（一年）、モートン病（手術）、転倒による肋骨骨折（4週間）と様々なランニング障害に悩まされてきた。年齢とともに、違和感を感じた時に無理をしないことの重要性が身に染みて感じられる。

● 冷水浴

　冷水浴は運動後の筋肉の炎症を抑え、速やかなリカバリーを目的に行われていることが多いし、筋肉痛の軽減作用が示されている。運動後にこの冷水浴を日常的にすることで、運動のパフォーマンスは改善されるのだろうか。

　実は筋力トレーニングでは冷水浴をしない場合と比べて、筋力の低下を招くことが示されており、全く推奨されていない。また通常のランニングのトレーニングにおいては、全く効果がみられないことがわかっており、激しい練習の後の炎症の抑制など、特定の場合を除いては日常的に行う意味はない。また肉離れなどの障害に対しても、冷やし過ぎると治癒が遅れる可能性が最近は指摘されている。運動の後は温かい風呂でリラックスするのが最も良い[22]。

● コンプレッションウエア

　激しいトレーニング後のリカバリーにコンプレッションウエアが有効かどうかに関して、多くの研究がなされている。総合的に見て、コンプレッションウエアの着用は、運動24時間後の筋力やパフォーマンスの改善に繋がる可能性が高い。少なくとも悪い効果はなさそうなので、着ることに不快感などがなければ使用するのは一つの戦

略である[23]。

● アクティブリカバリー

レースの後などに、完全に休むのが良いのか、軽い運動をした方が良いのかは迷うところだと思う。あまり詳しく研究されていないが、マラソンレースの2日後、4日後、6日後に適度なジョギングをした場合と、何もしない場合で比較した研究では、血液検査で測定した筋肉のダメージには差がなかったものの、垂直跳びの記録はジョギングをした方が少し良かったという研究がある[24]。

しかしハーフマラソンの直後にアクティブリカバリーをした研究では回復が遅れたという報告もあるので[25]、少なくともレースの次の日には運動は控えた方がよさそうである。軽い運動がしたい時に非常にゆっくりと身体を動かすことは問題がないが、やり過ぎると回復が遅れる可能性が高いのでほどほどにした方がよいだろう。

● 走り過ぎるあなたへ

● 免疫への影響

第2章で述べたように、適度なランニングは悪玉コレステロール（LDL）を低下させ、善玉コレステロールであるHDLの濃度を上げることで、血管の動脈硬化を予防し、さらに糖尿病などの成人病のリスクを下げる働きがある。さらに走ることで交感神経が働き、アドレナリンを介してNK細胞（注12）という癌細胞を攻撃するのに重要な細胞が活性化することで、癌の発生を抑制する[26]。また適度なランニング習慣はインフルエンザなどの上気道感染の発症の頻度を低下させるだけでなく、重症度や治癒期間を短縮させる[27]。

一方でフルマラソンのレースのような大きな負荷を与えると、免

疫の機能は低下することが知られている。ロサンゼルスマラソンの参加者を追跡調査したところ、レース後1週の間で上気道ウイルス感染（風邪）が増加していた[28]。激しい運動などのストレスに曝されると、血液中のリンパ球が、骨髄や腸、肺に移動することによって一定時間減少してしまうと考えられている。このリンパ球の減少により風邪などのウイルス感染が生じやすくなる。

　また激しいトレーニングを続けていると、慢性的な睡眠障害が生じることがわかっていて、それに伴い免疫機能の低下が生じる[29]。僕もきついレースの後は身体中痛くて数日熟睡出来ないことがある。

　僕が三十代の頃に仕事の疲れからか、左胸に帯状疱疹が出たことがある。帯状疱疹というのは、特定のヘルペスウイルスが悪さをするものだが、症状が治ってもこのウイルスは神経節という場所に住み着いている。激しい練習やレースの後は、以前帯状疱疹が出た左胸の部分の神経が腫れて痛くなることがあり、僕自身は身体の状態のバロメーターにしている。おそらく免疫が低下して、ウイルスがうずうずしている状態なのだろう。

　ヘルペスウイルスといえば皮膚科の病気だが、僕の大学の先輩でもあり、ランニング仲間でもある京都大学皮膚科教室の椛島健治教授はマウスをトレッドミルで走らせた後にヘルペスウイルスを感染させるという実験を行っている[30]。激しく走らせたマウスでは、血液中のNK細胞やリンパ球の数が減少しており、感染の症状もひどくなった。このリンパ球の減少が血液から骨髄へのリンパ球の移行によって生じていて、これが運動によって副腎（注13）から分泌されるステロイドホルモンの作用であることもわかっている。

　レースやトレーニングによる免疫機能の低下を防ぐ方法はあるのだろうか。運動中や運動後の糖質の摂取で免疫機能がいくらか向上

することがわかっている[29]。しかし、グリコーゲン枯渇状態での
トレーニングは、前に書いた通り非常に有効である可能性があり、
この辺りのバランスは難しい。糖質以外にはタンパク質の摂取によ
り免疫機能が改善することが知られている[29]。激しいトレーニン
グやレースの後は、意図的にタンパク質の摂取を増やすことが望ま
しい。

● オーバートレーニング症候群

　きつい練習やレースの後は当然疲労が溜まる。中枢性疲労と身体
性の疲労の両方が起こるので、朝から身体がだるく、筋肉痛もあり、
身体がむくむ。通常は２、３日もするとかなり症状は改善して、１
週間もすれば身体は快調に戻る。このように回復する疲労はオー
バーリーチングと言われる。しかし、強度の高い運動を続けている
と、これらの疲労がうまく改善せず、やる気の低下、抑うつ、パフォー
マンスの低下などの症状が出てくることがあり、「オーバートレー
ニング症候群」と言われている。

　オーバーリーチングとの違いは、回復に数週間から数か月掛かる
ことである。この状態になると貧血などの他の要因が無いのにも関
わらず、安静時心拍数及び血圧が増加する。ひどくなると全身倦怠
感や睡眠障害、食欲低下や抑うつなどが見られる。一番簡単な診断
は起床時の心拍数を測定することであり、普段よりも10拍程度高い
とオーバートレーニング症候群の可能性がある。最近のスマートウ
オッチでは睡眠時の平均心拍数なども測定してくれるので、自分の
身体の状態を知るのに非常に便利である。もちろん、トレーニング
不足でも安静時心拍数は上がるので、全然トレーニングを頑張って
いない場合で心拍数の上昇が見られた場合は逆に頑張ってトレーニ

ングをした方が良い。

　オーバートレーニング症候群の原因はおそらく慢性的な中枢性疲労からくる視床下部（注14）から脳下垂体（注15）機能の異常と考えられている。このような症状が出現すれば、一度スポーツ専門医を受診するのが良い。早期に発見すればするほど早く回復するので、パフォーマンスが上がらないから「より激しいトレーニングをする」という悪循環に陥らないですむ。

　オーバートレーニング症候群には明確な診断基準が存在しないし、特別な治療法はない。大切なことは、休養と睡眠、そして適切な食事となる。多くの肉体的、精神的ストレスから生じた状態であるから、明らかなストレスがあるならそれを出来るだけ除いてあげることが望ましい。全く運動しないことがストレスになるのであれば、軽いジョギングをしても構わない。少なくとも心の底からエネルギーが湧いてきて、走りたいと思うまでは、インターバルトレーニングのような高強度トレーニングは避けた方が良いだろう。

●ピリオダイゼーションの勧め

　もともとピリオダイゼーション（期分け）という概念は、目的とするレースに向けた練習方法として出来た概念で、伝統的には、ゆっくり長く走る時期、距離を短くして強度を上げる時期、そしてピーキングと分かれていて、僕が初めて買ったアーサー・リディアードの本でもその方法を勧めている。

　逆にリバースピリオダイゼーションと言われて、最初に強度を上げて、その後に距離を伸ばすという方法もあるが通常の方法より効果は得られにくいとされている[31]。ただ、夏の暑い時期に長く走ることは難しいので、夏はまず強度を上げて、涼しくなれば距離を

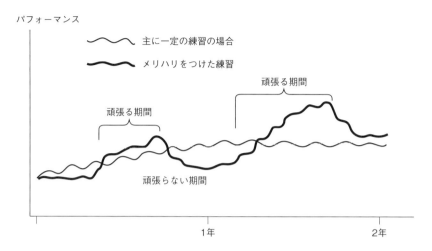

図7-2　僕の勧めるピリオダイゼーション

　一年中頑張っているよりも、頑張らない期間を毎年2〜3か月作った方が結果的に速く走れるかもしれない。

伸ばすというような方法も良いと思う。

　このような練習方法は、同じ強度の練習を続けているよりも効果的に速くなる[32]。狙ったレースが年に2回くらいで、それに向けてトレーニングする場合は、このような練習方法で問題ないが、多くの走り過ぎるランナーは走れるだけレースに出て、走れるだけ練習していることと思う。僕の勧めるピリオダイゼーションは、時期によってはレースも出ずにサボった方が良いのではないかというピリオダイゼーションだ。

　走り過ぎるランナーは真面目な人が多くて、月間必ず300km走るとか決めている人も多い。僕は基本的にあまり真面目でないので、4500km走る月もあるけれど、夏場などやる気が起きなければ、100kmも走らないこともしばしばある。僕は「走らない期間」と

いうのがとても重要だと考えていて、そのような期間に傷んだ身体や心が修復されて大きな障害を起こさずに走り続けられるのだと思っている。

　第5章で述べたように、練習を減らすと、当然足はすぐに遅くなるけれど、再開すれば速やかに元に戻る。一年中頑張るより、数か月頑張って速くなる方が、健康的により速くなれるのではと思っている。もちろん、頑張る時期の中でさらにピリオダイゼーションを行い、「量を走る時期」と「強度を上げる時期」を作れば完璧かもしれない。図7－2のようなイメージで一定の練習を続けるより、メリハリをつけた方が長い目で見ると結局は速くなれるのではないだろうか。

● ランニング依存症

　ランニング依存症というのは、ランニングをしないと不安や不快を生じ、ランニングの頻度が過度になることで、社会生活に問題が生じている状態を指す。全てのスポーツ活動で生じる可能性があるが、ランニングでの発生頻度は14％程度と他のスポーツよりも高いことが報告されている[33]。どれくらい依存度があるのかを簡単に計れるスケールが考案されているので、それを表7－1に示す[34]。

　僕自身はランニング依存症だと思っていたのだけれど、得点は幸いにも19点と依存症の可能性がある24点にはいかなかった。ランニングではドーパミンやエンドルフィンが脳内で分泌されることが依存症になる原因とも言われている。また薬物依存になりやすい人ほど、ランニング依存になりやすいという報告もある。薬物依存やアルコール依存よりランニング依存の方がよっぽど良いので、それらの依存症の治療としてランニングが取り入れられたりもしている。

表7-1　運動依存症スケール

	全くそう思わない（1点）	そう思わない（2点）	どちらでもない（3点）	そう思う（4点）	とてもそう思う（5点）
運動は私の人生で最も大切なものである。					
私の運動量について家族やパートナーの間で対立が生じたことがある。					
私は気分転換のために運動をしている。					
時間の経過とともに1日に行う運動量を増やしている。					
運動を休むと気分が悪くなったりイライラしたりする。					
運動量を減らそうとしても、また始めるといつも以前と同じように運動してしまう。					

　30点満点のうち24点以上で依存症の傾向が見られるとされている。Terry, A. et al., "The Exercise addiction inventory: A new brief screening tool". *Addiction Research and Theory*, 2004,12(5):p.489-499 より改変。

　しかしやはりランニングに依存し過ぎると社会生活に大きな問題を生じる。有効な治療法は確立されていないが、拒食症などの治療と同じく、自分の問題点を認識することから始め、少しずつ運動量を減らしていくようにカウンセリングなどを受けると良い。

● 加齢の影響

● 加齢とマラソンのタイム

　年齢を重ねると残念ながら全ての機能が低下する。筋肉は三十歳を過ぎると年に１〜２％程度減少し、特に Type Ⅱ の速筋の量が減ることで、転倒しやすくなる。機能が悪くなったミトコンドリアなどの細胞内器官を取り除く機能も低下していく。基礎代謝は低下し、腸内細菌の多様性も失われる。

　比較的ピークが遅いマラソンでも、四十歳になると記録は通常低下する。低下の原因の大部分は心機能の問題と考えられていて、最大心拍数の低下により、筋肉で使用出来る酸素量が減ってゆくことが原因となる。残念ながら、頑張ってトレーニングしていても、第４章で述べたように歳とともに最大心拍数は低下する。実際、アメリカの三大マラソン（ボストン、ニューヨーク、シカゴ）の各年代のトップの平均タイムは図７−３のようになり個人差はあるもののトレーニングを続けていても、このように低下していくことが予想される[35]。

　図の結果はランナー全体で見た結果だけれど、個人でデータを取ると、継続的にトレーニングを続けていれば、六十歳くらいまでは十年で７％程度遅くなる。五十歳で３時間で走れる人であれば、六十歳では３時間12分くらいとなる。マスターランナーの人数は近年増え続け、その記録も年々上昇している[36]。歳を取っても適切なトレーニングを続ければ、走り続けることが出来、記録も伸びる可能性がある。

　前に述べたように、マラソンの記録は最大酸素摂取量よりも乳酸性作業閾値が相関する。しかし歳を取ると、乳酸性作業閾値は最大酸素摂取量に近付いてゆき、パフォーマンスの予測は最大酸素摂取

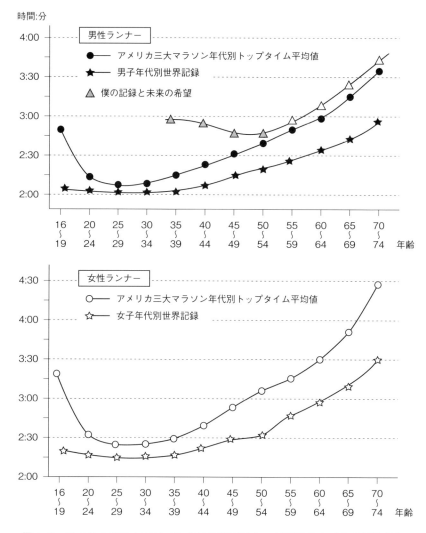

図7-3　アメリカの三大マラソンの各年代別のトップ選手のタイムの平均値と
　　　　年代別世界記録の推移

　男女ともに、四十歳を過ぎると経年的にタイムは落ちてしまう。ただ、僕のように大人になっ
てからランニングを始めた場合にはしばらくはタイムが良くなり、その後低下すると考えられる。
Gerald, S.Z. et al., "Declines in marathon performance: Sex differences in elite and recreational
athletes". *PLOS ONE*, 2017,12(2): Article e0172121 より改変。

量とより相関するようになる[37]。ということは、パーフォーマンスを保ちたければ、最大酸素摂取量を上げるようなHIITなどの高強度トレーニングが高齢になればなるほど重要になるということかもしれない。

　悪くなることもいっぱいあるが、ランニングによって老化のスピードを抑えることは可能である。僕自身の記録と未来の予測も立ててみたけれど、うまくゆけばかなりトップレベルに近いところで頑張れるかもしれない。

● 加齢によるランニング障害とその予防

　加齢に伴い特別ランニング障害の発生が上昇することはないとされているが、加齢に伴って増える病態として、腱の障害と骨粗鬆症がある。腱の障害としてはアキレス腱炎や足底腱膜炎などがあり、骨粗鬆症を含めて筋力トレーニングが非常に重要となってくる。筋肉も速筋が中心に減っていくので、歳を取ると特に筋トレがパフォーマンスの維持に重要になってくる。

● マスターランナーのトレーニングと戦略

　平均年齢四十七歳のマスターランナーに閾値走をさせる群（閾値群）、short-HIITをさせる群（HIIT群）、普段の練習を続けてもらう群（コントロール群）に分けて8週間トレーニングしてもらった実験が報告されている[38]。

　コントロール群と比較して閾値群もHIIT群も乳酸性作業閾値及び乳酸性作業閾値における走速度の増加、ランニングエコノミーの改善、5kmタイムトライアルのタイム短縮がみられた。どの群も最大酸素摂取量は改善しなかったが、HIIT群のみ最大酸素摂取量

でのスピードの増加が見られた。興味深いことに閾値群も HIIT 群
も全体のランニング量（練習距離）はコントロール群の6割程度で
あった。

　この研究から言えることは、マスターランナーの最大酸素摂取量
の改善は難しいが、若いアスリートと同じく閾値走や HIIT によっ
て著しいパフォーマンスの改善が見られることである。心機能は改
善しない（最大酸素摂取量が改善していない）ことから、この改善の多
くは筋機能とランニングエコノミーの改善で得られている。

　レース前の食事に関する報告もあり、平均五十八歳のランナーの
研究でレース前2週間のタンパク質摂取量が少ないと、パフォーマ
ンスやレース後の身体の損傷が強いと報告されているので[39]、テー
パリング（運動強度や量を目的のレースに向けて減らすこと）の時期に良
質なタンパク質を摂取するように心掛けたい。通常は体重1kgあ
たり1.5g程度（体重60kgなら90g）で十分とされている。

　結局歳を取っても、きつい練習と十分な食事が重要であるが、な
により「速くなりたい」という熱意が最も重要なのかもしれない。

● ランニング障害とその治療

● アキレス腱炎

　朝起きた時にアキレス腱に痛みを感じる。アキレス腱をつまむと
痛みが走る。軽症のうちは走っているうちに痛みは減ってゆく。

　インターバルトレーニングなどの高強度のトレーニングでアキレ
ス腱炎になるリスクは上がる。走り過ぎでも当然生じ、ウルトラマ
ラソンに出ているようなランナーに発生頻度が高い[40]。身体が硬
いとランニングエコノミーに優れていると書いたが、アキレス腱炎
になる可能性は少し高くなると言われている。また砂浜のような柔

らか過ぎる地面を走るとアキレス腱炎になるリスクは上がる。

　アキレス腱炎の治療には運動療法の効果が非常に高い。アキレス腱に大きな負荷が掛かるような運動が有効だ。バーベルなどで負荷を掛けて、カーフレイズつまり踵を上げて爪先立ちになり、ゆっくり戻してくるエキセントリック収縮が有効とされており、僕もこれで治った経験がある。その他には、ヒアルロン酸やPRP（Platelet rich plasma：多血小板血漿）の注射、ステロイドの注射、衝撃波治療も有効であるが、多くは自費診療となるデメリットがある[41]。

● 腸脛靭帯炎

　どちらかといえばランニングの初心者に多く見られ、長い距離や下り坂を多く走ったあとに発症する。膝の外側の部分に腫れと痛みを生じ、特に階段を下りる時や、トレイルの下りで地面に接地している足が地面から離れる時に痛みを生じる。この痛みはかなり不快で、ひどくなると全く走れなくなる。消炎鎮痛剤の内服で軽快するが、完全に治るためにはランニングを中断しないといけない場合が多い。

　痛みがよくなるまでは、階段を下りない、トレイルに行かないなどが重要で、ステロイドの局所注射や、体外衝撃波（保健適応外）で一定の効果が得られる。マッサージや運動療法はあまり有効ではない。ランニングの習慣が長くなるに連れて悩まされることはあまりなくなってくる。どうしても良くならない場合には手術もあり、スポーツ復帰率は80％以上とされている[42]。

● 膝前面痛

　ランニング時に膝のお皿（膝蓋骨）の周囲が痛くなる症状で、膝

<ruby>蓋大腿関節<rt>がいだいたいかんせつ</rt></ruby>（注16）の障害と考えられている[43]。比較的若くてランニング経験が少ない人に多く見られる。膝周囲や股関節周囲の筋力が低下していると生じやすい。タイトハムストリングといって、立位体前屈があまり出来ない人がなりやすい。また若い時から痛い場合は将来的に軟骨が変性しやすくなると考えられている[44]。

　この症状がある場合は、積極的に股関節や膝周囲の筋力トレーニングをすることが効果的である。具体的にはスクワットやランジ、そしてゴムのベルトを用いて股関節の外転筋や内転筋を鍛えるトレーニングなどがある。またハムストリングが硬過ぎる場合はストレッチも必要になる。

● 半月板損傷

　膝関節の間にある軟骨で出来た組織で膝関節の内側と外側に存在し、荷重を受け止める働きをする。走行距離が伸びるほど損傷する可能性が高い。炎症が強くなると膝の関節に水が溜まることも多い。痛みが持続する場合は、整形外科で診察が必要で、MRIで診断出来る。

　損傷がひどい場合には、縫合や部分切除などの手術が関節鏡を用いて行われる。強いO脚などがある場合は、膝周囲の骨を切って正常な形に戻す手術を一緒に行うこともある。僕自身、踵着地は前足部着地よりも半月板を損傷する可能性が高いと思っているが、それを示す証拠はない。

● 足関節捻挫

　トレイルなどの下りで足首を捻ることがある。ひどく捻ると骨が折れるか、靭帯が断裂する。関節が不安定となるような靭帯断裂の

場合は手術が必要になるが、そこまでひどくなければ、軽い固定程度で時間とともに靭帯は修復される。骨折の場合は、骨がずれている場合に手術が必要になる。骨がずれていなければ必ずしも手術は必要ではないが、非常に小さな傷（5mm程度）から1、2本スクリューを入れるだけで、荷重を掛けた歩行がすぐに可能となるためスポーツ選手などは手術を行うことが多い。

　捻挫を繰り返して関節自体が不安定となり、普段から捻挫を繰り返すような場合は将来的に軟骨が傷んでしまう可能性があるので、靭帯再建術も選択肢に上がる。テーピングには十分な予防効果があり、よく捻挫する場合は使用を勧める。僕自身の経験では疲れているほど捻挫はしやすくなる。

　疲れてくると、足の位置感覚が鈍くなってゆき、また足の細かい筋肉が疲れることで、地面の凹凸に対応出来なくなってしまう。予防は足の感覚と細かい足の筋肉を強化することである。プロプリオセクション・トレーニング（注17）と呼ばれているトレーニングが有効である。具体的には、片足で立ちながらもう片方の足で空中に数字を書くような練習や、ランジ（下半身の筋肉トレーニングの一つ）で前や後に進むランジウォーク、バランスボードを用いたバランス練習などがある。普段から出来るだけ柔らかい底の薄いシューズを履くことでもこれらの感覚は研ぎ澄まされる[45]。

● 足底筋膜炎

　足の裏の踵の辺りの痛み。朝起きた時に痛みが強いが、走っているうちに少し楽になる。足首の動きが柔らかく、体重が重いほど生じやすい[46]。痛みが続く場合は、ステロイドの注射や体外衝撃波治療が有効で、これは健康保険でカバーされている。

● モートン病

　走っているうちに足趾の付け根が痛くなるのが特徴で、多くは第３、４足趾の間に生じる。痛い部位を指で押すとより痛みを感じる。原因は足趾に分布する神経の損傷で、神経に小さな損傷が生じた時に起こる。神経再生がうまくいかず、神経腫という小さな腫瘤が神経に出来る。ランニングなどで繰り返し損傷を受けると、この神経腫が大きくなり、痛みが強くなる。足趾が背屈されると靭帯と地面の間で挟まれて症状が出やすくなり、ハイヒールを履いたり、急な坂道を足先で登る時に痛みが出る。

　ステロイドの注射などで、ある程度治療効果はあるが、僕は痛みが強く手術を受けた。手術は足の甲側（背側）から靭帯を切離して神経腫を切除することが多い。神経を取ってしまうので、足趾の感覚は鈍くなり違和感は一生残る。また手術の時に靭帯を切るので、足の不安定感が生じることもあり、僕の場合は、違和感・不安定感が三年くらい続いた。現在、幸いにも以前の痛みは走っても感じない。足趾の感覚など、失うものも多いので、どうしても走れなくなった場合にのみ手術は受けた方が良い。

● 腰痛

　ランニングで腰痛になるリスクはかなり低い。どちらかと言えば、日常生活で痛くなって走れなくなるということはあるかもしれない。椎間板ヘルニアなど、椎間板性の痛みは腰を前に曲げた時に生じる。トレイルでの下りでへっぴり腰になったり、目線が下向き過ぎると腰が曲がり、椎間板を痛める恐れがある。

　椎間板ヘルニアになった場合、70％程度は自然に時間が経てば軽快するが、そうでない場合は手術や椎間板を溶かす注射が有効とな

る。椎間板ヘルニアだけならランニングの復帰率はかなり高い。もっと歳を取って、脊柱管狭窄症やすべり症と診断された場合、手術によって元のパフォーマンスに戻ることはなかなか難しいが、楽しく走るくらいには回復することが多い。

　幼少期から二十歳くらいまで、主に短距離を専門に走っている人で、急に腰が痛くなる場合がある。これは腰椎分離症（疲労骨折）になっていると考えられる。腰椎分離症は見逃されやすいため、急に腰が痛くなった場合は、脊椎専門医に見てもらうことを勧める。

● 疲労骨折

　腰椎の分離症も疲労骨折だが、ランニング量が増加したり、ランニングのメニューを変更した時、つまり普段と違うことをすると疲労骨折のリスクは上がる。疲労骨折というのは繰り返す衝撃によって起こる。小さな骨の損傷が治る速度よりも損傷のスピードが速い時に、少しずつ損傷が広がり最後には骨折をきたす現象で、金属疲労とよく似ている。

　ランナーで生じる疲労骨折は、脛骨や大腿骨の頚部、足の中足骨（特に小趾）、骨盤や仙骨など多岐にわたる。十代から二十代に生じることが多く、男性より女性に、そして月経不順であるほど骨折のリスクは上がる。ビタミンAを取り過ぎると骨折のリスクが上がることがわかっているので、欠乏していない限り無理に摂ることは健康を損ねる [47]。

　逆にビタミンDの摂取は骨折を予防する可能性が高い。ただビタミンDは摂り過ぎると簡単に身体から排出しないので、腎臓などを痛めてしまうことがある。多くの場合はサプリの摂り過ぎで生じるので、サプリを摂取する場合は推奨量を必ず守るようにしないとい

けない。またビタミンＤの血中濃度は測定出来るので、病院できちっと診断してもらうのがお勧めだ。ランナーは練習量が増えるほど骨密度が低下しやすくなる。

　筋力トレーニングは骨密度を増加させる。リスクの高い女性アスリートや高齢者は特に筋力トレーニングをしっかりすることで骨折のリスクを減らすことが出来る。

コラム

サプリメントとの付き合い方 Q&A ・・・・・・・・・・・・・・・・・・・

Q1 サプリメントは有効か？

A1 ダイエットの成否やランニングのパフォーマンスなどは食事やサプリメントによって少なからず影響を受ける。しかしダイエットにおいていくら高価なサプリを飲んでいても食べ過ぎていれば体重は減らないのと同じで、ランニングが速くなるためには練習が不可欠であり、さらに練習によって速くなった人ほど食事やサプリの影響は小さくなる。とはいえ、思春期の女性が少しでも痩せたいという願いと同じで、少しでも速くなりたいという欲望は僕も含めて多くの人が持っており、効果があると言われればサプリに手を出す人も多いと思う。

　効果のあるなしを含め正しい知識をもって適切な食習慣を身に付けて頂きたい。また効果があるとしても市販のサプリの多くは、有効成分の質や量、添加物に関する情報など不明なことが多い。研究で使われているサプリは市販のものより大幅に高品質で高価なものを使用している。僕自身は市販のサプリはかなり疑わしいものが多いと思っていて、出来るだけ食事から摂

取したいと考えている。

Q2 腸内細菌が変わると足は速くなる？

A2 ほぼすべての生き物は細菌と共生しており、お互い持ちつ持た
れつの関係を築いている。人も、腸内にびっくりするほど多く
の細菌を飼っていて、これらの細菌は食事のおこぼれ（水溶性
食物繊維）をもらう代わりに、ビタミンや、短鎖脂肪酸（注18）
といわれる身体に有用な成分を作っている。

　腸内細菌は基本的に母親から受け継がれ、伝統的な食事に応
じて独自の繁栄を遂げている。日本人だと海藻を分解出来る細
菌を多く持っているし、美容と健康に有用なエクオール（注19）
を大豆から作ってくれる細菌を持っている人も多い。

　またブラックベリーやブルーベリーに含まれるエラグ酸
（注20）を分解してウロリチン（注21）という物質を作ってくれ
る腸内細菌がいる。このウロリチンはオートファジーを活性化
することで、ミトコンドリアや筋肉の質を向上させる働きがあ
り [48]、オートファジーの能力が落ちている中年や高齢者の運
動能力の改善が見られたと報告されている [49]。普段運動して
いる人のオートファジーの機能は高くなっており、追加でウロ
リチンを摂取することでその機能が改善するかどうかは残念な
がらわかっていない。エラグ酸をウロリチンに変える細菌を
持っているかどうかチェックする検査キットが売っているので
興味のある方は調べることが出来る。少なくとも検査前はエラ
グ酸を多く含むベリーをたくさん食べておいた方が良い結果が
出る可能性が高い。

　エリートマラソンランナーは腸内に Veillonella（ベイロネラ属）

と呼ばれる細菌が多いことが知られている。頑張って走った時に出来る乳酸は一部が血液から腸内に入り、この菌群によってプロピオン酸に変換される。プロピオン酸は筋肉の栄養となり走ることを助けてくれる。この菌群をマウスの腸に移植すると、長距離走が速くなったと報告されているが[50]、人に移植したら足が速くなるかどうかはわかっていない。頑張って走っていると、腸内細菌まで走るのを手助けしてくれるようになってくる。

　このように考えると、ケニアやエチオピアのランナーの食事が速さの一つの要因になっている可能性は否定出来ない。どんな食事で足が速くなるのかははっきりとはわかっていないが、健康で長生き出来る食事はミトコンドリアの機能を改善するので、同時に足も速くなる可能性が高い。揚げ物や牛や豚の摂取は控え、精製されていない炭水化物や野菜中心の食事をすれば少し速くなるかもしれない。

Q3 タンパク質摂取で、損傷した筋肉は修復されるのか？

A3 運動によって損傷された筋肉細胞の速やかな修復のために、運動終了後早期にタンパク質と糖質を摂ることが推奨されている。タンパク質の摂取量としては、体重60kgの人で30g程度摂取すれば体内のタンパク合成の必要量を賄える[51]。しかし10週間にわたり週4回以上運動後に20gのホエイプロテインを飲み続けると、腸内で重要な役割を占める細菌群の数が減ったという報告もある[52]。マラソンなどの持久系アスリートでの話だが、以前はトレーニング中に体重1kgあたり2g程度のタンパク質の摂取が推奨されてきたが、現在は少し減って1.2から2g程度

で良いのではと考えられている [53]。長距離レースの前は、体重1kg当たり0.3gのタンパク質を摂ると筋肉痛が減少するかもしれないが、レースのパフォーマンスを上げる効果は示されていない。余談だが、僕はレース前に焼き鯖寿司を食べる験担ぎをしている。タンパク質と糖質、さらにサバのオメガ3脂肪酸（後述）と良いことづくめかもしれないから。

Q4 ビタミン剤は必要か？

A4 ビタミンCやEは活性酸素の除去能力があり組織障害を抑制する可能性がある。しかし、これらのビタミンを摂取すると、運動によるミトコンドリアの機能向上が阻害されてしまうと報告されており、通常の食事をしている場合に追加で摂取する必要性はほぼ無いと考えられる [54]。

Q5 抗酸化作用をうたうサプリメントの有効性は？

A5 抗酸化作用を有する物質（クルクミン、ケルセチン、レスベラトロール、αリポ酸、コエンザイムQ10、アスタキサンチン）は、いずれも、アスリートでの有用性を示すことの出来た研究はない [54] [55]。一時的に組織の活性酸素を減らす可能性はあるが、ビタミンC、Eの摂取と同じように、運動によるミトコンドリア機能の向上を阻害すると考えられている。ただステージレースや何日にもわたるレースなどではこれらのサプリが有用な可能性はある。

Q6 カテキンの有効性は？

A6 カテキンはポリフェノールの一種でお茶や果物、カカオなどに多く含まれる。スポーツ選手がダークチョコレートを食べてい

るという話も聞く。マウスでは運動能力の改善が見られたとの報告が多くあるが、人に関してはこれまでのところ有効ではない[56]。人で有効性が示されないのは普段からお茶や食品で十分に摂取しているからかもしれない。

Q7 カフェインは摂取すべきか？

A7 カフェインは運動中の糖質の摂取以外で最も有効性が高いかもしれない。昔はドーピングで禁止されていた。中枢性の疲労を軽減し、長距離レースでの眠気を減らしてくれるし、パフォーマンス自体も上がる可能性が高い。体重1kgあたり3〜6mgをスタート前に摂取し、2時間おきに追加しても良い[53]。体重60kgで180mgから360mgとなるが、もっと少ない量でも効果はあるとされる。ただ体重1kgあたり9mgを超えてもそれ以上の効果が期待出来ない。

　僕自身はレース前に緑茶と100mgのカフェインの錠剤を飲むようにしている。カフェインの錠剤は薬局で購入出来る。また運動後に糖質と一緒に摂取すると筋肉のグリコーゲンの回復が早い。わざわざカフェインの錠剤を飲まなくても、お茶やコーヒーを飲みながら食事をすれば良い。

Q8 ビーツジュースは効果がある？

A8 野菜では赤いカブみたいに見える、ほうれん草の仲間ビーツは、硝酸塩（注22）が多く含まれている。摂取すると体内の一酸化窒素（NO）の濃度が増加してミトコンドリアや筋肉の機能を高めると考えられている。ビーツジュースを用いた研究はたくさん実施されており、レース前にジュースを飲むと、少しだけ

速く走れる可能性があり、ある程度長期に摂取しても効果がありそうである[57]。エリウド・キプチョゲもレース前に飲んでいるらしく、僕もビーツを買ってきて、バナナと一緒にミキサーにかけて飲んでいたことがあったが、目立った効果は感じなかった。ジュースとして市販されているので、ある程度お手軽に試すことは可能である。また硝酸塩は、ほうれん草をはじめ多くの野菜やキノコに豊富に含まれているので、わざわざビーツを食べなくてもしっかりと野菜を食べることで十分かもしれない。

Q9 脂肪は摂取した方がいいのか？

A9 脂肪といえば悪いイメージを持たれることが多いが、身体の細胞の表面はすべて脂質2重層といわれる脂肪成分から作られており、脂肪は身体にとってなくてはならない必須の栄養素である。食事から摂取する脂肪酸は牛肉などに多く含まれる飽和脂肪酸と魚や植物に多く含まれる不飽和脂肪酸に分けられる（表7-2）。

　不飽和脂肪酸は細胞膜を柔らかくする作用があり、その中でもオメガ3脂肪酸とオメガ6脂肪酸と言われるものは体内で合成出来ない必須脂肪酸であり、食事から摂取する必要がある。特にオメガ3脂肪酸は動脈硬化や心筋梗塞のリスクを軽減する可能性が報告されており、青魚に多く含まれるEPA、DHAとくるみやチアシード、亜麻仁油に多く含まれるαリノレン酸がある。αリノレン酸の10％程度は体内で代謝されEPAに変換される。そしてわずかではあるがEPAは最終的にDHAに変換される[58]。これらの変換はオメガ6脂肪酸の存在で抑制され

表7-2　脂肪酸の種類とその特徴

	体内での合成	代表的なオイル	身体への影響	含まれる食品
飽和脂肪酸	できる	パルミチン酸	通常良くない	牛や豚
		中鎖脂肪酸	過剰摂取しなければ良い	パーム油 牛乳
不飽和脂肪酸 　オメガ9	できる	オレイン酸 ミード酸	過剰摂取しなければ良い	オリーブオイル アボカド ナッツ 紅花油
オメガ6	できない	リノール酸	過剰摂取は良くない	コーン油 キャノーラ油 ラード
オメガ3		αリノレン酸	良い	エゴマ油 亜麻仁油 くるみ
	できない	EPA	良い	サバ マグロ
		DHA	良い	イワシ うなぎなど
トランス脂肪酸	できない		悪い	低品質のマーガリン ショートニング ビスケット 揚げ物

　この表の中で特に避けるべきものはトランス脂肪酸である。また飽和脂肪酸も多量に摂ることは避けた方が良い。現代人で不足しがちなオメガ3脂肪酸は体内で合成出来ないため、積極的に摂取すべきだが、どんな油でも1gが9kcalと非常に高カロリーであることには注意を要する。

るため、過剰なオメガ6（リノール酸）の摂取は良くない。

　食事でのオメガ3とオメガ6の比率は1：1または1：2くらいが適切とされているが、現在の日本人の食事では1：10程度になっている。またオメガ6は炎症を増加させ、オメガ3は

炎症を抑制する働きがある。EPAやDHAはミトコンドリアの機能を改善させると報告されている[58]。おそらくその効果でランニングパフォーマンスは改善する可能性が高い[59]。ベジタリアンでなければ青魚を、そしてくるみやエゴマ油、亜麻仁油の摂取を心掛けると健康と速さが同時に手に入る。オメガ3はまた高齢者の筋力の低下やトレーニングを止めた時の筋力低下を抑制する可能性も指摘されている[60]。

　短い脂肪酸のために直接肝臓で代謝され、エネルギーに変換されやすい性質を持つのが、中鎖脂肪酸である。しかし残念ながら運動前や運動中に摂取することで、パフォーマンスが上がることは示されていない[61]。長期間の摂取で運動中の脂肪分解能力とパフォーマンスが改善することは示されているが、報告者が製品を作っている日清オイリオからであることは注意を要する[62]。脂肪酸の摂取が増えれば脂肪分解が促進することは当然であり、中鎖脂肪酸の摂取が他の脂肪酸を摂取することと差があるかどうかはわからない。

注1　ヒスタミンH2受容体拮抗薬　ヒスタミンH2受容体は胃の粘膜に存在し、ヒスタミンが結合することで胃酸が分泌される。この受容体に選択的に結合し、ヒスタミンが結合しにくくすることで胃酸の分泌を防ぐ薬剤がヒスタミンH2受容体拮抗薬になる。

注2　プロトンポンプ阻害薬　胃壁に存在し、酸を分泌する膜タンパクであるプロトンポンプの働きを阻害する薬剤で、ヒスタミンH2受容体拮抗薬よりも胃酸分泌の抑制作用は大きい。

注3　スパルタスロン　マラソンの名称の由来となるマラトンの戦いで伝令が走ったとされる、ギリシアのアテネからスパルタまでの246kmを走るレース。制限時間は36時間と厳しい。大会記録は男子で20時間25分、女子で24時間48分である。

注4　プロバイオティクス　1989年にイギリスの微生物学者であるR.Fullerにより提唱

された概念で、腸内細菌叢のバランスを改善するために摂取する、健康に役立つ生きた微生物群のことである。ヨーグルトなどに含まれる特定の乳酸菌やビフィズス菌などがこれに当たる。

注5　グルタミン　体内で合成される非必須アミノ酸の一つでアミノ酸の中では体内に最も多く存在する。腸の手術後に投与すると回復が良くなるとされている。

注6　オウバク（キハダ）　キハダの木から取れる樹皮を生薬にしたものをオウバクと呼ぶ。

注7　ベルベリン　オウバクに含まれるアルカロイド（天然由来の特定の有機化合物）で、抗菌、抗炎症作用を有する。

注8　NSAIDs（Non-steroidal anti-inflammatory drugs）　非ステロイド性抗炎症薬と呼ばれ、イブプロフェンやロキソプロフェン、ジクロフェナクナトリウムなど多くの薬剤が存在し、痛み止め、頭痛薬、風邪薬として販売されている解熱鎮痛薬である。

注9　アセトアミノフェン　NSAIDsと違う作用で鎮痛効果を示すが詳細な薬理作用はわかっていない。比較的安全な薬だが、過量投与で肝障害のリスクがある。

注10　トラマドール　モルヒネなどの麻薬が作用するオピオイド受容体に結合する鎮痛薬で、モルヒネなどの強オピオイドに対し、作用が比較的弱いので弱オピオイドと呼ばれ、歯科領域や慢性疼痛の治療に使用される。弱いが依存性もある。

注11　横紋筋融解症　様々な原因で身体を動かす骨格筋が壊死すること。薬剤によるものや、非常に強度の高い運動、熱中症によるものなどがある。筋肉が壊れることで、採血ではクレアチンキナーゼ（CK）が上昇し、ミオグロビンが尿から排泄されるため、尿は赤ワイン色となる。

注12　NK細胞　ナチュラルキラー細胞と呼ばれるリンパ球の一種で、癌細胞やウイルスに感染した細胞を見付けて殺してしまう働きがある。

注13　副腎　腎臓の上にある小さな臓器で、ステロイドホルモンや、血圧を調整するアルドステロンというホルモンを作っている。またアドレナリンやノルアドレナリンなどのホルモンも副腎で作られる。

注14　視床下部　脳の中で自律神経機能や内分泌機能の調整を行っており、多くのホルモンを産生している。

注15　脳下垂体　脳からぶら下がっているように存在する内分泌器官で、視床下部に近接し、視床下部からのホルモンによりその機能を調節される。様々なホルモンを分泌するが、有名なところでは成長ホルモンや甲状腺刺激ホルモン、愛情ホルモンといわれるオキシトシンなどがある。

注16　膝蓋大腿関節　膝のお皿である膝蓋骨は膝を伸ばす大腿四頭筋が効率よく働くた

めの支点となっており、大腿骨の上を滑走するように動く。膝蓋骨と大腿骨は軟骨で接しており膝蓋大腿関節と呼ばれる。

注17　プロプリオセクション・トレーニング　プロプリオセクションとは自分の身体の位置がどこにあるかを把握する能力で、その能力を強化するためのトレーニング。

注18　短鎖脂肪酸　酢酸、酪酸、プロピオン酸などがあり、生体内では食物繊維を腸内細菌が分解することで作られる。腸の粘膜細胞の栄養になるほか、血液を介して様々な臓器に運ばれ、エネルギー源となったり、脂肪の蓄積を抑制する働き、免疫を強化する働きなどがある。

注19　エクオール　女性ホルモン様の作用を有する化学物質で、大豆イソフラボンが代謝されて作られる。特定の腸内細菌によってエクオールは作られるが、日本人では約50％の人しかこの細菌を持っていないとされている。男性でも前立腺癌を防ぐ効果などが期待されている。

注20　エラグ酸　果物などに多く含まれる抗酸化物質で抗がん作用が期待されて研究されてきたが、明らかな効果は証明されていない。

注21　ウロリチン　エラグ酸が特定の腸内細菌によって代謝されて出来る物質で、オートファジーを促進する働きが報告されている。

注22　硝酸塩　硝酸イオン（NO_3^-）を含む塩類。消化器内で亜硝酸塩（NO_2^-）に変換される。

脊椎外科医の僕と走る僕

NIKE一強の中で、生み出されたASICSの
厚底レーシングシューズ。日本の底力に期待。

僕の本職は整形外科医で、専門は脊椎である。

今は大学病院にいる関係から、脊椎の腫瘍の手術や曲がった背骨を矯正する手術など、難しくて長時間の手術が多い。すごく良くなった患者さんはすごく感謝してくれて嬉しいけれど、そういった嬉しいことは記憶からすぐに無くなっていく。

逆に患者さんの経過がおもわしくないと、その苦労や苦悩はいつまでも頭から離れない。走ってストレス発散出来るかというと、ちょっと気分は晴れるかもしれないが、記憶が薄れていくのには時間がかかる。

臨床医はこのようにうまくゆかなかった自分の経験と記憶によって治療方針が左右される。これは治療の標準化とか、論文の結果などから導かれたエビデンスに基づいた治療とは正反対のことで、このように自分の経験に基づいた治療成績はエビデンスに基づいた治療成績と比べて通常劣る。しかし、エビデンスに基づいた治療のみをずっとしていたら新たな発見や治療は出て来ないのであって、これまでに証明されたエビデンスも、元はどれもチャレンジによって生まれてきたものである。

僕自身、運動生理学を専門に研究している訳でもないし、若い頃に陸上の経験がある訳でもなければ、コーチになったこともないけれど、科学的に物事を見る努力だけはしてきたつもりだ。

この本は出来るだけエビデンスに基づいて科学的に正しいことを中心に書いた。しかし研究というのはある集団の平均値を追いかけることが多いので、平均値から外れる人が必ず一定程度はいるし、集団自体も運動をあまりしていない人なのか、アスリートなのか、年齢が若

いのかなど、研究によって様々であり、研究結果は必ずしも個人に当てはまるとは限らない。

　本に書いている通りに練習すれば絶対に速くなるという訳ではないけれど、少なくとも科学的根拠を理解しながら練習すると、うまく結果が出なくても少し工夫を加えることで飛躍出来る可能性は高いのではないだろうか。どれだけ頑張っても記録が停滞し、伸びなくなればどうしたら良いだろう。そこがその人にとっての生物学的な限界かもしれないが、生物の可能性は思っているよりも大きい。大きな壁にぶつかった時には、何かとんでもない練習を始めてみるみたいなチャレンジをすると道は開けるかもしれない。

　患者さんにとんでもない治療をすることは出来ないけれど、ランニングは自分の身体でいくらでも実験が出来る。太古の昔、人が新世界を目指して自分の足で進んで来たように色々とチャレンジしてみて欲しい。

　こうやってこの本の終わりを書いていると、嬉しさ、寂しさとともに、書き尽くせていないことがいっぱい頭に浮かんでくる。

　あまり研究されていないが、僕が練習で今後やってみたいことに次の三つがある。

　一つ目は重い荷物（ウエイトベストなど）を着用したトレーニングだ。体重の20％程度のウエイトベストを着用して行われた実験が少数だがある。そこではランニングエコノミーやスピードの改善が報告されている。

　トレイルランニングのレースでは1〜3kgのバックパックを背負うことが多く、重いバックパックを背負って練習することで速くなれ

る可能性があるということだ。

　二つ目は「上り坂や下り坂で行うインターバルトレーニング」である。このトレーニングの研究も少なく、平地で行う「インターバルトレーニング」と比べて特に大きなメリットはないとされている。確かに「トレイルランニング」への効果のほどは明らかでないが、期待してもいいと思う。僕も「下り」は全くしたことはないけれど、大きな効果があるかもしれない。

　最後にやはり僕の最大の弱点であるレース中の嘔気・嘔吐対策だ。「ガットトレーニング」と呼ばれるもので、レースで食べる量よりも多い量を摂取する練習をすると効果があるかもしれない、というトレーニングだ。レースで摂るカロリーの1.5〜2倍食べながら走る練習をレース前2、3週間行うことで、食べ物が胃を通過する時間が短くなり、嘔気や嘔吐が生じにくくなることが期待される。練習では敢えて脂肪成分が多い食品を摂ることをやってみたい。

　その他にもビーガン（完全菜食主義者）になったら速くなるのだろうかとか、週末に毎週100km以上走ったら速くなるだろうか、など実験してみたいことは山ほどあるけれど、社会人としてなかなかそう簡単には出来ない。

　この本を書く前からランニングの科学的知識はかなり勉強していたつもりだったが、いざ書き始めると、新たな知識がどんどん入って来て、またそれが整理されることで、僕自身の練習も少しずつ変化していった。特に、強度の高いインターバルトレーニングやプライオメトリックトレーニングの頻度が増えたし、インターバルトレーニングも

short-HIITやSITを新たに加えるようになった。

　嬉しいことに、この歳になって最近落ち込んでいたトレイルの成績がどんどん上がってきて、最近は総合入賞を果たすことも多くなっている。もしかしたら五十歳を越えてから、今までの人生の中で一番速い時を迎えるかもしれない。

　歳だからと成績が落ちていくのを受容していた自分が、いきなりもっと速くなるかもしれないと、百八十度変わってしまうのだから面白いものだ。人間の限界なんてどこにあるのかわからない。ランニングも仕事も、どんどん自分の限界を超えて楽しんで行きたいと思う。

　この本は京都大学の多くの先生に支えられて完成した。特にiPS研究所の山中伸弥先生と皮膚科の椛島健治先生にはランニング仲間ということもあり、内容を精読して頂き、間違いや内容の不備について重要な指摘を頂いた。この場を借りて感謝したい。

　また編集の西川照子氏、デザインの木野厚志氏にもお礼を言いたい。

　最後に読者の皆さまのランニングライフが長く楽しいものであることを願って、結びにしたいと思う。

2022年10月吉日

参考文献

*本文中のブラケット（[ ]）で括った番号は、以下の参考文献と対応する。

■第1章

1. Bramble, D.M. and D.E. Lieberman, "Endurance running and the evolution of Homo". *Nature*, 2004, 432(7015): p. 345-352.

2. Wilkin, L.D., A. Cheryl, and B.L. Haddock, "Energy expenditure comparison between walking and running in average fitness individuals". *J Strength Cond Res*, 2012, 26(4): p. 1039-1044.

3. Alcazar, J., et al., "On the Shape of the Force-Velocity Relationship in Skeletal Muscles: The Linear, the Hyperbolic, and the Double-HyperbolicQ". *Front Physiol*, 2019, 10: Article 769.

■第2章

1. Sanchis-Gomar, F., et al., "Exercise Effects On Cardiovascular Disease: From Basic Aspects To Clinical Evidence". *Cardiovasc Res*, 2022, 118(10): p. 2253-2266

2. Wen, C.P., et al., "Minimum amount of physical activity for reduced mortality and extended life expectancy: a prospective cohort study". *Lancet*, 2011. 378(9798): p. 1244-1253.

3. Zhang, S.S., et al., "Long-term running exercise improves cognitive function and promotes microglial glucose metabolism and morphological plasticity in the hippocampus of APP/PS1 mice". *J Neuroinflammation*, 2022. 19(1): Article 34.

4. Valenzuela, P.L., et al., "Exercise benefits on Alzheimer's disease: State of-the-science". *Ageing Res Rev*, 2020. 62: Article 101108.

5. Mahalakshmi, B., et al., "Possible Neuroprotective Mechanisms of Physical Exercise in Neurodegeneration". *International Journal of Molecular Sciences*, 2020. 21(16): Article 5895.

6. Hansen, E.S.H., et al., "Effect of aerobic exercise training on asthma in adults: a systematic review and meta-analysis". *Eur Respir J*, 2020. 56(1).

7. Strasser, B. and M. Burtscher, "Survival of the fittest: VO₂max, a key predictor of longevity?". *Front Biosci (Landmark Ed)*, 2018. 23(8): p. 1505-1516.

8. Rezaei, R., et al., "High intensity exercise preconditioning provides differential protection against brain injury following experimental stroke". *Life Sciences*, 2018. 207: p. 30-35.

9. Rutten-Jacobs, L.C., et al., "Genetic risk, incident stroke, and the benefits of adhering to a healthy lifestyle: cohort study of 306 473 UK Biobank participants". *BMJ*, 2018. 363: Article k4168.

10. Song, M.K., et al., "Effects of exercise timing and intensity on neuroplasticity in a rat model of cerebral infarction". *Brain Res Bull*, 2020. 160: p. 50-55.

11. Leech, R.D., K.L. Edwards, and M.E. Batt, "Does running protect against knee osteoarthritis? Or promote it? Assessing the current evidence". *Br J Sports Med*, 2015. 49(21): p. 1355-1356.

12. Alentorn-Geli, E., et al., "The Association of Recreational and Competitive Running With Hip and Knee Osteoarthritis: A Systematic Review and Meta-analysis". *Journal of Orthopaedic & Sports Physical Therapy*, 2017. 47(6): p. 373-390.

13. Mitchell, U.H., et al., "Long-term running in middle-aged men and intervertebral disc health, a cross-sectional pilot study". *PLOS ONE*, 2020. 15(2): Article e0229457.

14. Whitfield, G.P., et al., "Bone mineral density across a range of physical activity volumes: NHANES 2007-2010". *Med Sci Sports Exerc*, 2015. 47(2): p. 326-334.

15. Jiang, H., et al., "Physical activity and risk of age-related cataract". *Int J Ophthalmol*, 2020. 13(4): p. 643-649.

16. Lee, D.C., et al., "Leisure-time running reduces all-cause and cardiovascular mortality risk". *J Am Coll Cardiol*, 2014. 64(5): p. 472-481.

■第3章

1. Juhler, C., et al., "Knee Injuries in Normal-Weight, Overweight, and Obese Runners: Does Body Mass Index Matter?" *J Orthop Sports Phys Ther*, 2020. 50(7): p. 397-401.

2. Malisoux, L., et al., "Shoe Cushioning Influences the Running Injury Risk According to Body Mass: A Randomized Controlled Trial Involving 848 Recreational Runners". *Am J Sports Med*, 2020. 48(2): p. 473-480.

3. Mattila, V.M., et al., "Can orthotic insoles prevent lower limb overuse injuries? A randomized-controlled trial of 228 subjects". *Scandinavian Journal of Medicine & Science in Sports*, 2011. 21(6): p. 804-808.

4. Yeung, S.S., E.W. Yeung, and L.D. Gillespie, "Interventions for preventing lower limb soft-tissue running injuries". *Cochrane Database Syst Rev*, 2011(7): Article CD001256.

5. Engel, F.A., H.C. Holmberg, and B. Sperlich, "Is There Evidence that Runners can Benefit from Wearing Compression Clothing?". *Sports Medicine*, 2016. 46(12): p. 1939-1952.

6. Zadow, E.K., et al., "Compression Socks Reduce Running-Induced Intestinal Damage". *J Strength Cond Res*, 2022. 36(9): p. 2461-2464

■第4章

1. Xu, C., et al., "Light-harvesting chlorophyll pigments enable mammalian mitochondria to capture photonic energy and produce ATP". *J Cell Sci*, 2014. 127(Pt 2): p. 388-399.

2. Venables, M.C., J. Achten, and A.E. Jeukendrup, "Determinants of fat oxidation during exercise in healthy men and women: a cross-sectional study". *J Appl Physiol* (1985), 2005. 98(1): p. 160-167.

3. Bassett, D.R., Jr. and E.T. Howley, "Limiting factors for maximum oxygen uptake and determinants of endurance performance". *Med Sci Sports Exerc*, 2000. 32(1): p. 70-84.

4. Gibson, A.R., et al., "Aerobic Capacity, Activity Levels and Daily Energy Expenditure in Male and Female Adolescents of the Kenyan Nandi Sub-Group". *PLOS ONE*, 2013. 8(6): Article e66552.

5. Baxter-Jones, A., H. Goldstein, and P. Helms, "The development of aerobic power in young athletes". *J Appl Physiol* (1985), 1993. 75(3): p. 1160-1167.

6. Barnes, K.R. and A.E. Kilding, "Running economy: measurement, norms, and determining factors". *Sports Med Open*, 2015. 1(1): Article 8.

7. Montero, D. and C. Diaz-Canestro, "Endurance training and maximal oxygen consumption with ageing: Role of maximal cardiac output and oxygen extraction". *Eur J Prev Cardiol*, 2016. 23(7): p. 733-743.

8. Swain, D.P. and B.C. Leutholtz, "Heart rate reserve is equivalent to % VO_2 Reserve, not to % VO2max". *Medicine and Science in Sports and Exercise*, 1997. 29(3): p. 410-414.

9. Illi, S.K., et al., "Effect of respiratory muscle training on exercise performance in healthy individuals: a systematic review and meta-analysis". *Sports Med*, 2012. 42(8): p. 707-724.

10. Spriet, L.L., et al., "Effect of graded erythrocythemia on cardiovascular and metabolic responses to exercise". *J Appl Physiol* (1985), 1986. 61(5): p. 1942-1948.

11. Nachtigall, D., et al., "Iron deficiency in distance runners a reinvestigation using Fe-59-labelling and non-invasive liver iron quantification". *International Journal of Sports Med*, 1996. 17(7): p. 473-479.

12. Zhu, Y.I. and J.D. Haas, "Iron depletion without anemia and physical performance in young women". *American Journal of Clinical Nutrition*, 1997. 66(2): p. 334-341.

13. Pompano, L.M. and J.D. Haas, "Increasing Iron Status through Dietary Supplementation in Iron-Depleted, Sedentary Women Increases Endurance Performance at Both Near-Maximal and Submaximal Exercise Intensities". *Journal of Nutrition*, 2019. 149(2): p. 231-239.

14. Ueno, H., et al., "Potential Relationship between Passive Plantar Flexor Stiffness and Running Performance". *International Journal of Sports Medicine*, 2018. 39(3): p. 204-209.

15. Trehearn, T.L. and R.J. Buresh, "Sit-and-Reach Flexibility and Running Economy of Men and Women Collegiate Distance Runners". *Journal of Strength and Conditioning Research*, 2009. 23(1): p. 158-162.

16. Cordeiro, L.M.S., et al., "Physical exercise-induced fatigue: the role of serotonergic and dopaminergic systems". *Braz J Med Biol Res*, 2017. 50(12): Article e6432.

17. Martin, K., et al., "Superior Inhibitory Control and Resistance to Mental Fatigue in Professional Road Cyclists". *PLOS ONE*, 2016. 11(7): Article e0159907.

18. Meeusen, R., et al., "Brain microdialysis in exercise research". *Sports Med*, 2001. 31(14): p. 965-983.

19. Lee, J.B., et al., "Blood dopamine level enhanced by caffeine in men after treadmill running". *Chin J Physiol*, 2019. 62(6): p. 279-284.

20. Salimpoor, V.N., et al., "Anatomically distinct dopamine release during anticipation and experience of peak emotion to music", *Nat Neurosci*, 2011. 14(2): p. 257-262.

21. Centala, J., et al., "Listening to Fast-Tempo Music Delays the Onset of Neuromuscular Fatigue". *J Strength Cond Res*, 2020. 34(3): p. 617-622.

22. Wilber, R.L. and Y.P. Pitsiladis, "Kenyan and Ethiopian distance runners: what makes them so good?". *Int J Sports Physiol Perform*, 2012. 7(2): p. 92-102.

23. Kunimasa, Y., et al., "Specific muscle-tendon architecture in elite

Kenyan distance runners". *Scand J Med Sci Sports*, 2014. 24(4): p. e269-274.

24. Kunimasa, Y., et al., "Muscle-tendon architecture in Kenyans and Japanese: Potential role of genetic endowment in the success of elite Kenyan endurance runners". *Acta Physiol (Oxf)*, 2022: Article e13821.

25. Daanen, H.A.M., S. Racinais, and J.D. Periard, "Heat Acclimation Decay and Re-Induction: A Systematic Review and Meta-Analysis". *Sports Med*, 2018. 48(2): p. 409-430.

26. Ruddock, A.D., et al., "Combined active and passive heat exposure induced heat acclimation in a soccer referee before 2014 FIFA World Cup". *Springerplus*, 2016. Article 5.

27. Periard, J.D., et al. "Adaptations and mechanisms of human heat acclimation: Applications for competitive athletes and sports". *Scand J Med Sci Sports*, 2015. 25 Suppl 1: p. 20-38.

28. Lorenzo, S., et al., "Heat acclimation improves exercise performance". *J Appl Physiol (1985)*, 2010. 109(4): p. 1140-1147.

29. Chennaoui, M., et al., "How does sleep help recovery from exercise induced muscle injuries?" *Journal of Science and Medicine in Sport*, 2021. 24(10): p. 982-987.

30. Brandenberger, K.J., et al., "Consumption of a 5-mg Melatonin Supplement Does Not Affect 32.2-km Cycling Time Trial Performance". *J Strength Cond Res*, 2018. 32(10): p. 2872-2877.

31. Baird, M.B. and I.M. Asif, "Medications for Sleep Schedule Adjustments in Athletes". *Sports Health*, 2018. 10(1): p. 35-39.

■第5章

1. Montero, D. and C. Diaz-Canestro, "Endurance training and maximal oxygen consumption with ageing: Role of maximal cardiac output and oxygen extraction". *Eur J Prev Cardiol*, 2016. 23(7): p. 733-743.

2. Sjodin, B. and J. Svedenhag, "Applied physiology of marathon running". *Sports Med*, 1985. 2(2): p. 83-99.

3. Laursen, P.B. and D.G. Jenkins, "The scientific basis for high-intensity interval training: optimising training programmes and maximising performance in highly trained endurance athletes". *Sports Med*, 2002. 32(1): p. 53-73.

4. Ronnestad, B.R., et al., "Short intervals induce superior training adaptations compared with long intervals in cyclists - an effort-matched approach". *Scand J Med Sci Sports*, 2015. 25(2): p. 143-151.

5. Granata, C., N.A. Jamnick, and D.J. Bishop, "Training-Induced Changes in Mitochondrial Content and Respiratory Function in Human Skeletal Muscle". *Sports Med*, 2018. 48(8): p. 1809-1828.

6. Qaisar, R., S. Bhaskaran, and H. Van Remmenn, "Muscle fiber type diversification during exercise and regeneration". *Free Radical Biology and Medicine*, 2016. 98: p. 56-67.

7. Russell, A.P., et al., "Endurance training in humans leads to fiber type specific increases in levels of peroxisome proliferator-activated receptor gamma coactivator-1 and peroxisome proliferator-activated receptor alpha in skeletal muscle". *Diabetes*, 2003. 52(12): p. 2874-2881.

8. Guo, J., et al., "Massage Alleviates Delayed Onset Muscle Soreness after Strenuous Exercise: A Systematic Review and Meta-Analysis". *Front Physiol*, 2017. 8: Article 747.

9. Lu, X.G., et al., "Does vibration benefit delayed-onset muscle soreness?: a meta-analysis and systematic review". *Journal of International Medical Research*, 2019. 47(1): p. 3-18.

10. Wang, Y.T., et al., "Heat and cold therapy reduce pain in patients with delayed onset muscle soreness: A systematic review and meta-analysis of 32 randomized controlled trials". *Physical Therapy in Sport*, 2021. 48: p. 177-187.

11. Fedewa, M.V., et al., "Effect of branched-Chain Amino Acid Supplementation on Muscle Soreness following Exercise: A Meta-Analysis". *International Journal for Vitamin and Nutrition Research*, 2019. 89(5-6): p. 348-356.

12. Herbert, R.D., M. de Noronha, and S.J. Kamper, "Stretching to prevent or reduce muscle soreness after exercise". *Cochrane Database Syst Rev*, 2011(7): Article CD004577.

13. Barnes, K.R. and A.E. Kilding, "Running economy: measurement, norms, and determining factors". *Sports Med Open*, 2015. 1(1): Article 8.

14. Barnes, K.R. and A.E. Kilding, "Strategies to improve running Economy". *Sports Med*, 2015. 45(1): p. 37-56.

15. Dallaway, N., S.J.E. Lucas, and C. Ring, "Concurrent brain endurance training improves endurance exercise performance". *J Sci Med Sport*, 2021. 24(4): p. 405-411.

16. Haugen, T., et al., "The Training Characteristics of World-Class Distance Runners: An Integration of Scientific Literature and Results-Proven Practice". *Sports Med-Open*, 2022. 8: Article 46

17. Robach, P., et al., "The role of haemoglobin mass on VO_2 max following normobaric 'live high-train low' in endurance-trained athletes". *Br J Sports Med*, 2012. 46(11): p. 822- 827.

18. Lundby, C. and P. Robach, "Does 'altitude training' increase exercise performance in elite athletes?". *Experimental Physiology*, 2016. 101(7): p. 783-788.

19. Burke, L.M., et al., "Contemporary Nutrition Strategies to Optimize Performance in Distance Runners and Race Walkers". *International Journal of Sport Nutrition and Exercise Metabolism*, 2019. 29(2): p. 117-129.

20. Madsen, K., et al., "Effects of detraining on endurance capacity and metabolic changes during prolonged exhaustive exercise". *J Appl*

Physiol (1985), 1993. 75(4): p. 1444-1451.

21. Andrade-Souza, V.A., et al., "Exercise twice-a-day potentiates markers of mitochondrial biogenesis in men". *FASEB J*, 2020. 34(1): p. 1602-1619.

■第 6 章

1. Nicola Sewry, M.P.S., Mats Borjesson, Sonja Swanevelder, Esme Jordaan "Risk factors for not finishing an ultramarathon: 4-year study in 23,996 race starters, SAFER XXI". *J Sports Med Phys Fitness*, 2022. 62(5): p. 710-715.

2. Knechtle, B. and P.T. Nikolaidis, "Physiology and Pathophysiology in Ultra-Marathon Running". *Front Physiol*, 2018. 9: Article 634.

3. Coates, A.M., et al., "Physiological Determinants of Ultramarathon Trail-Running Performance". *Int J Sports Physiol Perform*, 2021. 16(10): p. 1454-1461.

4. Howe, C.C.F., et al., "Performance determinants, running energetics and spatiotemporal gait parameters during a treadmill ultramarathon". *Eur J Appl Physiol*, 2021. 121(6): p. 1759-1771.

5. Maughan, R.J. and J.B. Leiper, "Aerobic capacity and fractional utilisation of aerobic capacity in elite and non-elite male and female marathon runners". *Eur J Appl Physiol Occup Physiol*, 1983. 52(1): p. 80-87.

6. Pruitt, K.A. and J.M. Hill, "Optimal pacing and carbohydrate intake strategies for ultramarathons". *Eur J Appl Physiol*, 2017. 117(12): p. 2527-2545.

7. Balducci, P., et al., "Performance Factors in a Mountain Ultramarathon". *Int J Sports Med*, 2017. 38(11): p. 819-826.

8. Brace, A.W., K. George, and G.P. Lovell, "Mental toughness and self-efficacy of elite ultra-marathon runners". *PLOS ONE*, 2020. 15(11): Article e0241284.

9. Vernillo, G., et al., "Biomechanics and Physiology of Uphill and Downhill Running". *Sports Med*, 2017. 47(4): p. 615-629.

10. Scheer, V., et al., "The Optimal Weight Carriage System for Runners: Comparison Between Handheld Water Bottles, Waist Belts, and Backpacks". *Frontiers in Physiology*, 2020. 11: Article 571221.

11. Giovanelli, N., et al., "Energetics of vertical kilometer foot races; is steeper cheaper?" *Journal of Applied Physiology*, 2016. 120(3): p. 370-375.

12. Hoffman, M.D., "Pacing by winners of a 161-km mountain Ultramarathon". *Int J Sports Physiol Perform*, 2014. 9(6): p. 1054-1056.

13. Noakes, T.D., "Water Intoxication-Considerations for Patients, Athletes and Physicians." *Practical Gastroenterology*, 2008. 32(9): p. 46-53.

14. Noakes, T.D., "Is Drinking to Thirst Optimum?" *Annals of Nutrition and Metabolism*, 2010. 57: p. 9-17.

15. Lipman, G.S., et al., "Prospective Observational Study of Weight-based Assessment of Sodium Supplements on Ultramarathon Performance (WASSUP)". *Sports Med* Open, 2021. 7(1): Article 13.

16. Lavoue, C., et al., "Analysis of food and fluid intake in elite ultra-endurance runners during a 24-h world championship". *J Int Soc Sports Nutr*, 2020. 17(1): Article 36.

17. Stellingwerff, T., "Competition Nutrition Practices of Elite Ultramarathon Runners". *Int J Sport Nutr Exerc Metab*, 2016. 26(1): p. 93-99.

18. Tiller, N.B., et al., "International Society of Sports Nutrition Position Stand: nutritional considerations for single-stage ultra-marathon training and racing". *Journal of the International Society of Sports Nutrition*, 2019. 16(1): Article 50.

19. Jeukendrup, A.E. and R. Jentjens, "Oxidation of carbohydrate feedings during prolonged exercise - Current thoughts, guidelines and directions

for future research". *Sports Med*, 2000. 29(6): p. 407-424.

20. Flood, T.R., et al., "Addition of pectin-alginate to a carbohydrate beverage does not maintain gastrointestinal barrier function during exercise in hot-humid conditions better than carbohydrate ingestion alone". *Applied Physiology Nutrition and Metabolism*, 2020. 45(10): p. 1145-1155.

21. McCubbin, A.J., et al., "Hydrogel Carbohydrate-Electrolyte Beverage Does Not Improve Glucose Availability, Substrate Oxidation, Gastrointestinal Symptoms or Exercise Performance, Compared With a Concentration and Nutrient-Matched Placebo". *International Journal of Sport Nutrition and Exercise Metabolism*, 2020. 30(1): p. 25-33.

22. Rowe, J.T., et al., "Glucose and Fructose Hydrogel Enhances Running Performance, Exogenous Carbohydrate Oxidation, and Gastrointestinal Tolerance". *Medicine & Science in Sports & Exercise*, 2022. 54(1): p. 129-140.

23. Volek, J.S., et al., "Metabolic characteristics of keto-adapted ultra-endurance Runners". *Metabolism*, 2016. 65(3): p. 100-110.

24. Marquet, L.A., et al., "Enhanced Endurance Performance by Periodization of Carbohydrate Intake: "Sleep Low" Strategy". *Medicine and Science in Sports and Exercise*, 2016. 48(4): p. 663-672.

25. Baska, R.S., F.M. Moses, and P.A. Deuster, "Cimetidine reduces running associated gastrointestinal bleeding. A prospective observation". *Dig Dis Sci*, 1990. 35(8): p. 956-960.

26. Thalmann, M., et al., "Proton pump inhibition prevents gastrointestinal bleeding in ultramarathon runners: a randomized, double blinded, placebo controlled study – Commentary". *British Journal of Sports Medicine*, 2006. 40(4): p. 359-362.

27. van Wijck, K., et al., "Physiology and pathophysiology of splanchnic hypoperfusion and intestinal injury during exercise: strategies for evaluation and prevention". *Am J Physiol Gastrointest Liver Physiol*,

2012. 303(2): p. G155-168.

28. Pugh, J.N., et al., "Four weeks of probiotic supplementation reduces GI symptoms during a marathon race". *European Journal of Applied Physiology*, 2019. 119(7): p. 1491-1501.

29. Pugh, J.N., et al., "Glutamine supplementation reduces markers of intestinal permeability during running in the heat in a dose-dependent manner". *European Journal of Applied Physiology*, 2017. 117(12): p. 2569-2577.

30. Snipe, R.M.J., et al., "Carbohydrate and protein intake during exertional heat stress ameliorates intestinal epithelial injury and small intestine permeability". *Appl Physiol Nutr Metab*, 2017. 42(12): p. 1283-1292.

31. Engel, F.A., H.C. Holmberg, and B. Sperlich, "Is There Evidence that Runners can Benefit from Wearing Compression Clothing?". *Sports Medicine*, 2016. 46(12): p. 1939-1952.

32. Fu, S.L., et al., "Berberine suppresses mast cell-mediated allergic responses via regulating Fc epsilon RI-mediated and MAPK signaling". *International Immunopharmacology*, 2019. 71: p. 1-6.

33. O'Connell, K., et al., "Collagen Genes and Exercise-Associated Muscle Cramping". *Clinical Journal of Sport Medicine*, 2013. 23(1): p. 64-69.

34. Schwellnus, M.P., et al., "Increased running speed and pre-race muscle damage as risk factors for exercise-associated muscle cramps in a 56 km ultra-marathon: a prospective cohort study". *Br J Sports Med*, 2011. 45(14): p. 1132-1136.

35. Garrison, S.R., et al., "Magnesium for skeletal muscle cramps". *Cochrane Database Syst Rev*, 2020. 9: Article CD009402.

36. Miller, K.C., J.D. Harsen, and B.C. Long, "Prophylactic stretching does not reduce cramp susceptibility". *Muscle & Nerve*, 2018. 57(3): p. 473-477.

37. Sadakane, C., et al., "Pharmacokinetic Profiles of Active Components

After Oral Administration of a Kampo Medicine, Shakuyakukanzoto, to Healthy Adult Japanese Volunteers". *Journal of Pharmaceutical Sciences*, 2015. 104(11): p. 3952-3959.

■第 7 章

1. Baska, R.S., F.M. Moses, and P.A. Deuster, "Cimetidine reduces running associated gastrointestinal bleeding. A prospective observation". *Dig Dis Sci*, 1990. 35(8): p. 956-960.

2. Thalmann, M., et al., "Proton pump inhibition prevents gastrointestinal bleeding in ultramarathon runners: a randomized, double blinded, placebo controlled study – Commentary". *British Journal of Sports Medicine*, 2006. 40(4): p. 359-362.

3. van Wijck, K., et al., "Physiology and pathophysiology of splanchnic hypoperfusion and intestinal injury during exercise: strategies for evaluation and prevention". *Am J Physiol Gastrointest Liver Physiol*, 2012. 303(2): p. G155-168.

4. Pugh, J.N., et al., "Four weeks of probiotic supplementation reduces GI symptoms during a marathon race". *European Journal of Applied Physiology*, 2019. 119(7): p. 1491-1501.

5. Pugh, J.N., et al., "Glutamine supplementation reduces markers of intestinal permeability during running in the heat in a dose-dependent manner". *European Journal of Applied Physiology*, 2017. 117(12): p. 2569-2577.

6. Snipe, R.M.J., et al., "Carbohydrate and protein intake during exertional heat stress ameliorates intestinal epithelial injury and small intestine permeability". *Appl Physiol Nutr Metab*, 2017. 42(12): p. 1283-1292.

7. Engel, F.A., H.C. Holmberg, and B. Sperlich, "Is There Evidence that Runners can Benefit from Wearing Compression Clothing?". *Sports Medicine*, 2016. 46(12): p. 1939-1952.

8. Fu, S.L., et al., "Berberine suppresses mast cell-mediated allergic

responses via regulating Fc epsilon RI-mediated and MAPK signaling". *International Immunopharmacology*, 2019. 71: p. 1-6.

9. O'Connell, K., et al., "Collagen Genes and Exercise-Associated Muscle Cramping". *Clinical Journal of Sport Medicine*, 2013. 23(1): p. 64-69.

10. Schwellnus, M.P., et al., "Increased running speed and pre-race muscle damage as risk factors for exercise-associated muscle cramps in a 56 km ultra-marathon: a prospective cohort study". *Br J Sports Med*, 2011. 45(14): p. 1132-1136.

11. Garrison, S.R., et al., "Magnesium for skeletal muscle cramps." *Cochrane Database Syst Rev*, 2020. 9: Article CD009402.

12. Miller, K.C., J.D. Harsen, and B.C. Long, "Prophylactic stretching does not reduce cramp susceptibility". *Muscle & Nerve*, 2018. 57(3): p. 473-477.

13. Sadakane, C., et al., "Pharmacokinetic Profiles of Active Components After Oral Administration of a Kampo Medicine, Shakuyakukanzoto, to Healthy Adult Japanese Volunteers". *Journal of Pharmaceutical Sciences*, 2015. 104(11): p. 3952-3959.

14. van Poppel, D., et al., "Risk factors for overuse injuries in short- and long-distance running: A systematic review". *Journal of Sport and Health Science*, 2021. 10(1): p. 14-28.

15. van der Worp, M.P., et al., "Injuries in Runners; A Systematic Review on Risk Factors and Sex Differences". *PLOS ONE*, 2015. 10(2). Article e0114937

16. Damsted, C., et al., "Is There Evidence for an Association between Changes in Training Load and Running-Related Injuries?" A Systematic Review. *International Journal of Sports Physical Therapy*, 2018. 13(6): p. 931-942.

17. Taunton, J.E., et al., "A retrospective case-control analysis of 2002 running injuries". *Br J Sports Med*, 2002. 36(2): p. 95-101.

18. Ramskov, D., et al., "Progression in Running Intensity or Running Volume and the Development of Specific Injuries in Recreational Runners: Run Clever, a Randomized Trial Using Competing Risks". *Journal of Orthopaedic & Sports Physical Therapy*, 2018. 48(10): p. 740-748.

19. Yeung, S.S., E.W. Yeung, and L.D. Gillespie, "Interventions for preventing lower limb soft-tissue running injuries". *Cochrane Database Syst Rev*, 2011(7): Article CD001256.

20. Toresdahl, B.G., et al., "A Randomized Study of a Strength Training Program to Prevent Injuries in Runners of the New York City Marathon". *Sports Health-a Multidisciplinary Approach*, 2020. 12(1): p. 74-79.

21. Murphy, K., E. Curry, and E. Matzkin, "Barefoot Running: Does It Prevent Injuries?" *Sports Med*, 2013. 43(11): p. 1131-1138.

22. Malta, E.S., et al., "The Effects of Regular Cold-Water Immersion Use on Training-Induced Changes in Strength and Endurance Performance: A Systematic Review with Meta-Analysis". *Sports Med*, 2021. 51(1): p. 161-174.

23. Brown, F., et al., "Compression Garments and Recovery from Exercise: A Meta-Analysis". *Sports Med*, 2017. 47(11): p. 2245-2267.

24. Martinez-Navarro, I., et al., "The week after running a marathon: Effects of running vs elliptical training vs resting on neuromuscular performance and muscle damage recovery". *Eur J Sport Sci*, 2021. 21(12): p. 1668-1674.

25. Wiewelhove, T., et al., "Effects of different recovery strategies following a half-marathon on fatigue markers in recreational runners". *PLOS ONE*, 2018. 13(11). Article e0207313.

26. Pedersen, L., et al., "Voluntary Running Suppresses Tumor Growth through Epinephrine- and IL-6-Dependent NK Cell Mobilization and Redistribution". *Cell Metabolism*, 2016. 23(3): p. 554-562.

27. Nieman, D.C., et al., "Upper respiratory tract infection is reduced in physically fit and active adults". *British Journal of Sports Med*, 2011. 45(12): p. 987-992.

28. Nieman, D.C., et al., "Infectious Episodes in Runners before and after the Los-Angeles Marathon". *Journal of Sports Medicine and Physical Fitness*, 1990. 30(3): p. 316-328.

29. Peake, J.M., et al., "Recovery of the immune system after exercise". *J Appl Physiol* (1985), 2017. 122(5): p. 1077-1087.

30. Adachi, A., et al., "Prolonged high-intensity exercise induces fluctuating immune responses to herpes simplex virus infection via glucocorticoids". *J Allergy Clin Immunol*, 2021. 148(6): p. 1575-1588.

31. Gonzalez-Rave, J.M., et al., "Reverse Periodization for Improving Sports Performance: A Systematic Review". *Sports Med Open*, 2022. 8(1): Article. 56.

32. Bradbury, D.G., et al., "Comparison of Linear and Reverse Linear Periodized Programs With Equated Volume and Intensity for Endurance Running Performance". *J Strength Cond Res*, 2020. 34(5): p. 1345-1353.

33. Di Lodovico, L., S. Poulnais, and P. Gorwood, "Which sports are more at risk of physical exercise addiction: A systematic review". *Addictive Behaviors*, 2019. 93: p. 257-262.

34. Terry, A., A. Szabo, and M. Griffiths, "The exercise addiction inventory: A new brief screening tool". *Addiction Research & Theory*, 2004. 12(5): p. 489-499.

35. Zavorsky, G.S., K.A. Tomko, and J.M. Smoliga, "Declines in marathon performance: Sex differences in elite and recreational athletes". *PLOS ONE*, 2017. 12(2) Article e0172121.

36. Schneider, A.L., P.T. Nikolaidis, and B. Knechtle, "Improved Performance in Master Runners Competing in the European

Championships between 1978 and 2014". *Journal of Strength and Conditioning Research*, 2019. 33(9): p. 2559-2569.

37. Wiswell, R.A., et al., "Maximal aerobic power, lactate threshold, and running performance in master athletes". *Med Sci Sports Exerc*, 2000. 32(6): p. 1165-1170.

38. Pugliese, L., et al., "Different Training Modalities Improve Energy Cost and Performance in Master Runners". *Frontiers in Physiology*, 2018. 9.

39. Methenitis, S., et al., "The importance of protein intake in master marathon runners". *Nutrition*, 2021. 86: Article 111154.

40. Lorimer, A.V. and P.A. Hume, "Stiffness as a Risk Factor for Achilles Tendon Injury in Running Athletes". *Sports Med*, 2016. 46(12): p. 1921-1938.

41. Peterson, B., et al., "Biomechanical and Musculoskeletal Measurements as Risk Factors for Running-Related Injury in Non-elite Runners: A Systematic Review and Meta-analysis of Prospective Studies". *Sports Medicine-Open*, 2022. 8(1): Article 38.

42. Friede, M.C., et al., "Conservative treatment of iliotibial band syndrome in runners: Are we targeting the right goals?". *Physical Therapy in Sport*, 2022. 54: p. 44-52.

43. Kunene, S.H., S. Ramklass, and N.P. Taukobong, "Anterior knee pain and its intrinsic risk factors among runners in under-resourced communities in Ekurhuleni, Gauteng". *South African Journal of Physiotherapy*, 2018. 74(1): Article 452.

44. Utting, M.R., G. Davies, and J.H. Newman, "Is anterior knee pain a predisposing factor to patellofemoral osteoarthritis?". *Knee*, 2005. 12(5): p. 362-365.

45. Doherty, C., et al., "Treatment and prevention of acute and recurrent ankle sprain: an overview of systematic reviews with meta-analysis". *British Journal of Sports Med*, 2017. 51(2): p. 113-125.

46. Hamstra-Wright, K.L., et al., "Risk Factors for Plantar Fasciitis in Physically Active Individuals: A Systematic Review and Meta-analysis". *Sports Health-a Multidisciplinary Approach*, 2021. 13(3): p. 296-303.

47. Toraishi, M., et al., "Vitamin A intake is related to stress fracture occurrence in male collegiate long-distance runners". *Journal of Sports Medicine and Physical Fitness*, 2020. 61(11): p. 1509-1514.

48. Andreux, P.A., et al., "The mitophagy activator urolithin A is safe and induces a molecular signature of improved mitochondrial and cellular health in humans". *Nature Metabolism*, 2019. 1(6): p. 595-603.

49. Singh, A., et al., "Urolithin A improves muscle strength, exercise performance, and biomarkers of mitochondrial health in a randomized trial in middle-aged adults". *Cell Reports Medicine*, 2022. 3(5): Article 100633.

50. Scheiman, J., et al., "Meta-omics analysis of elite athletes identifies a performance-enhancing microbe that functions via lactate metabolism". *Nature Medicine*, 2019. 25(7): p. 1104-1109.

51. Churchward-Venne, T.A., et al., "Dose-response effects of dietary protein on muscle protein synthesis during recovery from endurance exercise in young men: a double-blind randomized trial". *American Journal of Clinical Nutrition*, 2020. 112(2): p. 303-317.

52. Moreno-Perez, D., et al., "Effect of a Protein Supplement on the Gut Microbiota of Endurance Athletes: A Randomized, Controlled, Double-Blind Pilot Study". *Nutrients*, 2018. 10(3): Article 337.

53. Vitale, K. and A. Getzin, "Nutrition and Supplement Update for the Endurance Athlete: Review and Recommendations". *Nutrients*, 2019. 11(6): Article 1289.

54. Mason, S.A., et al., "Antioxidant supplements and endurance exercise: Current evidence and mechanistic insights". *Redox Biology*, 2020. 35: Article 101471.

55. Res, P.T., et al., "Astaxanthin Supplementation Does Not Augment Fat Use or Improve Endurance Performance". *Medicine and Science in Sports and Exercise*, 2013. 45(6): p. 1158-1165.

56. Quaresma, M.V.L.D., C.G.M. Graduate, and F.P. Nakamoto, "Effects of diet interventions, dietary supplements, and performance-enhancing substances on the performance of CrossFit-trained individuals: A systematic review of clinical studies". *Nutrition*, 2021. 82: Article 110994.

57. Dominguez, R., et al., "Effects of Beetroot Juice Supplementation on Cardiorespiratory Endurance in Athletes. A Systematic Review". *Nutrients*, 2017. 9(1): Article 43.

58. Saini, R.K. and Y.S. Keum, "Omega-3 and omega-6 polyunsaturated fatty acids: Dietary sources, metabolism, and significance - A review". *Life Sciences*, 2018. 203: p. 255-267.

59. Thielecke, F. and A. Blannin, "Omega-3 Fatty Acids for Sport Performance-Are They Equally Beneficial for Athletes and Amateurs? A Narrative Review". *Nutrients*, 2020. 12(12): Article 3712.

60. Huang, Y.H., et al., "Effects of Omega-3 Fatty Acids on Muscle Mass, Muscle Strength and Muscle Performance among the Elderly: A Meta-Analysis". *Nutrients*, 2020. 12(12): Article 3739.

61. Goedecke, J.H., et al., "The effects of medium-chain triacylglycerol and carbohydrate ingestion on ultra-endurance exercise performance". *International Journal of Sport Nutrition and Exercise Metabolism*, 2005. 15(1): p. 15-27.

62. Nosaka, N., et al., "Medium-chain Triglycerides with Maltodextrin Increase Fat Oxidation during Moderate-intensity Exercise and Extend the Duration of Subsequent High-intensity Exercise". *Journal of Oleo Science*, 2018. 67(11): p. 1455-1462.

索　引

《著者紹介》

大槻文悟 (おおつき ぶんご)

現職　京都大学大学院医学研究科整形外科講師

1972年	京都に生まれる。小学校で1年間、中学で2年間サッカーに打ち込む。
1991年	私立洛南高等学校卒業。
1991年	京都大学医学部入学　サッカー部に所属してサッカーに明け暮れる生活を過ごす。
1997年	京都大学医学部を卒業、医師となる。京都大学整形外科に入局。その後関連病院を回りながら外科医としての研鑽を積む。たまに誘われればサッカーをする程度であまり運動をしていなかった時期。
2002年	京都大学大学院医学研究科博士課程に入学し研究漬けの生活を送る。先輩に誘われてハーフマラソンに2度出場（1時間48分と1時間38分）。サッカーもたまにしていた。
2008年	神戸市立医療センター中央市民病院で勤務　先輩に誘われて走り出す。走り始めて1年後にフルマラソンサブ3（篠山ABC 2時間58分）。その後トレイルランニングにのめり込んでいく。
2012年	京都大学に戻る（京都大学医学部附属病院特定病院助教）。走ることより研究と思っていたが、研究がうまくいかず、走る距離が伸びる。
2014年	ブータン　ジグメドルジウォンチャック国立病院に手術指導のため派遣（3か月間）。派遣中に出場したブータン国際マラソンでブータン代表選手に続き準優勝（2時間54分）。

2019年10月より現職。

楽しんで登った憧れの白山。その山頂に立つ。

資格 ——————————

医学博士（京都大学）
日本整形外科学会専門医及び指導医
日本整形外科学会脊椎脊髄病医
日本脊椎脊髄病学会認定脊椎脊髄外科指導医
脊椎脊髄外科専門医

主な戦績 ——————————

2015年	ブータン国際マラソン　準優勝
2016年	OSJ ONTAKE 100km　総合5位
2016年	第3回川湯村山田昇メモリアルカップ129km　総合3位
2017年	UTMB® Mont-Blanc 100mile 完走
2018年	OSJ 新城トレイルダブル64K　総合3位
2019年	滋賀1周ラウンドトレイルプレ大会　チーム戦総合優勝
2020年	別府大分毎日マラソン　2時間47分40秒
2022年	那岐ピークスタフトレイルチャレンジ32km　優勝
2022年	奥信濃100　総合5位
2022年	隠岐島100km　総合3位
2022年	信越五岳トレイルランニングレース110km　準優勝

　仕事とランニングの二刀流で頑張ってはいますが、どちらもなかなか思うようにはなりません。いつまで元気で走れるかわからないのですが、ひとまず六十歳で「OSJ新城トレイルダブル64K」を完走することが目標です。コロナが落ち着いたら海外レースにも挑戦したいですね。

ランニングの処方箋
—— 医者の僕が走る理由 ——

2023年4月30日　初版第1刷発行
2023年12月20日　初版第2刷発行

〈検印省略〉

定価はカバーに
表示しています

著　　者　　大　槻　文　悟
発　行　者　　杉　田　啓　三
印　刷　者　　坂　本　喜　杏

発行所　株式会社　ミネルヴァ書房
607-8494　京都市山科区日ノ岡堤谷町1
電話代表　(075)581-5191
振替口座　01020-0-8076

ISBN 978-4-623-09563-6
Printed in Japan